普通高等教育中医药类"十三五"规划教材
全国普通高等教育中医药类精编教材

伤寒论讲义

（第3版）

（供中医学、中西医临床医学等专业用）

主　编

周春祥　李赛美

副主编

王　飞　王振亮　曲　夷
吴中平　何丽清　黄金玲
谢雪姣

上海科学技术出版社

图书在版编目(CIP)数据

伤寒论讲义 / 周春祥,李赛美主编. —3版. —上海:上海科学技术出版社,2018.6(2025.7重印)
普通高等教育中医药类"十三五"规划教材　全国普通高等教育中医药类精编教材
ISBN 978-7-5478-3859-4

Ⅰ.①伤… Ⅱ.①周… ②李… Ⅲ.①《伤寒论》—中医学院—教材　Ⅳ.①R222.2

中国版本图书馆 CIP 数据核字(2018)第 001211 号

伤寒论讲义(第3版)
主编　周春祥　李赛美

上海世纪出版(集团)有限公司
上海科学技术出版社　出版、发行
(上海市闵行区号景路159弄A座9F-10F)
邮政编码 201101　www.sstp.cn
常熟市华顺印刷有限公司印刷
开本 787×1092　1/16　印张 13.75
字数 340 千字
2009 年 2 月第 1 版
2018 年 1 月第 3 版　2025 年 7 月第 14 次印刷
ISBN 978-7-5478-3859-4/R·1551
定价：35.00 元

本书如有缺页、错装或坏损等严重质量问题,请向工厂联系调换

普通高等教育中医药类"十三五"规划教材
全国普通高等教育中医药类精编教材

专家指导委员会名单

（以姓氏笔画为序）

王　平	王　键	王占波	王瑞辉	方剑乔	石　岩
冯卫生	刘　文	刘旭光	严世芸	李灿东	李金田
肖鲁伟	吴勉华	何清湖	谷晓红	宋柏林	陈　勃
周仲瑛	胡鸿毅	高秀梅	高树中	郭宏伟	唐　农
梁沛华	熊　磊	冀来喜			

普通高等教育中医药类"十三五"规划教材
全国普通高等教育中医药类精编教材

编审委员会名单

名誉主任委员　洪　净

主 任 委 员　胡鸿毅

委　　　员　（以姓氏笔画为序）

王　飞　　王庆领　　李铁浪　　吴启南

何文忠　　张文风　　张宁苏　　张艳军

徐竹林　　唐梅文　　梁沛华　　蒋希成

编委会名单

主　编

周春祥　（南京中医药大学）　　　　李赛美　（广州中医药大学）

副主编

王　飞　（成都中医药大学）　　　　王振亮　（河南中医药大学）
曲　夷　（山东中医药大学）　　　　吴中平　（上海中医药大学）
何丽清　（山西中医药大学）　　　　黄金玲　（安徽中医药大学）
谢雪姣　（湖南中医药大学）

编　委　（以姓氏笔画为序）

王　军　（长春中医药大学）　　　　朱　辉　（辽宁中医药大学）
朱红梅　（厦门大学）　　　　　　　任存霞　（内蒙古医科大学）
李小会　（陕西中医药大学）　　　　李荣群　（浙江中医药大学）
陈　建　（福建中医药大学）　　　　周小平　（宁夏医科大学）
周茂福　（江西中医药大学）　　　　赵鲲鹏　（甘肃中医药大学）
柯向梅　（河北中医学院）　　　　　柳成刚　（黑龙江中医药大学）
盖沂超　（云南中医学院）　　　　　樊　讯　（湖北中医药大学）

普通高等教育中医药类"十三五"规划教材
全国普通高等教育中医药类精编教材

前言

新中国高等中医药教育开创至今历六十年。一甲子朝花夕拾，六十年砥砺前行，实现了长足发展，不仅健全了中医药高等教育体系，创新了中医药高等教育模式，也培养了一大批中医药人才，履行了人才培养、科技创新、社会服务、文化传承的职能和使命。高等中医药院校的教材作为中医药知识传播的重要载体，也伴随着中医药高等教育改革发展的进程，从少到多，从粗到精，一纲多本，形式多样，始终发挥着至关重要的作用。

上海科学技术出版社于1964年受国家卫生部委托出版全国中医院校试用教材迄今，肩负了半个多世纪的中医院校教材建设和出版的重任，产生了一大批学术深厚、内涵丰富、文辞隽永、具有重要影响力的优秀教材。尤其是1985年出版的全国统编高等医学院校中医教材（第五版），至今仍被誉为中医教材之经典而蜚声海内外。

2006年，上海科学技术出版社在全国中医药高等教育学会教学管理研究会的精心指导下，在全国各中医药院校的积极参与下，组织出版了供中医药院校本科生使用的"全国普通高等教育中医药类精编教材"（以下简称"精编教材"），并于2011年进行了修订和完善。这套教材融汇了历版优秀教材之精华，遵循"三基""五性""三特定"的教材编写原则，同时高度契合国家执业医师考核制度改革和国家创新型人才培养战略的要求，在组织策划、编写和出版过程中，反复论证，层层把关，使"精编教材"在内容编写、版式设计和质量控制等方面均达到了预期的要求，凸显了"精炼、创新、适用"的编写初衷，获得了全国中医药院校师生的一致好评。

2016年8月，党中央、国务院召开了新世纪以来第一次全国卫生与健康大会，印发实施《"健康中国2030"规划纲要》，并颁布了《中医药法》和《〈中国的中医药〉白皮书》，把发展中医药事业作为打造健康中国的重要内容。实施创新驱动发展、文化强国、"走出去"战略以及"一带一路"倡议，推动经济转型升级，都需要中医药发挥资源优势和核心作用。面对新时期中医药"创新性发展，创造性转化"的总体要求，中医药高等教育必须牢牢把握经济社会发展的大势，更加主动地服务和融入国家发展战略。为此，精编教材的编写将继续秉持"为院校提供服务、为行业打造精品"的工作要旨，在全国中医院校中广泛征求意见,多方听取要求,全面汲取经验,经过近一年的精心准备工作,在"十三五"开局之年启动了第三版的修订工作。

本次修订和完善将在保持"精编教材"原有特色和优势的基础上,进一步突出"经典、精炼、新颖、实用"的特点,并将贯彻习近平总书记在全国卫生与健康大会、全国高校思想政治工作会议等系列讲话精神,以及《国家中长期教育改革和发展规划纲要(2010—2020)》《中医药发展战略规划纲要(2016—2030年)》和《关于医教协同深化中医药教育改革与发展的指导意见》等文件要求,坚持高等教育立德树人这一根本任务,立足中医药教育改革发展要求,遵循我国中医药事业发展规律和中医药教育规律,深化中医药特色的人文素养和思想情操教育,从而达到以文化人、以文育人的效果。

同时,全国中医药高等教育学会教学管理研究会和上海科学技术出版社将不断深化高等中医药教材研究,在新版精编教材的编写组织中,努力将教材的编写出版工作与中医药发展的现实目标及未来方向紧密联系在一起,促进中医药人才培养与"健康中国"战略紧密结合起来,实现全程育人、全方位育人,不断完善高等中医药教材体系和丰富教材品种,创新、拓展相关课程教材,以更好地适应"十三五"时期及今后高等中医药院校的教学实践要求,从而进一步地提高我国高等中医药人才的培养能力,为建设健康中国贡献力量!

教材的编写出版需要在实践检验中不断完善,诚恳地希望广大中医药院校师生和读者在教学实践或使用中对本套教材提出宝贵意见,以敦促我们不断提高。

全国中医药高等教育学会常务理事、教学管理研究会理事长

胡鸿毅

2016年12月

编写说明

《伤寒论》是援引外感病以阐述疾病辨证论治规律的经典医著,该书蕴藏的六经辨证体系、具有普遍性指导意义的辨证思维方法及严谨而灵活的组方用药法度等,为后世树立了典范,至今仍为医家所重视,成为中医高等院校的必修课程之一。

本教材是上海科学技术出版社在全国中医药高等教育学会教学管理研究会和专家指导委员会精心指导下,在全国中医院校积极参与下,出版供中医院校本科生使用的"全国普通高等教育中医药类精编教材"。此次修订在延续前两版教材内容和体例基础上,力图回归1985年出版的五版教材的风貌,在此原则指导下,本版教材在修订时作了部分调整,兹将相关内容说明如下。

一、本教材以明代赵开美复刻的宋本《伤寒论》为蓝本。内容取自"辨太阳病脉证并治"至"辨阴阳易差后劳复病脉证并治",共计10篇,398条,113方。

二、本教材条文字句,悉遵赵本;原文皆用繁体。因竖排改为横排,故原文中的"右某味"均改为"上某味"。

三、本教材内容按72~90学时设计。采用分类编写与兼顾原文排序的体例,按方证归类,条文号码不变。全书分总论、辨六经病脉证并治、辨霍乱病脉证并治,以及辨阴阳易差后劳复病脉证并治九个部分,书后附录《伤寒论》条文索引、《伤寒论》方剂索引等。

四、每章标题下首列"导学"内容,主要介绍本章需要掌握、理解、应用的知识。每节内容一般分【原文】【词解】【释义】【方解】【析疑】【医案选录】几个部分。【释义】力求精练,突出重点。【析疑】展示各家观点,或引发争鸣,或引而不发,力求通过对疑难问题的诠释,培养学生提出问题、分析问题及解决问题的能力。【医案选录】限选1~2案,第一案与原文原方相应,第二案为异病同治体现经方拓展应用。为突出"精编"和精讲的特点,本教材编写过程中对涉及方证的主要条文全面展开详细讲解,其他条文则采用了综合讲解的形式。

五、精简原版教材绪论部分内容,重点阐述《伤寒论》辨证论治体系构成、伤寒概念、六经传变概念,以达到令学习者明确《伤寒论》辨证论治体系的目的。

六、部分章节内容顺序作了相应调整。首先,参照五版教材编排顺序,对相关内容做了重新排列,如"辨太阳病脉证并治"篇辨寒热真假、痞证桂枝人参汤证等;其次,按照近年来伤寒学研究的最新成果,将阳明病、少阳病、厥阴病本证进行了重新分类。

本版编委会组成和修订分工也作了部分调整。总论由周春祥修订,第一章分别由何丽清、柯向梅、李小会、吴中平、赵鲲鹏、周茂福、任存霞、朱辉修订,第二章分别由黄金玲、朱辉、朱红梅、樊讯、谢雪姣修订,第三章、第四章由王振亮、盖沂超、柳成刚修订,第五章分别由李赛美、柳成刚、陈建、李荣群修订,第六章分别由曲夷、李荣群、王飞、周小平修订,第七章、第八章由王军修订。

在本教材的编写过程中,上海科学技术出版社和各参编中医药院校给予了大力支持,在此致以崇高的谢意。教材中如有不足或疏漏,诚恳希望广大中医药院校的师生和读者提出宝贵意见,以便修正完善。

《伤寒论讲义》编委会
2017 年 11 月

傷寒卒病論集自序

論曰：余每覽越人入虢之診，望齊侯之色，未嘗不慨然歎其才秀也。怪當今居世之士，曾不留神醫藥，精究方術，上以療君親之疾，下以救貧賤之厄，中以保身長全，以養其生，但競逐榮勢，企踵權豪，孜孜汲汲，惟名利是務，崇飾其末，忽棄其本，華其外而悴其內，皮之不存，毛將安附焉？卒然遭邪風之氣，嬰非常之疾，患及禍至，而方震慄，降志屈節，欽望巫祝，告窮歸天，束手受敗。賫百年之壽命，持至貴之重器，委付凡醫，恣其所措。咄嗟嗚呼！厥身已斃，神明消滅，變爲異物，幽潛重泉，徒爲啼泣。痛夫！舉世昏迷，莫能覺悟，不惜其命，若是輕生，彼何榮勢之云哉？而進不能愛人知人，退不能愛身知己，遇災值禍，身居厄地，蒙蒙昧昧，蠢若遊魂。哀乎！趨世之士，馳競浮華，不固根本，忘軀徇物，危若冰穀，至於是也！

余宗族素多，向餘二百。建安紀年以來，猶未十稔，其死亡者，三分有二，傷寒十居其七。感往昔之淪喪，傷橫夭之莫救，乃勤求古訓，博采衆方，撰用《素問》《九卷》《八十一難》《陰陽大論》《胎臚藥錄》，並平脈辨證，爲《傷寒雜病論》，合十六卷。雖未能盡愈諸病，庶可以見病知源，若能尋餘所集，思過半矣。

夫天布五行，以運萬類，人稟五常，以有五藏。經絡府俞，陰陽會通，玄冥幽微，變化難極。自非才高識妙，豈能探其理致哉！上古有神農、黃帝、岐伯、伯高、雷公、少俞、少師、仲文，中世有長桑、扁鵲，漢有公乘陽慶及倉公，下此以往，未之聞也。觀今之醫，不念思求經旨，以演其所知，各承家技，終始順舊，省疾問病，務在口給。相對斯須，便處湯藥，按寸不及尺，握手不及足，人迎趺陽，三部不參，動數發息，不滿五十，短期未知決診，九候曾無仿佛，明堂闕庭，盡不見察，所謂窺管而已。夫欲視死別生，實爲難矣。

孔子云：生而知之者上，學則亞之。多聞博識，知之次也。余宿尚方術，請事斯語。

目 录

总 论 1

 一、《伤寒论》的作者及其成书的时代背景 / 1
 二、《伤寒论》的沿革及其对后世的影响 / 2
 三、《伤寒论》的学术渊源与成就 / 2
 四、伤寒的涵义 / 3
 五、《伤寒论》的辨证方法 / 3
 六、六经病的传变 / 4
 七、《伤寒论》的治则 / 5

第一章 辨太阳病脉证并治 6

概说 / 6
第一节 太阳病纲要 / 7
 一、太阳病提纲 / 7
 二、太阳病分类 / 7
 三、太阳病传变 / 9
 四、太阳病愈期 / 10
 五、辨病发阴阳 / 11
第二节 太阳病本证 / 11
 一、太阳中风证 / 11
 二、太阳伤寒证 / 17
 三、表郁轻证 / 22
第三节 太阳病兼证 / 25
 一、太阳中风兼证 / 25
 二、太阳伤寒兼证 / 30
第四节 太阳病变证 / 36
 一、变治纲要 / 36

二、证候分类 / 38
　第五节　太阳病疑似证 / 78
　　一、十枣汤证 / 78
　　二、瓜蒂散证 / 79
　附：备考原文 / 80

第二章　辨阳明病脉证并治 …………………………… 83

概说 / 83
　第一节　阳明病纲要 / 84
　　一、阳明病提纲 / 84
　　二、阳明病分类及传变 / 85
　　三、阳明病外候 / 87
　　四、阳明病愈期 / 87
　　五、阳明病预后 / 88
　第二节　阳明病本证 / 89
　　一、阳明病气分证 / 89
　　二、阳明病血分证 / 103
　第三节　阳明病兼证 / 105
　　一、阳明病兼表证 / 105
　　二、阳明病兼里证 / 105
　第四节　阳明病疑似证 / 110
　附：备考原文 / 111

第三章　辨少阳病脉证并治 …………………………… 112

概说 / 112
　第一节　少阳病纲要 / 113
　　一、少阳病提纲 / 113
　　二、少阳病分类及治禁 / 113
　　三、少阳病传变 / 114
　　四、少阳病愈期 / 115
　第二节　少阳病本证 / 115
　　一、足少阳胆证 / 115
　　二、手少阳三焦证 / 122
　第三节　少阳病兼证 / 124
　　一、柴胡桂枝汤证 / 124

二、柴胡加芒硝汤证 / 125
　　三、大柴胡汤证 / 126
附：备考原文 / 127

第四章 辨太阴病脉证并治 ········· 128

概说 / 128
第一节　太阴病纲要 / 129
　　一、太阴病提纲 / 129
　　二、太阴病传变 / 129
　　三、太阴病愈期 / 130
第二节　太阴病本证 / 130
　　一、虚寒证 / 130
　　二、气滞络瘀证 / 131
第三节　太阴病兼证 / 133
第四节　太阴病变证 / 133

第五章 辨少阴病脉证并治 ········· 135

概说 / 135
第一节　少阴病纲要 / 136
　　一、少阴病提纲 / 136
　　二、少阴病治禁 / 136
　　三、少阴病愈期 / 137
　　四、少阴病预后 / 137
第二节　少阴病本证 / 139
　　一、少阴寒化证 / 139
　　二、少阴热化证 / 146
第三节　少阴病兼证 / 148
　　一、少阴兼表证 / 148
　　二、少阴三急下 / 149
第四节　少阴病变证 / 150
　　一、热移膀胱证 / 150
　　二、伤津动血证 / 150
第五节　少阴咽痛证 / 151
　　一、猪肤汤证 / 151
　　二、甘草汤证、桔梗汤证 / 151

三、苦酒汤证 / 152
四、半夏散及汤证 / 153
第六节 少阴病疑似证 / 153
一、吴茱萸汤证 / 153
二、四逆散证 / 154
附：备考原文 / 155

第六章 辨厥阴病脉证并治 …… 156

概说 / 156
第一节 厥阴病纲要 / 157
一、厥阴病提纲 / 157
二、厥阴病愈期 / 158
三、厥阴病预后 / 158
第二节 脏腑经络范畴厥阴病 / 160
一、本证 / 160
二、疑似证 / 165
第三节 阴阳学说范畴厥阴病 / 168
一、辨厥热胜复证 / 168
二、辨厥证 / 170
第四节 辨呕哕下利证 / 174
一、辨呕证 / 174
二、辨哕证 / 175
三、辨下利证 / 175
附：备考原文 / 176

第七章 辨霍乱病脉证并治 …… 177

概说 / 177
第一节 霍乱病的证候特征 / 178
第二节 霍乱病分类与证治 / 178
一、五苓散与理中丸证 / 178
二、四逆汤证 / 180
三、四逆加人参汤证 / 180
四、通脉四逆加猪胆汁汤证 / 181
五、桂枝汤证 / 182
附：备考原文 / 183

第八章 辨阴阳易差后劳复病脉证并治 ·················· 184

概说 / 184
第一节 阴阳易病证治 / 184
第二节 差后劳复病证治 / 185
    一、枳实栀子豉汤证 / 185
    二、小柴胡汤证 / 186
    三、牡蛎泽泻散证 / 186
    四、理中丸证 / 187
    五、竹叶石膏汤证 / 188
    六、差后微烦证 / 188

附录一 关于《伤寒论》中药物剂量的几点说明 ·················· 189
附录二 主要参考书目 ·················· 190
附录三 条文索引 ·················· 192
附录四 方剂索引 ·················· 196

总 论

导学

本章在介绍《伤寒论》作者、成书年代、沿革的基础上,阐述了伤寒、六经传变的基本概念,并论证了《伤寒论》以六经辨证为核心、与多种辨证方法有机结合的辨证论治体系。

学习目标:掌握《伤寒论》辨证论治体系构成、伤寒概念、六经传变概念;熟悉《伤寒论》成书的历史沿革;了解《伤寒论》学术渊源与成就。

一、《伤寒论》的作者及其成书的时代背景

《伤寒论》为东汉末年伟大医学家张仲景所撰。据相关文献,仲景约生卒于公元150—219年,是南郡涅阳(今河南南阳)人。自幼聪颖过人,学习勤奋,善于思考,曾随同郡张伯祖习医,医术胜过其师。汉灵帝时(公元168—184年)举孝廉,曾官至长沙太守,这是其"张长沙"称谓的由来。张氏亦曾赴京师为医,被尊为"上手"。

尽管张仲景医名显赫,但在诸正史中却难觅其生平记载,相关内容最早见之于唐《名医录》,书载"南阳人,名机,仲景乃其字也。举孝廉,官至长沙太守,始受术于同郡张伯祖,时人言,识用精微过其师。所论著,其言精而奥,其法简而详,非浅闻寡见者所能及"。此外,《太平御览·何永别传》亦载有"仲景至京师,为名医,于当时称上手。见侍中王仲宣,时年二十余,曰:'君有病,四十当眉落,半年而死。'令服五石汤可免。仲宣嫌其言忤,受汤勿服。居三日,见仲宣问曰:'服汤否?'仲宣曰:'已服。'仲景曰:'色候固非服汤之候,君何轻命也。'仲宣犹不信,后二十年果眉落,后一百八十七日而死,终如其言。"两书是当今了解张仲景生平事迹的源头。

张仲景对中医学贡献巨大,其所著《伤寒杂病论》被医界一直奉为"经典"之作,即连与之同时代的著名医学家华佗亦直叹之谓"此真活人书也"(《襄阳府志》)。正是由于仲景对中医学贡献巨大,后世医家才尊之为"医圣",其学界影响位列华佗之右。

《伤寒杂病论》成书于公元200—205年(即建安十年左右)。当时社会昏暗,统治阶级内部互相争斗,对农民起义展开疯狂剿杀。由于连年战争,人民颠沛流离,疫病多次广泛流行,亡者甚众,曹植《说疫气》描述的"家家有僵尸之痛,室室有号泣之哀,或阖门而殪,或复族而丧",可谓是当时社会的真实写照。张仲景家族素旺,自建安元年(公元196年)起,不及十年,二百余人中因染疫疾而亡者竟至三分之二,其中伤寒病竟达十分之七。张仲景感伤于当时的悲惨状况,针对当时医界不少人唯名利是务而疏于医学研究的现状,立志济世活人,于是"勤求古训,博采众方",结合汉以前已有的医学知识与自己临床实践的体会,写就了《伤寒杂病论》这部旷世之著。

二、《伤寒论》的沿革及其对后世的影响

《伤寒论》源于《伤寒杂病论》，其成书后，由于印刷、造纸术尚未发明，其流传受到极大限制，复因战争频仍，旋即散佚。后经王叔和将其中"伤寒"部分作了整理，形成《伤寒论》。此后，历经东晋、南北朝等朝代更替，该书亦仍未得到广泛流传，直至唐代孙思邈撰《千金翼方》时才将其内容揽入书中九、十两卷，成为当今所能见及的《伤寒论》最早版本；此外，唐代王焘《外台秘要》亦收录了较多《伤寒论》条文，内容达十卷之多，与当今所见《伤寒论》内容相近，习称唐旧本。宋代，国家设立校正医书局，经高保衡、孙奇、林亿等搜罗校注，形成宋版本，由于是时印刷术已经发明，该书得以刻板刊行，为《伤寒论》理论流传奠定了坚实基础。惜宋版本已不可见，目前仅存明代赵开美的复刻本，较好地保留了宋版本的原貌。该版本共有前后十卷，是当今学习、研究《伤寒论》的重要蓝本，只是目前的教材多是有所选择，舍弃了其中第一卷辨脉法第一、平脉法第二，第二卷伤寒例、辨痉湿暍病脉证，第七卷辨不可发汗病脉证并治、辨可发汗病脉证并治，第八卷辨发汗后病脉证并治、辨不可吐可吐，第九卷辨不可下病脉证并治、辨可下病脉证并治，第十卷辨发汗吐下后病脉证并治等内容。

金代成无己《注解伤寒论》是第一本为《伤寒论》全文作注的重要著作，较好地保留了《伤寒论》的内容，成为后世所称的"成注本"。成注本又有明嘉靖年间汪济川校刊本与宣统年间徐熔校刊本，两者内容基本相似。

《伤寒杂病论》中的杂病部分经整理成为当今的《金匮要略》一书。

《伤寒论》理论对后世的影响深远，因为该书是第一本阐述辨证论治理论的专书，所以书名虽曰"伤寒"，实则抓住了中医辨治疾病最根本的规律，因而不仅对外感病，而且为后世临床各科的兴起与发展起到了奠基石样的作用，形成了临床以运用经方著称的经方学派。

《伤寒论》在医界广为流传后，历代医家更对其理论作了深入细致的研究，结合各自的理论认识及临床实践体会，形成了至为丰厚的研究积淀，在极大地丰富《伤寒论》原有理论的同时，不同领域的深入研究及不同学术流派特有的学术观点，都为《伤寒论》乃至整个中医学理论的发展与进步注入了强劲的动力。

三、《伤寒论》的学术渊源与成就

《伤寒杂病论》成书之前，中华民族对医药知识已积累了比较丰富的医疗经验，甚至有了较多理论相对丰厚的医药典籍，除了现在仍能见及的《内经》《难经》《神农本草经》及《五十二病方》等古医籍外，仲景在《伤寒论》原序中还明确提及了诸如《胎胪药录》《阴阳大论》等医书，尽管相关书籍当今已经散佚，但对仲景医学理论的奠立肯定产生过或多或少的影响。此外，当时尚有较多医药经验散落民间，形成了医经派与医方派不同的中医学术派别。所有这些都成为仲景写就《伤寒杂病论》的良好支撑。

《伤寒论》最显著成就是张仲景通过对存在于医经派、医方派理论中的合理内核进行巧妙整合，创造性地提出了理、法、方、药一线贯穿的"辨证论治"理论。其次，是在继承《素问·热论》六经分证理论基础上，以伤寒作为论述载体，创造性地把疾病错综复杂的证候及其演变加以总结、概括，提出了较为完善的六经辨证理论。同时，仲景还结合当时药物应用的经验与理论，创制了迄今仍在应用的、临床屡试屡验的众多复方，形成了中医方剂配伍及应用的系统理论。此外，作为一本来源于临床实践的医学专著，《伤寒论》不仅为外感疾病提出了辨证纲领和治疗方法，也给中医临

床各科提供了辨证和治疗的一般规律,对后世医家具有很大的启发作用,诸如后世的温病学说等都是在《伤寒论》理论基础上的进一步发展。因此,《伤寒论》的成书为后世中医临床各科的兴起与发展起到了奠基作用。近年来开展的中西医结合研究也从《伤寒论》中汲取了不少有益的成分,并取得了引人注目的成果。当然,由于历史原因,书中不可避免地存在着某些唯心成分,需要批判地继承,并加以提高。

四、伤寒的涵义

《伤寒论》以"伤寒"得名,"伤寒"二字有广义、狭义之分。《素问·热论》中"今夫热病者,皆伤寒之类也"的"伤寒"概括了一切以发热为特征的疾病在内,《难经·五十八难》言及的"伤寒有五"则因其"有中风,有伤寒,有湿温,有热病,有温病"而包括了多种外感疾病在内。因此,不难发现,伤寒作为一类疾病的总称,包括了多种以发热为特征的外感疾病在内,这便是所谓的"广义伤寒"。汉代以降,各家对广义伤寒的范围进一步作了扩展,如宋代朱肱的《肘后方》认为"伤寒"是"贵胜雅言,总名伤寒,世俗因号为时行",则包括了多种时行病在内,《小品方》亦认为伤寒乃"雅士之词,云天行温疫,是田舍间号耳",其范围则更为扩大,包括了多种传染性疾病在内。因此,广义伤寒范围广泛,当包括所有由外邪所致的、以发热为特征的病证在内。

与广义伤寒不同,《难经·五十八难》言及的"有伤寒"中的"伤寒"属于狭义伤寒的范畴,是感受风寒之邪所致的、感而即发的病证。

从《伤寒论》具体内容分析,虽然更多从狭义伤寒立论,但也并非未述及温病,因此,其书名中的"伤寒"应该较广义伤寒的内蕴更深。仲景在具体论述中之所以详于风寒而略于温热,应是其欲藉狭义伤寒为论述载体,揭示广义伤寒乃至多种疾病辨治规律的、举一反三的妙着。

此外,中医学理论中的"伤寒"与现代医学论及的"伤寒"有着各自的内涵,两者既有区别,又有联系。

五、《伤寒论》的辨证方法

一般认为,《伤寒论》辨证方法应是六经辨证,其实不然。书中涉及的辨证方法还包括八纲、脏腑、经络、气血津液等不同辨证方法在内,甚至有了后世温病学辨证方法——卫气营血辨证及三焦辨证的萌芽。正因如此,《伤寒论》构建了多种辨证方法有机结合的辨证论治体系,这也是后世认为《伤寒论》为"辨证论治专著"的重要原因,该书成为后世多种辨证方法的滥觞。

(一) 六经辨证

六经辨证是张仲景借用《素问·热论》六经分证理论构建的辨证模型。根据疾病过程中邪气盛衰、正气强弱及正邪力量的对比,将疾病发生、发展、演变的过程概括为太阳病、少阳病、阳明病、太阴病、少阴病及厥阴病等六种不同的病证类型,通过对相关病证类型诊断标准、病理生理及治法方药的系统论述,使得对疾病的认识及处治变得更为精确,为提高临床诊治水平奠定了基础,亦构筑了《伤寒论》一书几近完美的理论框架。

《伤寒论》在对六经辨证方法进行勾画的过程中,运用风寒之邪导致的外感病作为示范载体,通过对这一疾病发生、发展、演变过程病理生理的观察及其诊断、治疗规律的揭示,示例性地昭示了六经辨证的基本内涵。根据正邪消长转变、阴阳盛衰变化拟就治法、选定方药的思路与方法成为临床各科疾病诊治过程中必须遵循的共同规律。

(二) 八纲辨证

八纲辨证是判断疾病阴阳、表里、寒热、虚实基本属性的辨证方法,《伤寒论》虽无"八纲辨证"之名,却有较多"八纲辨证"之实。如将三阳病划归阳病范畴、三阴病纳入阴病类中;据病证部位浅深,浅在者定为表,深在者看作里;病势亢进、阳邪偏盛者为热证,病势沉静、阴邪偏盛者为寒证;正气不足者为虚,邪气盛实者为实。由此较为系统地规定了八纲辨证的基本内涵。

作为诸种辨证的总概括,八纲辨证贯穿于六经辨证的始终,六经辨证是八纲辨证的系统化与具体化,六经辨证与八纲辨证两者相辅相成。如六经病中的任一经病都存在着表里部位的不同,更有着虚实、寒热、阴阳的分辨。正是通过对上述内容的界定,明确了六经病的基本属性与证候特征,为进一步辨识六经病提供了方法。

(三) 脏腑辨证

人体是以五脏六腑为中心的有机整体。在疾病演变过程中,它们除表现出以六经病证为主的基本病理特征外,还常见五脏六腑的功能失常。六经病中的任一经病都可能兼夹有一脏(腑)或多脏(腑)功能的紊乱,并在疾病过程中出现相关脏(腑)的病理表现,其中既可见太阳病伴膀胱功能失常这样的某经病与其对应脏腑功能失常同见的病证类型,更可见少阳胆邪干犯脾、胃这样的某经病与其非对应脏腑功能失常同见的复杂病证。通过对六经病病理演变过程中相关脏腑病理变化的观察、分析,不仅可为深刻认识六经病基本病理提供帮助,更可为临床复杂病证的辨治提供方法学参考。

(四) 其他辨证方法

经络作为联系机体表里、内外、上下、脏腑的通道,在疾病过程中,常因相关经络循行部位经气运行的失常,出现诸如太阳病头项强痛、少阳病胸胁苦满、阳明病目痛鼻干、太阴病大腹满痛、少阴病咽干而痛、厥阴病巅顶头痛等特征临床表现,这些无疑是临床作出病证类型判断的重要依据,有时也是立法处方的重要参考,这便是经络辨证理论存在的意义。当然,应当明确的是,《伤寒论》提及的许多病证又非经络辨证所能概括,这也是其仅能作为《伤寒论》辨证补充的原因所在。

除经络辨证外,《伤寒论》中还有较多对气血津液病理变化的描述,更有诸如卫、气、营、血功能失常的相关病证记载,甚至还牵涉到三焦部位划分的内容,所有这些,都成为《伤寒论》辨证论治理论的重要组成部分,这些辨识疾病的方法与后世的气血津液辨证、卫气营血辨证及三焦辨证理论相比虽然显得至为稚嫩,却成为后世相关辨证理论得以成功构筑的先导。

六、六经病的传变

六经病包含的太阳病、少阳病、阳明病、太阴病、少阴病及厥阴病,构建了疾病由浅入深、由表入里、由轻到重的动态变化模型,反映了众多疾病发生、发展演变的全过程,完美地展示了疾病动态演变的规律。

《伤寒论》对六经病浅深、表里、轻重演变的描述通过传变来加以概括。所谓"传"是指疾病循着一定的趋向发展;"变"是指疾病在某些特殊条件下,不循一般规律而发生性质转变。传和变常相互并称。

《素问·热论》虽然早已认识到六经病传变的基本病理现象,但由于受"计日传经"说的约束,其理论的实践指导价值不高,张仲景批判地继承了《素问·热论》相关理论,跳出了"计日传经"说的框框,指出了传变与否不能拘于时日,而应以脉证为凭的科学判定方法。对影响疾病传变的因素,更从患病机体的正气强弱、感受病邪的轻重、治疗护理的当否等方面去加以全面认识，客观反映了疾病传变的本质。

通过对众多病证的仔细观察，大致得出邪盛正衰则疾病多由表入里、由阳转阴；正复邪衰则疾病多由里达表、由阴出阳。传变除表现为上述两大趋向外，《伤寒论》还提出了几种常见的传变形式，即合并、并病与直中。所谓"合病"是指六经病中两经以上疾病同时出现的复杂病证；"并病"是指一经病证未罢，其他经病证又起的复杂病证，与前者比较，并病的多经同病有着先后的时间顺序；"直中"则指病邪不经三阳而直犯三阴，导致三阴病证，包括直中太阴、少阴、厥阴等，多由于素体正气虚衰。

七、《伤寒论》的治则

《伤寒论》全书贯穿着以扶正、祛邪为核心的治则学思想，通过这一治则的具体应用，实现"扶阳气""存阴液"的治疗目的。在六经病辨治过程中，《伤寒论》不仅通过对汗、下、吐、和、清、补、温、消八法的灵活运用，使上述治则理论得到充分体现，而且还通过对复杂病证表里先后、轻重缓急及病证标本等相关内容的分析、判断，巧妙地将八法理论贴切地运用到临床实践中，极大地提高了治则指导下对复杂疾病的处治能力，实现了治则与治法的高度统一。

第一章 辨太阳病脉证并治

导学

本章为六经病篇内容最多的一个篇章。主要内容有：太阳病提纲证、分类证治，以及兼证、变证、疑似证的辨证论治。太阳主肤表，外邪侵袭首犯太阳，其后的演化较为复杂，故其变证的内容最多。

学习目标：掌握太阳中风证、太阳伤寒证及其兼证的辨治；掌握发热恶寒与无热恶寒的机制及其辨证意义；掌握太阳病各变证的主症、病机、治法、方药及相关类证鉴别。熟悉桂枝汤、麻黄汤活用及表郁轻证的证治；熟悉桂枝去桂加茯苓白术汤的证治。了解太阳病传与不传的基本规律和愈期；了解太阳病兼变证的服药注意事项；了解瓜蒂散证的辨治。

概　　说

太阳包括足太阳膀胱和手太阳小肠，与足少阴肾、手少阴心相表里。足太阳膀胱经，起于目内眦，上额，交巅，入脑下项，夹脊抵腰，络肾属膀胱。手太阳小肠经，起于小指外侧，循臂至肩，下行络心，属小肠。膀胱主藏津液，化气行水。小肠主受盛化物，泌别清浊。

太阳为六经之首，统摄营卫，主一身之表。外邪侵袭人体，太阳首当其冲，故太阳病是六经病的初期阶段。外邪侵袭，正气奋起抗邪，正邪交争，以致营卫不和，卫外失职，太阳经气不利，出现恶寒发热、头项强痛、脉浮等，此为太阳病之主要脉症。太阳病因病位在表，故又称表证。太阳表证因其体质强弱不同，感邪性质相异，而又有中风、伤寒、温病之分。如腠理疏松之人，感受风寒邪气，以致卫不外固，营不内守，而见发热、汗出、恶风、脉浮缓等，称为中风证。若腠理固密之人，感受风寒较重，以致卫阳被遏，营阴郁滞，而见恶寒发热、无汗、头身疼痛、脉浮紧等，称为伤寒证。若外感温热之邪，或素体阳盛，感受风寒之邪化热，可致营卫失和，津液受损，而见发热重、恶寒轻、口渴等，称为温病证。此外，太阳表证日久，不得汗解，邪气渐轻，正气渐复，以致发热恶寒，热多寒少，呈阵发性发作者，称为表郁轻证。

太阳病除上述本证外，还有兼证、变证。太阳病兼证一般是在太阳病的基础上兼有其他病理变化，以太阳中风证为例，可兼有经输不利的桂枝加葛根汤证、肺气上逆的桂枝加厚朴杏子汤证、阳虚不固的桂枝加附子汤证、胸阳不振的桂枝去芍药汤证及胸阳受损桂枝去芍药加附子汤证、气营两虚的桂枝新加汤证等。太阳病变证是因失治、误治,或因疾病的自然发展,而出现的新的病证,寒、热、虚、实皆可见到,这些病证已不具备太阳病的特征。变证不属于太阳病的范畴,而列于太阳病篇,提示外感疾病具有复杂多变的一面,同时强调对太阳表证要早期予以正确的治疗,以免发生传变。

太阳病的治疗以发汗解表为总的原则,中风证当祛风解肌,调和营卫,方用桂枝汤;伤寒证当发汗解表,宣肺平喘,方用麻黄汤。而太阳病兼证则分别在主治方剂的基础上随证化裁。至于太阳病变证,则应"观其脉证,知犯何逆,随证治之"。

太阳病的转归大致有三种:一是治疗得法,汗出表解而愈;二是太阳表邪不解,传入他经,既可传入阳明、少阳,又可直入三阴,其中以少阴为多见;三是因误治、失治或体质等因素,导致病情变化,而形成新的疾病,成为变证或坏病。

第一节 太阳病纲要

一、太阳病提纲

【原文】

太陽之爲病,脈浮,頭項強痛①而惡寒。(1)

【词解】

① 头项强(jiàng)痛:强,强直不柔和,即头痛项强之意。

【释义】

本条指出太阳病的基本脉症。太阳主表而卫外,外邪侵犯人体,太阳首当其冲。风寒侵袭,正气奋起抗邪,则脉象应之而浮。头项为太阳经脉循行之处,风寒外束,太阳经气运行受阻,故出现头项强痛。外邪束表,卫气被遏,而不能正常发挥"温分肉"的功能,故见恶寒。此为太阳病的主要脉症,以下凡称"太阳病"者,多包括此脉症。尤其是恶寒一症,出现较早,且贯穿于太阳病的全过程,是诊断太阳病的重要依据之一。

外感病初起,邪在太阳经,往往是恶寒发热并见。本条虽未提发热,但应知有发热一症,如第2条中风证、第3条伤寒证均有发热,只是恶寒起病即见,发热有时相对出现较迟罢了,应彼此互参。

二、太阳病分类

(一)太阳中风证

【原文】

太陽病,發熱,汗出,惡風,脈緩者,名爲中風①。(2)

【词解】

① 中(zhòng)风:证名。此指外感风邪的表证,是太阳病的一种证型。与突然晕倒、口眼㖞斜

为特征的中风病不同。

【释义】

本条论太阳中风证的主要脉症特点。以"太阳病"冠言,当包括第1条之脉症,在此基础上,又见发热,汗出,恶风,脉缓的,即为太阳病的中风证。风邪袭表,卫气起而抗邪,则发热。风为阳邪,其性开泄,致卫不外固,营不内守,则汗出。汗出毛孔疏松,不胜风袭,故恶风。汗出营阴外泄,故脉象松弛而呈缓象。因太阳病脉浮,故中风证当为浮缓之脉,与伤寒证之脉紧相对而言。此脉症为太阳中风证的提纲,其中汗出是本证的核心症状,恶风、脉缓等均与汗出有关,而正是因为这个特征,后世称本证为中风表虚证。但虽名"表虚",却非虚证,此乃与太阳伤寒表实证对举而言。

(二) 太阳伤寒证

【原文】

太陽病,或已發熱,或未發熱,必惡寒,體痛,嘔逆,脈陰陽俱緊①者,名爲傷寒②。(3)

【词解】

① 脉阴阳俱紧:阴阳指尺寸而言,即寸关尺均现浮紧之象。

② 伤寒:证名。是太阳病中的一种证型,指外感寒邪的表证,属狭义伤寒。

【释义】

本条论太阳伤寒证的主要脉症特点。冠言"太阳病",当包括第1条之脉症。风寒之邪侵袭体表,卫阳被遏而难以"温分肉",故初病即见恶寒,是为必然见症。至于发热之迟早,则与感邪轻重、体质强弱有关。若风寒邪甚,卫阳郁闭较重,未能及时达表抗邪,则发热较迟。若风寒较轻,卫阳郁闭不重,尚能及时抗邪,故发热较早。然而不论迟早,太阳病多有发热,则不可不知。因寒性凝滞,不仅卫阳被遏,而且营阴郁滞,太阳经气运行不畅,故伤寒证多见身痛,且脉三部皆见浮紧。至于呕逆,乃因风寒束表,阳郁不宣,胃失和降所致。本条虽未言无汗,但据本证卫阳遏闭,营阴郁滞的病机及与上条风性开泄,营不内守相比,自寓无汗之意。也正因本证所见无汗、恶寒、身痛、脉紧等,呈现出肌表郁闭的特征,故后世称此为伤寒表实证。

(三) 太阳温病证

【原文】

太陽病,發熱而渴,不惡寒者爲溫病①。若發汗已,身灼熱者,名風溫②。風溫爲病,脈陰陽俱浮③,自汗出,身重,多眠睡,鼻息必鼾,語言難出。若被下者,小便不利,直視失溲④;若被火⑤者,微發黃色,劇則如驚癇,時瘛瘲⑥,若火熏之。一逆⑦尚引日,再逆促命期。(6)

【词解】

① 温病:感受温热之邪所致的太阳病,是太阳病的一种证型,属广义伤寒的范畴。

② 风温:指温病误用辛温发汗后的一种变证,与后世温病学中的风温病不同。

③ 脉阴阳俱浮:指寸关尺三部俱现浮象,此主邪热充盛。

④ 失溲:溲,指大小便。失溲,即大小便失禁。

⑤ 被火:火,指灸、熏、熨、温针等治法。被火,指误用火法治疗。

⑥ 瘛瘲(zòng):又作瘈(chì)疭,瘛,筋急挛缩。疭,筋缓纵伸。瘛疭,指四肢抽搐痉挛。

⑦ 逆：误治的意思。正确的治疗为顺，误治则为逆。

【释义】

本条论述太阳温病的主要脉症，及其误治后的变证。文中所论温病为广义伤寒的一种，是由感受温热病邪所引起的一种外感病，属太阳病范畴。与中风、伤寒相比，其突出的证候特点是发热而渴，不恶寒。温为阳邪，侵袭肌表，犯于肺卫，耗伤阴津，故发病之初，即见发热与口渴。温热伤人，多不恶寒。但若结合太阳病提纲证看，恶寒是太阳病必然见症。再从临床实践看，温病初起，邪在卫分阶段，也有恶寒，故太阳温病亦当有恶寒，只不过是较之伤寒、中风证，其恶寒程度轻微，时间短暂而已。

温为阳邪，治当用辛凉解表法，禁用辛温发汗，若误用之，则必致热盛津伤，导致"风温"等变证的发生。风温为病，热势鸱张，发热不因汗出而减，反而升高，故见身灼热。由于邪热充斥于表里，故脉三部均见浮象，必是浮盛有力。热盛迫津外泄，则自汗出；耗气伤津，则身重；上蔽心神，则多眠睡，语言不利；壅滞于肺，呼吸不利，则鼻息必鼾。若风温误下，重伤津液，化源枯竭，则小便短少而不利。津伤热炽，阳亢动风，则两目直视。热极神昏，则大小便自遗。若此时仍不积极清热救阴，而反用火法治之，则无异于抱薪救火，必致火毒剧烈，熏灼肝胆，轻则全身发黄，重则肝风内动，发为惊痫，或出现阵发性四肢抽搐，肤色暗晦如火熏等危候。若一误再误，则患者命悬一线。故戒之曰："一逆尚引日，再逆促命期。"

温病初起，病在卫分，治当辛凉解表，本条虽未明言，但从其对误用辛温发汗的风温证的描述不难看出，治疗温病当以辛凉、透邪、清热为法，并时刻注意顾护津液，这对后世温病学派理论体系的形成具有很大的影响。

三、太阳病传变

【原文】

傷寒①一日，太陽受之，脈若靜②者，爲不傳；頗欲吐，若躁煩，脈數急③者，爲傳也。(4)

傷寒二三日，陽明、少陽證不見者，爲不傳也。(5)

【词解】

① 伤寒：伤，感受的意思；寒，统指外邪。伤寒，即感受外邪，属广义伤寒。
② 脉若静：静，与后文"急"相对而言。脉静，指脉象没有发生特殊变化。
③ 脉数急：急，疾速。形容脉率加快，脉象已经发生改变。

【释义】

第4条论根据脉症辨太阳病传与不传。外邪侵袭人体，太阳首当其冲，发为太阳病。而太阳病初起，亦有传变的可能，究其传与不传，当据脉症而辨，不可拘泥于时日的多少。如果脉象与太阳病的其他症状相符，则知病仍在太阳，没有传变；若频出现恶心欲吐，烦躁不安，又见脉象数急者，即使是在太阳病初期阶段，也表明病邪已向内发展，传入他经了。

第5条承接上条说明太阳病不传变的根据。据《素问·热论》计日传经之说，伤寒二日，阳明受病；伤寒三日，少阳受病。今病已二三日，既不见"身热，汗自出，不恶寒，反恶热"的阳明证，也不见"口苦，咽干，目眩"的少阳证，则知病邪仍在太阳，没有发生传变。

以上两条举例说明判断太阳病是否发生传变的依据，第4条言以脉为主，第5条言以证为主，提示判断病情传变应以脉证为凭，不可拘于发病的时日，此对临床具有重要指导意义。

【原文】

太陽病，頭痛至七日以上自愈者，以行其經盡①故也。若欲作再經②者，針足陽明，使經不傳則愈。(8)

【词解】

① 行其经尽：经，指阶段、过程，即六日为一经，古人以此作为观察外感病发展变化的依据。行其经尽，指六日已终了。

② 再经：病情进入第二个过程。

【释义】

本条论太阳病经尽自愈与预防传经的方法。头痛是太阳病的主症之一，它的轻重缓急，代表着太阳经邪气的进退及经气的通利与否。据《素问·热论》云："七日巨阳病衰，头痛少愈。"说明太阳病经过六七日，正气逐渐恢复，邪气逐渐消退，俟其正胜邪却之时，即有自愈的可能。若至七日以上，头痛不愈，此为太阳经邪气不衰，病情有可能传变，病程延长，即"欲作再经"。太阳传里，多入阳明，欲防内传，可针足阳明经穴位，先安未受邪之地，以振奋正气，截断病邪，所谓"针足阳明，使经不传则愈"，体现了未病先防的"治未病"思想。至于针足阳明经之选用何穴，一般认为可取足三里穴，因此穴可强壮正气，能增强机体抗邪的能力。

四、太阳病愈期

【原文】

太陽病欲解時，從巳至未上①。(9)

【词解】

① 从巳至未上：指巳、午、未三个时辰，即9时至15时。

【释义】

本条论太阳病欲解时。人与自然是一个有机的整体，谓之"天人相应"。《素问·生气通天论》云："阳气者，一日而主外，平旦阳气生，日中而阳气隆，日西而阳气已虚，气门乃闭。"自然界阳气的这种消长规律，人体内阳气亦应之。太阳主寒水之化，巳午未为阳旺之时，机体阳气得天阳之助而奋起驱邪，则邪气易散，疾病易愈。

太阳病欲解时提示巳午未这段时间有利于太阳病证的解除，但不是决定因素，"欲解时"不是必解时，因病解与否取决于邪正进退的情况、患者正气的盛衰，及是否有痼疾与兼挟病证、是否调护得当等诸多因素。因此当灵活看待此条，不可过分拘泥。

【原文】

風家①，表解而不了了②者，十二日愈。(10)

【词解】

① 风家：风，统指外邪。风家，指经常感受外邪的患者。

② 不了了：了，完毕之意。不了了，指病未尽愈，身体尚觉不爽。

【释义】

本条预测经常易伤风外感的患者表解而正未复的痊愈日期。经常患太阳病的人，往往正气较虚，感受外邪不易速去。设若邪气去其大半，表证已解，而正气一时未完全恢复，身体尚有不爽的感觉,此时不必再服药,只需休息静养,预计十二日正气来复,邪气尽去,自可康复。需要指出的是,十二日乃约略之辞,不可拘泥。

五、辨病发阴阳

【原文】

病有發熱惡寒者,發於陽也;無熱惡寒者,發於陰也。發於陽,七日愈。發於陰,六日愈。以陽數七,陰數六故也。(7)

【释义】

本条以寒热二症辨别阴阳。六经病证有阴阳、表里、虚实、寒热之不同,临证当详细辨证。一般而言,三阳病多属阳证、热证、实证,三阴病多属阴证、寒证、虚证。本条指出,发热恶寒为发于阳,无热恶寒为发于阴,是根据发热的有无来首辨六经病的阴阳属性,起到了提纲挈领的作用,正如《素问·阴阳应象大论》说:"夫善诊者,察色按脉,先别阴阳。"因此,本条实为六经病辨证之总纲。邪在三阳,多为正盛邪实,正邪斗争较为激烈,故发热是其常见证候。如太阳病之发热恶寒、少阳病之寒热往来、阳明病之但热不寒。而病入三阴,机体抵抗力较弱,正邪交争不明显,甚至正气无力抗邪,故多为无热恶寒,甚或有手足厥冷,身踡脉微等阴寒证。以上为言其常,但常中亦有变,如太阳伤寒证初起也有一个"或未发热"的阶段,少阴病阴盛格阳之时亦出现"身反不恶寒"的情况,临床当知常达变,随证而辨,不可拘泥。

【析疑】

"发于阳七日愈,发于阴六日愈",是对疾病愈期的一种预测。阳数七、阴数六之说是依据伏羲氏河图生成数推演而来。病为阳证,当在阳数之期愈;病为阴证,当在阴数之期愈。这种预测方法的实际意义尚待进一步研究。

第二节 太阳病本证

一、太阳中风证

(一) 桂枝汤证

【原文】

太陽中風,陽浮而陰弱。陽浮者,熱自發,陰弱者,汗自出。嗇嗇①惡寒,淅淅②惡風,翕翕③發熱,鼻鳴乾嘔者,桂枝湯主之。(12)

桂枝湯方

桂枝三兩(去皮) 芍藥三兩 甘草二兩(炙) 生薑三兩(切) 大棗十二枚(擘)

上(原作"右",现改。下同)五味,㕮咀④三味,以水七升,微火煮取三升,去滓,適寒溫,服一升。服已須臾⑤,歠⑥熱稀粥一升餘,以助藥力。溫覆令一時許,遍身爇爇⁷微似有汗者益佳,不可令如水流漓,病必不除。若一服汗出病差,停後服,不必盡劑。若不汗,更服依前法。又不汗,後服小促其間⁸,半日許,令三服盡。若病重者,一日一夜服,周時⁹觀之。服一劑盡,病證猶在者,更作服。若汗不出,乃服至二三劑。禁生冷、黏滑、肉麵、五辛⑩、酒酪⑪、臭惡等物。

【词解】

① 啬(sè)啬恶寒:啬啬,畏怯貌,形容畏缩怕冷之状。
② 淅(xī)淅恶风:淅淅,风雨吹拂声。如冷水凉风侵入,阵阵恶风之状。
③ 翕(xī)翕发热:热势轻浅貌,如羽毛覆盖下之温和发热。
④ 㕮(fǔ)咀(jǔ):碎成小块。
⑤ 须臾:一会儿,很短的时间。
⑥ 啜(chuò):大口喝的意思。
⑦ 爇(zhé)爇:微汗潮润之状。《集韵·缉韵》:"汗出貌。"
⑧ 小促其间:缩短服药的间隔时间。
⑨ 周时:一昼夜,即二十四小时。
⑩ 五辛:《本草纲目》以小蒜、大蒜、韭、芸苔、胡荽为五辛。
⑪ 酪:指动物乳类及其制品。

【释义】

本条主要论述太阳中风证的病理与证治。太阳中风证的病理是阳浮而阴弱。阳浮,指卫阳浮盛;阴弱,指营阴不足。阳浮阴弱的症状表现是发热、汗出。发热是风邪犯表,卫阳浮盛,抗邪于外。汗出,乃卫阳不固,营阴失护,弱而不守,故曰:"阳浮者,热自发,阴弱者,汗自出。"条文中恶寒、恶风并列,提示二者无本质差别,除程度有轻重之别外,恶风尚有阵阵怕冷的意思。本证因汗出,发热程度较伤寒证为轻,只是翕翕发热。肺合皮毛,开窍于鼻,皮毛受邪,肺窍不利,则见鼻鸣。胃为卫之源,表气失和,卫病干胃,胃气上逆,则见干呕。

本条当与原文第1条、第2条合参。病机是阳浮而阴弱,太阳中风证与太阳伤寒证均是阳浮,而阴弱则是太阳中风证的特点,故太阳中风证又称太阳表虚证。

本条既有淅淅恶风又言及啬啬恶寒,提示太阳中风证与太阳伤寒证不可简单地只从恶风、恶寒上辨别,诚如喻嘉言所云:"后人相传谓伤风恶风,伤寒恶寒,苟简率易,误人多矣。"

太阳中风证的病机为风寒袭表,营弱卫强(营卫不和),故其治疗当以解肌祛风,调和营卫为法,方用桂枝汤。

【方解】

桂枝辛温,解肌祛风,以治卫强;芍药苦平,补益阴血,以治营弱。二者相伍,有调和营卫之功。生姜辛散,以助桂枝散邪;大枣甘温,以助芍药养阴。炙甘草调和诸药。诸药配伍成解肌祛风、调和营卫之剂,正如柯韵伯云:"此为仲景群方之冠,乃滋阴和阳,调和营卫,解肌发汗之总方也。"

方后药物的煎服法与药后调护是治疗过程中不可缺少的重要环节,所以仲景于桂枝汤方后论之甚详,历来为医家所重视,对临床具有普遍意义,可以归纳为以下几个方面。

(1) 药后啜粥:服用本方取汗,尤须注意啜热稀粥,助药力,益胃气,易酿汗。徐灵胎曰:"桂枝本不能发汗,故须助以热粥。《内经》云'谷入于胃,以传于肺',肺主皮毛,汗所从出,啜粥充胃气,以达于肺也。"

(2) 温覆微汗：温覆能助卫阳，利于出汗。且"遍身漐漐微似有汗者益佳"，以免汗出过多损伤正气，或发汗太骤，驱邪不尽。

(3) 获效停药："若一服汗出病差，停后服，不必尽剂。"以免过汗伤正。

(4) 未效守方："若不汗，更服依前法。又不汗，后服小促其间，半日许，令三服尽。若病重者，一日一夜服，周时观之。服一剂尽，病证犹在者，更作服。若汗不出，乃服至二三剂。"如辨证准确，药后无汗，证亦未发生变化，可以续服，甚至可以适当缩短服药的间隔时间，半天时间服完三服；病重者，可以日夜连服，24小时内可服二三剂。这里的关键是"病证犹在"四字，同时要加强对患者的严密观察，即所谓"周时观之"。

(5) 服药忌口："禁生冷、黏滑、肉面、五辛、酒酪、臭恶等物。"以防伤胃恋邪，影响疗效。

【医案选录】

李某，男，48岁。昨日起病，恶寒发热，头痛，微汗出，胸闷，欲呕，舌苔薄白，脉微略数，重按无力。处方：桂枝9g，白芍9g，生姜6g，炙甘草6g，大枣4枚，清半夏9g，1剂。复诊：热退，自觉头晕，不思食。处方：上方减清半夏，加麦芽9g，1剂而愈。(毛海云.程祖培先生临床经验简介[J].广东医学，1964，(5)：21.)

【原文】

太陽病，外證①未解，脈浮弱者，當以汗解，宜桂枝湯。(42)

【词解】

① 外证：相对里证而言，此指表证。

【释义】

本条论太阳病辨证使用桂枝汤的原则。太阳病之治，有发汗解表和发汗解肌之别，必须辨析清楚。此时脉象有重要的参考价值。所以本条的重点在于脉浮弱。浮，示阳浮、卫强，当发汗；弱，示阴弱、营弱，不宜峻汗。故凡太阳病，无论恶风恶寒，无论有汗无汗，无论是否汗下，只要外证未解，脉浮弱，即可选用桂枝汤。

【析疑】

"脉浮弱"是本条的辨证眼目，亦是临床桂枝汤证的常见脉象。第2条的脉"缓"，主要是与第3条伤寒证的脉阴阳俱紧之"紧"相对而言，而临床常见的太阳中风证的脉象就是脉浮弱。脉浮弱是指浮而无力，浮主表证，弱示正虚，非专指营弱，泛指正气不足。同样此之太阳病，亦属泛指，无论是有汗无汗，只要见脉浮弱者，即可用桂枝汤。本条的意义就在于开拓了临床辨用桂枝汤的思路。

【原文】

太陽病，頭痛發熱，汗出惡風，桂枝湯主之。(13)

太陽病，下之，其氣上衝①者，可與桂枝湯，方用前法②。若不上衝者，不得與之。(15)

太陽病，初服桂枝湯，反煩不解者，先刺風池③、風府④，卻與桂枝湯則愈。(24)

傷寒發汗已解，半日許復煩，脈浮數者，可更發汗，宜桂枝湯。(57)

太陽病，發熱汗出者，此爲榮弱衛強⑤，故使汗出，欲救⑥邪風⑦者，宜桂枝湯。(95)

【词解】

① 其气上冲：患者自觉胸中有气上冲。

② 方用前法：指用原文第12条下桂枝汤方后注的煎服法。
③ 风池：足少阳胆经穴名。在枕骨粗隆直下正中凹陷，与乳突连线之中点，两筋凹陷处。
④ 风府：督脉经穴名。在后项入发际一寸，枕骨与第一颈椎之间。
⑤ 卫强：卫气受邪后的病理性亢进。指卫阳浮盛，阳浮之变词。
⑥ 救：此为解除、治疗之意。
⑦ 邪风：即风邪。

【释义】

以上5条从不同角度说明灵活运用桂枝汤辨治太阳病的方法。

第13条提示临床辨证施治必须掌握主症。发热恶风并见，是风寒袭于太阳肤表。头痛，乃病在太阳经络。尤其汗出，是太阳中风证具有特征辨证意义的典型症状。凡此诸症，足以反映其病机属于营卫不和（营弱卫强），故用桂枝汤调和营卫，解肌祛风。

第15条论太阳病误下后，表邪尚未内陷，可用桂枝汤治疗。其气上冲与否是辨证表邪未解的眼目，太阳病治宜因势利导，发汗祛邪。若误用下法，易生变证。如果下后患者自觉有气从胸腹上冲，则是表邪未陷，正气仍能与邪相争，只是因正气受下药所挫，其向外之力勉强而急迫。因邪仍在表，故当用桂枝汤解表，方用前法。如果气不上冲，则是邪陷正伤，已无力抗邪，则不宜桂枝汤，当随证施治。

第24条论太阳中风重证，初服桂枝汤反烦不解者，可采用先针后药，针药并用的治疗方法。太阳中风证，服桂枝汤，是正确的治法，应微汗而解。今服第一次后，不仅症状未解，反而出现心烦，这就需要认真辨析。如果服药后，桂枝汤证仍在，只增心烦，而无其他热症，此说明并非传里之烦，而是表邪太甚，郁于经络，药不胜病之故，属太阳中风证较重者，是时可先刺风池、风府，以疏散经络之邪。经络疏通后，再服桂枝汤，就可使药力畅达，起到解肌祛邪的作用。

第57条论汗后余邪复发不可再行峻汗，宜用桂枝汤。太阳伤寒证用麻黄汤发汗后，若脉静身凉和，为表邪已解。若汗后半日许，又症见心烦，脉象浮数，此或因余邪未尽，病情复发；或因病证初愈，复感外邪，可更发汗。但已发峻汗，耗损正气，故不宜峻剂，宜用桂枝汤。提示病轻则治亦轻及处处固护正气的治疗学思想。

第95条以发热汗出，说明证属太阳中风证。其病机是营弱卫强。卫强，指风寒袭表，卫阳浮盛，即"阳浮者，热自发"。营弱，系卫阳失固，营不内守，即"阴弱者，汗自出"。本条营弱卫强应与第12条"阳浮阴弱"相互印证发明。

【原文】

病常自汗出者，此爲榮氣和，榮氣和者，外不諧，以衛氣不共榮氣諧和故爾。以榮行脈中，衛行脈外，復發其汗，榮衛和則愈，宜桂枝湯。（53）

【释义】

本条论常自汗出的病理及治疗。病常自汗出，当然包括内伤自汗，其病机是营卫不和。荣卫化生于中焦，卫为阳，行于脉外；荣为阴，行于脉中，二者相互依存，相互协调，当外邪侵入，首先是卫气得病，卫不能固护于外，营阴不守外泄，故病常自汗出。可知本条意在强调病常自汗出病理的主导方面在于卫气不和，即"荣气和者，外不谐，以卫气不共荣气谐和故尔"。

从"病常自汗出"到"复发其汗"，提示了自汗与发汗迥别，诚如徐灵胎云："自汗乃营卫相离，发汗使营卫相合，自汗伤正，发汗驱邪。"

既然本证是营卫不和,首选方为桂枝汤,"复发其汗,荣卫和则愈",提示桂枝汤适应于营卫不和引起的多种疾病。

【医案选录】

骆某,男,50岁。时届盛暑仍着棉衣棉裤,云极畏风寒,自汗时时,越出汗越畏风,脱去棉衣即感风吹透骨,遍身冷汗,因而虽盛暑亦不敢脱去棉衣,深以为苦。其人平素纳食少,乏力倦怠。我诊为正气虚弱,营卫失调。予桂枝汤5剂。5日后来诊,已不畏风,能骑自行车来,且已脱去棉衣改穿夹衣,汗也减少,嘱再服3剂,痊愈。(祝谌予.若干古方之今用[J].中级医刊,1979,(1):45.)

【原文】

病人藏無他病①,時發熱自汗出,而不愈者,此衛氣不和也。先其時②發汗則愈,宜桂枝湯。(54)

【词解】

① 脏无他病:脏,泛指脏腑。脏无他病,即内脏无病。
② 先其时:指在发热自汗出发作之前。

【释义】

本条论营卫不和时发热自汗出特殊情况的辨证论治。关键在"时"字,"时发热自汗出",是发热汗出呈不定时的间歇发作,给诊治带来诸多困难。其辨证首要排除"脏无他病",只有在"脏无他病"的情况下,"时发热自汗出"才属于卫气不和,自当用桂枝汤调和营卫。

"先其时发汗则愈",又是对这种呈间歇性发作的特殊情况,所提出的特殊治疗方法。就是在发热汗出发作之先,服用桂枝汤,使其在邪气正在发作之际到达病所,调和营卫,助正祛邪。如果正在发作之际,或发作之后,待药物下咽,正邪相争暂时休止,营卫暂时处于协调状态,就错过其发挥药效的最佳时机。

本条的重点有二:① 辨证关键是"脏无他病"。② 治疗技巧是"先其时发汗"。

【医案选录】

林某,青年渔民,体素健壮,某年夏天,午饭后汗渍未干,潜入海中捕鱼,回家后汗出甚多,自此不论冬夏昼夜,经常自汗出。曾用玉屏风散及龙牡、麻黄根等,均稍愈而复发。现脉浮缓,重按无力,汗出虽多,但口不渴,尿量减少。体倦,头晕,自觉肢末麻痹,唯饮食如常。流汗时间,午、晚多而上午少,清晨未起床前,略止片刻。处方:桂枝梢9g,杭白芍9g,炙甘草3g,大枣7枚,生姜9g,水1碗煎。清晨睡醒时服下,嘱少顷再吃热粥1碗以助药力,静卧数小时避风。第3日复诊:服药后全身温暖,四肢舒畅,汗已止,仍照原方加黄芪15g,服法如前,但不啜热粥。连服2剂,竟获全功。其后体渐健壮,7年未复发。(刘少轩.对桂枝汤治自汗的点滴体会[J].福建中医药,1964,(5):35.)

【原文】

太陽病,外證未解,不可下也,下之爲逆。欲解外者,宜桂枝湯。(44)

太陽病,先發汗不解,而復下之,脈浮者不愈。浮爲在外,而反下之,故令不愈。今脈浮,故在外,當須解外則愈,宜桂枝湯。(45)

傷寒不大便六七日,頭痛有熱者,與承氣湯。其小便清者,知不在裏,仍在表也,當須發汗。若頭痛者,必衄。宜桂枝湯。(56)

【释义】

以上3条说明表里同病时辨证使用桂枝汤的方法。

第44条论表里同病的一般治则当先表后里。从"外证未解,不可下也"的文义来分析,证当属表里同病,治当先治表,还是先治里?针对这个问题,仲景特指出"外证未解,不可下也"的先表后里的治疗原则。之所以如此,是因为外证未解,若误用下法,易致邪气内陷,而引起变证。至于"欲解外者,宜桂枝汤"只是举例,桂枝汤只是作为解表剂的代表,具体用何方尚须辨证论治。

第45条论太阳病汗下后,表证仍在,治宜桂枝汤。太阳病,发汗不解,属汗不如法。而反下之,则属误治,极易正伤邪陷,变证丛生。如果虽经汗下,脉象仍浮,说明正气尚旺,虽经误治,表邪未陷,其脉仍浮,邪仍在表,只宜桂枝汤缓汗。本条旨在强调临证凭脉辨证的重要意义。同时也说明,既然已经汗下,正气必然受挫,脉虽浮而必弱,故不论有汗无汗,都宜桂枝汤,这一原则贯穿于全部《伤寒论》中。

第56条根据小便清否辨表里证治。伤寒不大便六七日,头痛身热,既可见于太阳表寒,亦可见于阳明里热,必须认真辨识。辨证之眼目,在于小便清否。若患者小便黄赤短少,自是阳明实热之确据。燥实内结,腑气不通,"不大便"当属必然;阳明浊热上冲,故头痛身热。治当以承气汤类通腑泄热,腑气通,浊气降,里热清,则大便畅通,头痛发热可除。反之,若小便清长,则知内无燥热,病属表证,表气郁闭,肺气失于肃降,大肠传导失常,也会引起大便不通。病邪在表,治当发汗,故可用桂枝汤以解肌祛风,发散表邪,表邪除则里自和。

"若头痛者必衄"句,属于倒装文法,当是服桂枝汤后之反应。其为阳郁日久,不能一汗而解,郁遏之阳在辛温药鼓动下发散于外,则可能损伤阳络而致衄血,此与服麻黄汤后而衄解的机制大致相同。

(二) 桂枝汤禁例

【原文】

桂枝①本爲解肌②,若其人脈浮緊,發熱汗不出者,不可與之也,常須識③此,勿令誤也。(16下)

【词解】

① 桂枝:此指桂枝汤。

② 解肌:肌,皮之里;营,卫之里。肌与营相应,提示桂枝汤有和营之功,以与麻黄汤相别。

③ 识(zhì):记住之意。方有执云:"识,记住,记其政事谓之识。"

【释义】

本条提示太阳伤寒证禁用桂枝汤。"脉浮紧,发热汗不出者",此为典型的太阳伤寒证,必须用发汗峻剂麻黄汤。若误用桂枝汤,则病重药轻,发汗不彻,变证百出,故仲景告诫"常须识此,勿令误也"。

【原文】

若酒客①病,不可與桂枝湯,得之則嘔,以酒客不喜甘故也。(17)

凡服桂枝湯吐者,其後必吐膿血也。(19)

【词解】

① 酒客:平素嗜好饮酒的人。

【释义】

第17条提示酒客湿热内蕴者禁用桂枝汤。平素嗜酒的人,多内蕴湿热,而桂枝汤又属辛甘温之剂,辛温助热,甘温助湿,故酒客湿热壅遏者,服用桂枝汤,易致胃气上逆,产生呕吐。"酒客",是举例说明湿热患者，以"酒客不喜甘"，阐述禁用桂枝汤的机制。本条提示临床治病，既要重视方证相符，又要注意患者的嗜好和体质。

第19条提示热邪内蕴者禁用桂枝汤。本条以服桂枝汤后吐脓血为例，说明里热亢盛者误服辛温之剂，以温助热，病情进一步发展，可致热伤血络等不良后果。

二、太阳伤寒证

（一）麻黄汤证

【原文】

太陽病，頭痛，發熱，身疼腰痛，骨節疼痛，惡風，無汗而喘者，麻黃湯主之。(35)

麻黃湯方

麻黃三兩(去節)　桂枝二兩(去皮)　甘草一兩(炙)　杏仁七十箇(去皮尖)

上四味，以水九升，先煮麻黃，減二升，去上沫，內諸藥，煮取二升半，去滓，温服八合，覆取微似汗，不須歠粥。餘如桂枝法將息。

【释义】

本条主要论述太阳伤寒证的主症和治疗。太阳伤寒的主症是在原文第1条、第3条的基础之上，加之本条头痛、发热、身疼腰痛、骨节疼痛、无汗而喘，为太阳伤寒的典型表现。其病机为风寒束表，卫阳被遏，营阴郁滞。风寒袭于太阳经，表闭而阳郁，卫阳被遏，正邪交争，故见头痛发热而恶风寒；无汗为寒邪束表、腠理闭郁之特征表现；寒为阴邪，其性收引，感受寒邪则营阴郁滞，经气运行不利，故见身疼腰痛、骨节疼痛；肺主气而外合皮毛，风寒袭表则毛窍闭塞，肺失宣降故见气喘。结合第1条和第3条，本证应为浮紧之脉，证为太阳伤寒表实，故治应辛温发汗之麻黄汤。

太阳伤寒与太阳中风同为太阳表证，其主要鉴别点在于太阳中风证有汗、脉浮弱，而太阳伤寒证为无汗、脉浮紧。太阳中风证的病机为风寒袭表，营弱卫强（营卫不和），唯其汗出脉弱，故称之表虚证；而本证的基本病机为卫阳被遏，营阴郁滞，以其无汗脉紧而称之表实证。

【方解】

麻黄汤以麻黄、桂枝、杏仁、甘草四味药组成，方剂配伍严谨，功效卓著。麻黄辛温，疏散风寒，发汗之力较强，故为君药。桂枝辛温，解肌祛风，协助麻黄增强发汗解表之力，故为臣药。杏仁佐麻黄，降中有宣，增加平喘之效，故为佐药。炙甘草调和诸药，补中而顾护汗源，故为使药。诸药合用，发汗解表，宣肺平喘。本方为发汗峻剂，服用时须守其服法与调护，不需啜粥，只需温覆，使其微汗，亦不可令大汗淋漓，以免汗出太过变生他证。

【医案选录】

案1　邓某，男。冬月重感风邪，恶寒高热，虽重衾叠被，犹啬啬不已，头痛项强，腰脊酸痛，四肢骨节亦然；切诊皮肤干热无汗，脉浮而紧，此冬月正伤寒也。以其体肥多湿，处麻黄加羌、芷与服，意其必一汗而解。讵一剂不效，次日复诊，再剂仍不效。余觉药颇对证，然何以不效？因细询煎药之情，知不如法，察其病状如前，恶寒等之表证仍在，处以前方，令如法煎服，一剂而汗出即解。麻黄汤加羌活、白芷方：生麻黄9g，川桂枝9g，杏仁泥12g，炙甘草6g，川羌活7.5g，香白芷9g，生姜3片。（余瀛鳌.射水余无言医案[J].江苏中医，1959，(5)：16.）

案2 刘某,男,9岁。1984年冬因脸面突然浮肿,进某医院诊为"急性肾炎",经西药治疗半月,证情反复。近两日诸症加重,脸面浮肿,喘咳无痰,心烦不宁,小便不利,阵阵恶寒,舌淡胖,苔白腻,脉浮紧。辨为风水泛滥之肿,因冬季风寒当令,外邪束表,肺失宣降,水道不通,水泛肌肤所致。方用麻黄汤开宣肺气,疏通水道,加茅根、蝉蜕增强疏风利尿之功。药用:麻黄6g,桂枝6g,杏仁6g,炙甘草3g,茅根10g,蝉蜕5g。2剂小便通利,诸症减轻。续服3剂,诸症若失。后用四君子汤加生黄芪调理周余收功,追访一年未见发作。(陈华.麻黄汤验案二则[J].国医论坛,1986,(2):24.)

【原文】

太陽與陽明合病①,喘而胸滿者,不可下,宜麻黃湯。(36)

【词解】

① 合病:即两经或三经同时发病。

【释义】

本条主要论述太阳与阳明合病而偏重太阳的证治。本条既云"太阳与阳明合病",则应有太阳与阳明两经的病症,而未言具体症状是为省文法。从"宜麻黄汤"来看,显然病证偏重于太阳,所以用麻黄汤发汗解表,宣肺平喘。从"不可下"又可推知证中有可下之腹满、不大便等阳明症,只是里实未重,尚未达到用承气汤攻下的程度。表兼里实宜先解表,何况证尚偏重于太阳,故"宜麻黄汤"。表证的具体表现为"喘而胸满",肺主气而合于皮毛,为五脏六腑之华盖,风寒袭表,肺气不得宣发肃降,上逆则喘,壅塞则胸满。肺与大肠相表里,肺气不降亦可致腑气不畅而不大便,若太阳之表邪得解则腑气得以通降,大便可能自下。

【原文】

脈浮者,病在表,可發汗,宜麻黃湯。(51)

脈浮而數者,可發汗,宜麻黃湯。(52)

太陽病,十日以去,脈浮細而嗜臥①者,外已解也。設胸滿脅痛者,與小柴胡湯。脈但浮者,與麻黃湯。(37)

【词解】

① 嗜卧:嗜,喜爱之意。是形容病情初愈,精神疲乏而喜安舒静卧。

【释义】

以上3条补述太阳伤寒在不同情况下的脉象及其证候转归。

第51条论述太阳伤寒证见脉浮者,可用发汗之法。"可发汗"提示证中当有可汗之症,如发热、恶寒、无汗、头身疼痛等。然太阳伤寒的脉象应为浮紧,今只见浮而未言紧象,是否可用麻黄汤?根据临床辨证,脉象可因感邪的轻重和体质的强弱等因素影响,"宜麻黄汤"已表明证属伤寒无疑,为举方略证之笔法,亦提示医者临证不可将浮紧脉作为太阳伤寒的唯一脉象,而应脉症合参,知常达变,脉虽未见紧象,而其他伤寒表实症状已具备就应该用麻黄汤。

第52条承上条指出太阳伤寒脉浮数者仍可用麻黄汤。太阳伤寒脉浮紧是与中风脉浮缓相对而言的脉象辨证。太阳伤寒证虽感寒邪,但卫阳闭郁,正邪交争激烈,故发热较高,既然发热,则脉必见浮数。脉虽浮数,必与恶寒、身痛、无汗等症并见,"宜麻黄汤"。提示临床辨证,当灵活权变,不可执一而论。

第37条指出太阳伤寒日久可能出现的三种转归。其一是脉由原来的浮而有力变为浮细,细为小脉,说明邪退,病应向愈,只是病程日久,人体津液气血尚未完全恢复,所以精神疲倦,安舒嗜卧,故曰"外已解也"。其二是患者可能出现胸满胁痛,胸胁为少阳经脉分布循行之区,胸胁满痛为病在少阳,说明太阳证罢而邪传少阳,故应用小柴胡汤和解少阳。其三为"脉但浮者",以脉代证,说明证仍在表,虽未明言浮紧脉,但证仍属表实,故仍可与麻黄汤发汗解表,与第51条脉浮者用麻黄汤义同。

【析疑】

以上3条原文,关键在于理解其脉象问题,难点是第52条的"脉浮数",伤于寒而见热脉,前论紧而今论数,仲景就是用这种表面的悖论,提示知常达变是临证辨病辨脉的重要环节。临床可有典型的脉症,亦可以出现不典型的脉象,应以患者的主要症状表现为主,必要时可舍脉从症,临证不可拘泥。

【原文】

太陽病,脈浮緊,無汗,發熱,身疼痛,八九日不解,表證仍在,此當發其汗。服藥已微除,其人發煩目瞑①,劇者必衄②,衄乃解。所以然者,陽氣重③故也。麻黃湯主之。(46)

太陽病,脈浮緊,發熱,身無汗,自衄者,愈。(47)

傷寒脈浮緊,不發汗,因致衄者,麻黃湯主之。(55)

【词解】

① 目瞑:目视不明,视物昏花。《集韵》:"瞑,目不明也。"
② 剧者必衄:剧者,指病情严重者。衄,此处指鼻出血。
③ 阳气重:受外邪束缚,阳气郁闭较重。

【释义】

以上3条论述太阳伤寒衄血的成因和不同转归。

第46条首先补述太阳伤寒日久的症状及主脉,并说明服麻黄汤后可能出现的反应。本条"麻黄汤主之"为倒装笔法,应接在"此当发其汗"之后。条文的重点是从"服药已微除"至"阳气重故也"。说明服用麻黄汤后可能出现的两种不同反应:其一是因为病程较久,外邪郁闭较甚,阳气壅滞,虽方药对证,但邪气难以一时速除,只是"服药已微除"而已,表明表证稍减但并未愈,同时出现发烦、目瞑等症,此乃服药之后,正气得药力之助奋起抗邪,驱邪外出,正邪交争较剧的表现。其二,严重者可出现鼻衄。这是外邪闭郁较重,阳气怫郁太甚化热而伤及阳络所致。然汗血同源,汗为血所化,邪既不得汗解则可随衄而解,一衄之后,外邪可泄,郁滞之邪可除,此衄前人称之"红汗",故仲景言"衄乃解"。本条发烦目瞑和衄血虽证有轻重之别,但其机制则一,乃阳郁太甚而致,故仲景言"阳气重故也"。

第47条紧承前条论述太阳伤寒证未经麻黄汤发汗而也可得衄病愈的。

第55条则论述太阳伤寒证虽然未经麻黄汤发汗而致衄,但是衄后表邪未解者,仍须汗解,当用麻黄汤。

以上3条讨论的都是太阳伤寒证衄血,但病因病机及转归有所不同。第46条是在服用麻黄汤后,辛温鼓荡致衄血邪解;第47条是未经服药,失汗致衄,邪亦随衄而解;第55条则是未经服药而衄血,但衄后邪未得解,故仍以麻黄汤发汗解表。提示我们临证当针对不同情况区别对待,审证求因,辨证论治。

(二) 麻黄汤禁例

【原文】

咽喉乾燥者,不可發汗。(83)

淋家①不可發汗,發汗必便血②。(84)

瘡家③,雖身疼痛,不可發汗,汗出則痓④。(85)

衄家⑤,不可發汗,汗出必額上陷脈急緊⑥,直視不能眴⑦,不得眠。(86)

亡血家⑧,不可發汗,發汗則寒慄而振⑨。(87)

汗家⑩,重發汗,必恍惚心亂⑪,小便已陰疼⑫,與禹餘糧丸。(88)

病人有寒,復發汗,胃中冷,必吐蚘⑬。(89)

【词解】

① 淋家:淋,指小便淋沥不尽,尿频量少,尿道涩痛之证。淋家,指久患淋证之人。

② 便血:此处指尿血。

③ 疮家:指久患疮疡的患者。

④ 痓(zhì):此处"痓"当是"痉"字之误。《金匮玉函经》《脉经》作"痉",可从。痉,筋脉拘急。

⑤ 衄家:经常出鼻血的人。

⑥ 额上陷脉急紧:指额部两旁(相当于太阳穴)凹陷处动脉拘急。

⑦ 眴(shùn):指眼珠转动。

⑧ 亡血家:指平素经常出血的人。

⑨ 寒栗而振:即寒战。

⑩ 汗家:平素多汗的人。

⑪ 恍惚心乱:神识昏糊,心中烦乱不安。

⑫ 小便已阴疼:指小便后尿道疼痛。

⑬ 蚘:蛔之古体字,即蛔虫。

【释义】

第83条以咽喉干燥为例,提示阴液不足者禁用汗法。条文中言不可发汗即不能用麻黄汤峻汗。咽喉干燥,提示阴津亏少,阴虚津亏之体,即便患风寒表证,亦不可单用汗法治疗。这是因为阴津亏少则汗源不足,若强发其汗,即使表证能解亦会造成阴津更伤,变生他证。

第84条以淋家为例,提示阴亏而下焦湿热者禁用汗法。淋证其病机多为下焦湿热,病程日久则湿热伤阴,因此淋家虽患外感,不可径用辛温发汗。因为辛温既助热又伤阴,若强发其汗,必致阴液更亏,内热愈炽,热甚而灼伤络,则会发生尿血之变证。

第85条以疮家为例,提示气血两虚者,虽有表证禁用汗法。久患疮疡的人,由于脓血过多,气血暗耗,多见气血两虚。营血不足,无以濡养肌肉筋骨则见身体疼痛,若误用发汗,则营血更伤,非但身体疼痛,肢体拘急、项背强直等亦可接踵而来。

第86条指出衄家阴血亏虚者禁汗。素患鼻衄之人,由于频繁出血,阴血渐耗,极易造成阴血亏损,虽有外感之证,亦不能用辛温发汗。盖汗血同源,目得血而能视,血虚则目睛失养而直视转动不能自如。血虚心神失养则不得眠。

第87条以亡血家为例,提示血虚气衰者禁用汗法。亡血家指经常有失血之患者,临床上常见的吐血、衄血、咳血、便血、尿血、崩漏等均可导致亡血。气为血之帅,血为气之母,气血互根,长期反复出血,气随血耗,极易造成气血俱虚。故亡血家虽患伤寒表实亦不可用辛温发汗,因为强发其汗不仅伤阴,亦可伤阳耗气。阴血虚则无以濡养筋脉,阳气虚则机体失其温煦,而发生寒栗而振的变证。

第88条指出汗家禁用汗法及其误汗变证。平素多汗者,多为阳气不足,肌腠失固,易致营阴外泄而成阴阳两虚。若感外邪再重用发汗之法,则阴阳更虚。阳虚兼有表证可用扶阳解表之法,绝不可单以发汗。"汗为心之液",发汗后心阴心阳均受损,心阴不足,心神失养则见恍惚心乱。阴液不足,尿道失其濡润则溺后阴中涩痛。此变证仲景以禹余粮丸治疗,惜该方已佚。从该方主药禹余粮的功用推测,其法应为敛阴止汗,重镇安神。

第89条论述中焦虚寒者禁汗。条文云"病人有寒"当指平素脾胃虚寒,阳气不足者。中焦虚寒,复感外邪,治当温中解表,如桂枝人参汤则是其例。若误用峻汗,必致中焦阳气更虚,脾胃升降反常,胃气上逆则呕吐,若肠道有蛔虫,常可同时发生吐蛔。

【析疑】

以上几条原文,注家理解大致相同,但对第86条"汗出必额上陷脉急紧"的解释,历代医家注说不一。《医宗金鉴》认为是"汗出液竭,诸脉失养,则额角上陷中之脉,为热所灼,故紧而急";陈修园认为是"三阳之血不营于脉,故额上陷,脉紧急也";喻嘉言为"衄血之人,清阳之气素伤,更发其汗,则额上必陷,乃上焦精竭之应也"。"额上陷"究指何部位?"脉紧急"是指何经之脉?又钱天来主张为额上囟门凹陷,但难与临床相符,因为成人囟门不存在不合的问题。我们认为此属强用辛温发汗,津液更伤,营血益损,血不养筋,筋脉失养而拘紧,故出现额上两旁陷脉(相当于颞浅动脉)急紧弦劲。

【原文】

脈浮數者,法當汗出而愈。若下之,身重心悸者,不可發汗,當自汗出乃解。所以然者,尺中脈微,此裏虛,須①表裏實②,津液自和,便自汗出愈。(49)

脈浮緊者,法當身疼痛,宜以汗解之。假令尺中遲③者,不可發汗。何以知然?以榮氣不足,血少故也。(50)

【词解】

① 须:等待,等到。
② 表里实:实指充实,表里实是指表里气血充实,正气恢复。
③ 尺中迟:脉一息不足四至为迟。这里指尺脉迟滞无力。

【释义】

第49条论述误下致里虚者禁汗。脉浮数者,为邪在表,表实证初起未发热时一般脉多浮紧,但发热后则可见脉浮数,邪既在表当用汗法治疗,方用麻黄汤。若表证误用攻下之法,则正气受损,阳气亏虚而发生变证。清阳之气不能温养肢体,故身体困重;阳虚而心神无所主持,故见心悸;阳气不足故见尺中脉微。此时虽表证仍在,也不可强发其汗,而应当用和表实里之法,使表里气血充实,津液调和,患者汗出而愈。

第50条论述太阳伤寒而营血不足,虽有表证禁用汗法。本条"何以知然"以下是自注语句,应纳入正文分析。脉象浮紧,身体疼痛,与原文第3条、第35条合参知为太阳伤寒证,故宜用辛温发汗之法。假若患者身体疼痛而脉象又迟滞无力,则系营血亏虚之证,属表证兼里虚,因汗为心液,汗血同源,发汗则更伤营血,故不可强发其汗。

以上2条均为表实兼里虚之证,仲景以脉象论禁,一是侧重在阳虚而里气不足,一是阴虚而营血亏损,均禁用峻汗之麻黄汤。

三、表郁轻证

(一) 桂枝麻黄各半汤证

【原文】

太陽病,得之八九日,如瘧狀①,發熱惡寒,熱多寒少,其人不嘔,清便欲自可②,一日二三度發。脈微緩③者,爲欲愈也;脈微而惡寒者,此陰陽俱虛④,不可更發汗、更下、更吐也;面色反有熱色⑤者,未欲解也,以其不能得小汗出,身必癢,宜桂枝麻黄各半湯。(23)

桂枝麻黄各半湯方

桂枝一兩十六銖(去皮)　芍藥　生薑(切)　甘草(炙)　麻黄(去節)各一兩　大棗四枚(擘)　杏仁二十四枚(湯浸,去皮尖及兩仁者)

上七味,以水五升,先煮麻黄一二沸,去上沫,内諸藥,煮取一升八合,去滓,温服六合。本云:桂枝湯三合,麻黄湯三合,並爲六合,頓服。將息如上法。

臣億等謹按:桂枝湯方,桂枝、芍藥、生薑各三兩,甘草二兩,大棗十二枚。麻黄湯方,麻黄三兩,桂枝二兩,甘草一兩,杏仁七十箇。今以算法約之,二湯各取三分之一,即得桂枝一兩十六銖,芍藥、生薑、甘草各一兩,大棗四枚,杏仁二十三箇零三分枚之一,收之得二十四箇,合方。詳此方乃三分之一,非各半也,宜云合半湯。

【词解】

① 如疟状:指发热恶寒呈阵发性,发无定时,似疟非疟。

② 清便欲自可:清,同圊,厕所之古名,此处作动词用,即排便之意。欲,同尚,自可,如常之意。清便欲自可,指大小便尚属正常。

③ 脉微缓:微非微脉,乃略微之意。指脉不浮紧,而趋于和缓。

④ 阴阳俱虚:此阴阳指表里而言,即表里皆虚。

⑤ 面有热色:指颜面发红。

【释义】

本条论述太阳病日久不愈的三种转归及表郁轻证的证治。条文可分段理解,从"太阳病"至"一日二三度发"为第一段,这是表病日久不愈的一般症状。太阳病八九日,是指表证日久未解,患者虽热多寒少,但仍发热与恶寒并见,寒热无定时,形似疟而实非疟。寒热虽似少阳之寒热往来,但是其人不呕,知未传入少阳;热多寒少,有内传阳明之嫌,但其大小便如常,知亦未传入阳明。其发热恶寒呈阵发性,一日二三度发,为病久邪郁,正气欲抗邪于外而不得汗解,病情仍属太阳表证无疑。

从"脉微缓者"至结尾为第二段,说明表郁轻证可能出现的三种转归。其中"脉微缓者……不可更发汗、更下、更吐也"为插叙笔法,亦说明两种转归:其一,患者脉象由浮紧而渐趋和缓,为正气来复,抗邪外出之兆;其二是患者脉象微弱,恶寒加重,这是表里阳气俱虚,故不能再用汗、吐、下等法治疗。第三种转归为"面色反有热色者"以下,是承第一段说明表邪郁久不解,不仅有第一段的一般症状,而且还可出现面色发红、身痒无汗等症状,这是由于外邪郁闭日久,阳气怫郁,又不能得小汗出,外邪不得宣发之故,故曰"未欲解也"。治仍当解表,以辛温轻剂,小发其汗之法,方宜桂枝麻黄各半汤。

【方解】

本方为桂枝汤与麻黄汤以1∶1比例合方,或两方各取1/3量合煎而成。两方均为小剂组合,调和营卫而不滞邪,解表发汗又不伤正。

【医案选录】

陈某,女,17岁,1989年9月14日初诊。自述7日前曾患"感冒",发热恶寒,热多寒少,一日二三发,头晕不呕,二便正常;汗出不畅,身痒体臭,浴后不减,校医疑为"疟疾",建议至某院诊治。血液检验未找到疟原虫,诊断为内分泌功能紊乱,予谷维素等药治疗,症情依然,遂求治于余。证见舌质淡,苔薄白,脉微弱。此属风寒湿久稽,营卫不和。宜祛风散寒,调和营卫。仿张仲景小发汗例,试投桂麻各半汤加味:桂枝5g,白芍3g,麻黄3g(先煎),杏仁3g,炙甘草3g,生姜2片,薏苡仁15g,2剂,水煎服。服药1剂,汗出、身痒即止;2剂后自觉身如浴后轻松舒畅,体臭等症随之消失,至今未复发。(黄道富.桂麻各半汤加味治疗体臭[J].湖南中医杂志,1990,(5):29.)

(二) **桂枝二麻黄一汤证**

【原文】

服桂枝汤,大汗出,脈洪大者,與桂枝汤,如前法。若形似瘧,一日再發①者,汗出必解,宜桂枝二麻黄一湯。(25)

桂枝二麻黄一湯方

桂枝一兩十七銖(去皮) 芍藥一兩六銖 麻黄十六銖(去節) 生薑一兩六銖(切) 杏仁十六箇(去皮尖) 甘草一兩二銖(炙) 大棗五枚(擘)

上七味,以水五升,先煮麻黄一二沸,去上沫,内諸藥,煮取二升,去滓,温服一升,日再服。本云:桂枝湯二分,麻黄湯一分,合爲二升,分再服。今合爲一方。將息如前法。

臣億等謹按:桂枝湯方,桂枝、芍藥、生薑各三兩,甘草二兩,大棗十二枚。麻黄湯方,麻黄三兩,桂枝二兩,甘草一兩,杏仁七十箇。今以算法約之,桂枝湯取十二分之五,即得桂枝、芍藥、生薑各一兩六銖,甘草二十銖,大棗五枚。麻黄湯取九分之二,即得麻黄十六銖,桂枝十銖三分銖之二,收之得十一銖,甘草五銖三分銖之一,收之得六銖,杏仁十五箇九分枚之四,收之得十六箇。二湯所取相合,即共得桂枝一兩十七銖,麻黄十六銖,生薑、芍藥各一兩六銖,甘草一兩二銖,大棗五枚,杏仁十六箇,合方。

【词解】

① 一日再发:一日发作两次。

【释义】

本条指出太阳病服桂枝汤不如法,出现两种不同的转归和证治。"服桂枝汤,大汗出"是说明太阳中风证服用桂枝汤,本应是正确的治法。但由于服法不当,导致大汗出而病不解。桂枝汤服法已如第12条所云"不可令如水流漓,病必不除"。本条举"病必不除"可能发生的两种情况并阐述其辨证论治。一是出现大汗出,脉洪大。此两脉症亦为阳明热证主要表现,虽似阳明热证,但治疗却是"与桂枝汤如前法",知其证仍是以表证为主。若为阳明燥热亢盛,除大汗出、脉洪大外,当见身大热、大烦渴等症。紧接的第26条就表明,除大汗出、脉洪大外,还出现大烦渴不解,故用白虎加人参汤治疗。所以,本条的大汗出、脉洪大乃卫阳受辛温药力鼓舞,一时浮盛于表使然。根据证不变治亦不变的原则,仍从太阳治疗,故用桂枝汤。二是服桂枝汤后,"若形似疟,一日再发者",这也是承第23条而来,省去了"发热恶寒,热多寒少"一句,症相似而略轻,一日再发而已。证属太阳病大邪已去,余邪微存,邪正相争更趋轻浅平缓,故治宜桂枝二麻黄一汤,微发其汗。

【方解】

本方是桂枝汤原方剂量的5/12,麻黄汤原方剂量的2/9合方而成。其比例近似于2∶1,因名桂枝二麻黄一汤。以其剂量轻微,比桂枝麻黄各半汤更小,故发汗之力更微,属微汗法。

【医案选录】

李某,男,49岁,1963年4月10日就诊。恶寒战栗,发热,热后汗出身凉,日发1次,连续3日。伴见头痛、肢楚、腰疼、咳嗽痰少,食欲不振,二便自调。脉浮紧,舌苔白厚而滑。治宜辛温解表轻剂,与桂枝二麻黄一汤。处方:桂枝9g,白芍9g,杏仁6g,炙甘草6g,生姜6g,麻黄4.5g,大枣3枚。服药后,寒热已除,诸症悉减。现唯心悸少气,昨起腹中微痛而喜按。大便正常,脉转弦缓。此因外邪初解,荣血不足,气滞使然,遂与小建中汤,1剂而安。(俞长荣.伤寒论汇要分析[M].福州:福建人民出版社,1964:70.)

(三) 桂枝二越婢一汤证

【原文】

太陽病,發熱惡寒,熱多寒少,脈微弱者,此無陽①也,不可發汗。宜桂枝二越婢一湯。(27)

桂枝二越婢一湯方

桂枝(去皮) 芍藥 麻黄 甘草(炙)各十八銖 大棗四枚(擘) 生薑一兩二銖(切) 石膏二十四銖(碎,綿裹)

上七味,以水五升,煮麻黄一二沸,去上沫,内諸藥,煮取二升,去滓,溫服一升。本云:當裁爲越婢湯、桂枝湯合之,飲一升。今合爲一方,桂枝湯二分,越婢湯一分。

臣億等謹按:桂枝湯方,桂枝、芍藥、生薑各三兩,甘草二兩,大棗十二枚。越婢湯方,麻黄二兩,生薑三兩,甘草二兩,石膏半斤,大棗十五枚。今以算法約之,桂枝湯取四分之一,即得桂枝、芍藥、生薑各十八銖,甘草十二銖,大棗三枚。越婢湯取八分之一,即得麻黄十八銖,生薑九銖,甘草六銖,石膏二十四銖,大棗一枚八分之七,棄之。二湯所取相合,即共得桂枝、芍藥、甘草、麻黄各十八銖,生薑一兩三銖,石膏二十四銖,大棗四枚,合方。舊云:桂枝三,今取四分之一,即當云桂枝二也。越婢湯方,見仲景雜方中,《外臺秘要》一云起脾湯。

【词解】

① 无阳:指阳气虚弱。

【释义】

本条指出太阳表郁内热轻证的证治和禁忌。条文"宜桂枝二越婢一汤"应接在"热多寒少"之后,属倒装文法。发热恶寒,热多寒少,说明太阳之邪未解,因本条述证简单,临床表现不典型,但以方测证,则不难推断本方证是表郁而兼内热轻证,与第23条的"太阳病,得之八九日,如疟状,发热恶寒,热多寒少"相似。虽其证相似而不用其方,而用桂枝二越婢一汤,本方中桂、麻用量分别小于桂枝二麻黄一汤、桂枝麻黄各半汤中二药的用量,可知其所感风寒之邪轻于前两方证。但本方另用辛寒清热之石膏,说明本证因外邪久郁不去而化热,当有轻微口渴、心烦等症,其病机类似于大青龙汤证而轻微,故只宜微发其汗,兼清内热。

至于"脉微弱者,此无阳也,不可发汗"是示人当以脉症合参,因为脉象微弱,已提示阳气大虚,即"此无阳也";既为阳虚,即便为发汗轻剂亦不宜用,故仲景告诫曰"不可发汗",与第38条"若脉微弱,汗出恶风,不可服之"同义。

表郁轻证三方证均同属表轻郁微之证,临证均有发热恶寒,热多寒少,面赤身痒无汗,脉浮等脉症,治则同为辛温微汗。但桂枝麻黄各半汤证为表寒郁闭较重,故寒热为一日二三度发。

【方解】

本方为桂枝汤与越婢汤合方,取桂枝汤原方剂量的1/4,越婢汤原方剂量的1/8合方而成,其剂量比为2:1,药物组成实为桂枝汤加麻黄、石膏。桂枝汤加少量麻黄轻散外邪,加石膏以清郁热,全方为表里双解之轻剂。

【医案选录】

许某,男,35岁,工人。病史:因劳动过剧,内蓄郁热,新寒外束,病初自觉发热恶寒,头痛,心烦热,体痛,有时汗出,口干舌燥,面红耳赤,脉象紧而数。曾服辛凉解表剂,加味银翘散,汗未出病不解,而寒热加剧。证属:表邪未解,内有郁热。治宜:散表邪,宣郁热。处方:生石膏15 g,连翘12 g,白芍10 g,麻黄8 g,生姜6 g,甘草6 g,桂枝5 g。服药2剂后,遍身蒸蒸汗出,发热恶寒已解,身觉轻松,头已不痛,唯心中仍然觉烦热,身倦食少。后以清热和胃疏解之品,再进2剂,诸症霍然而解。(邢锡波.邢锡波医案集[M].北京:人民军医出版社,1991:60.)

第三节 太阳病兼证

一、太阳中风兼证

(一) 桂枝加葛根汤证

【原文】

太陽病,項背強几几①,反汗出惡風者,桂枝加葛根湯主之。(14)

桂枝加葛根湯方

葛根四兩　麻黃三兩(去節)　芍藥二兩　生薑三兩(切)　甘草二兩(炙)　大棗十二枚(擘)　桂枝二兩(去皮)

上七味，以水一斗，先煮麻黃、葛根，減二升，去上沫，内②諸藥，煮取三升，去滓。温服一升，覆取微似汗，不須歠粥，餘如桂枝法將息③及禁忌。

臣億等謹按：仲景本論，太陽中風自汗用桂枝，傷寒無汗用麻黃，今證云汗出惡風，而方中有麻黃，恐非本意也。第三卷有葛根湯證，云無汗、惡風，正與此方同，是合用麻黃也。此云桂枝加葛根湯，恐是桂枝中但加葛根耳。

【词解】

① 项背强几(jīn)几：几几，有拘紧、不柔和之意。项背强几几，形容项背拘紧不适，转动俯仰不利之状。

② 内：音义均同纳。

③ 将息：将养调息，即护理调养的意思。

【释义】

本条论太阳中风证兼项背强几几的证治。太阳病本有头项强痛，今不但项强，而且连及背部，出现项背拘急不柔和，俯仰不能自如，乃风寒客于太阳经脉，经气不畅，津液运行受阻，经脉失养所致。一般而言，太阳病见项背强急，具有寒伤经脉凝滞收引的特点，多为无汗恶风，今见汗出恶风，故曰"反"。知本证为风邪在经，经气不利。证属风寒袭表，营卫不和，经气不畅，经脉失养，治当解肌祛风，调和营卫，升津舒经，方用桂枝加葛根汤。

【方解】

本方为桂枝汤加葛根而成。桂枝汤解肌祛风，调和营卫。葛根味甘性平，既可升阳发表，助桂枝汤解肌；又可升津舒经，而缓项背之拘急。因葛根既能辛散祛风，且能鼓舞胃气上行，启升津液，所以药后不需啜粥以助药力。

【医案选录】

马某，男，18岁。患落枕，每年3~5次，发作时头不能侧顾，项强及有背拘急疼痛，每次发作针刺按摩3~5次，即能获效。但偶感风寒，旋又发作，偶有汗出、怕风，要求服中药断其根，乃用汤药。就诊时见：舌质淡，苔薄白，脉浮迟。余曰：疏一方，发作时服3剂，再发再服。疏以：桂枝9g，白芍9g，炙甘草9g，生姜6片，大枣5枚，葛根15g，当归12g。如此服用2次，遂不再发。(程昭寰.伤寒心悟[M].北京：学苑出版社，1989：81.)

(二) 桂枝加厚朴杏子汤证

【原文】

喘家①，作桂枝湯，加厚朴、杏子佳。(18)

桂枝加厚朴杏子湯方

桂枝三兩(去皮)　甘草二兩(炙)　生薑三兩(切)　芍藥三兩　大棗十二枚(擘)　厚朴二兩(炙，去皮)　杏仁五十枚(去皮尖)

上七味，以水七升，微火煮取三升，去滓，温服一升，覆取微似汗。

太陽病,下之微喘者,表未解故也,桂枝加厚朴杏子湯主之。(43)

【词解】

① 喘家:素患喘疾之人。

【释义】

第18条为外感风寒引发宿疾喘息的证治。素有喘疾之人,最易为风寒之邪所诱发,因肺合皮毛,肺气不利,则外邪从其合而内舍于肺,致发喘疾。从本条用桂枝汤为主治疗来看,表证当是汗出、恶风、脉浮缓的太阳中风证。故用桂枝汤解肌祛风,以治新感;加厚朴、杏仁降气平喘,以治宿疾。

第43条为太阳病下后表不解兼肺气上逆作喘的证治。太阳病中风证,本当用桂枝汤解表,若误用攻下,则使表邪内陷胸中,肺气上逆而喘,所幸正气不虚,表邪仍在,故形成太阳中风兼喘证。当然表证兼喘,未必尽是误下,若风寒之邪内迫,肺气上逆,亦可致此。总之,本证是外有风寒之表虚证,内有肺气上逆之气喘,故用桂枝加厚朴杏子汤调和营卫以解表,肃降肺气以平喘。

【方解】

本方即桂枝汤加厚朴、杏仁而成。桂枝汤解肌祛风,调和营卫。厚朴、杏仁苦温下气,降逆平喘。全方表里同治,标本兼顾,为表虚作喘之良方。

【医案选录】

李某,男,13岁,2003年10月7日初诊。既往有支气管哮喘病史,每于冬春季或受凉感冒后发病。1周前洗澡后哮喘发作,症见咳嗽、气喘、咯少量白稀痰,夜间喘促尤甚,某医院予青霉素、氨茶碱、泼尼松治疗后,白天已无喘息声,但夜间仍有喘鸣、气促、胸闷,遂到我院求中医疗。刻诊:面色少华,神疲,纳呆,形体偏瘦,时感恶寒怕风,咯白色稀痰,舌淡苔白,脉浮细缓,双肺闻及散在哮鸣音。证属营卫不和,肌表不固,肺失肃降。治宜调和营卫,肃肺定喘。方用桂枝加厚朴杏子汤加减:桂枝10 g,白芍10 g,炙甘草5 g,生姜10 g,大枣10 g,厚朴10 g,杏仁10 g,紫菀10 g,款冬花10 g。3剂,日1剂,水煎服。10月12日二诊:喘息渐平,咳嗽、咯痰消失,周身温暖,已不恶寒怕风,精神、食欲好转,舌淡红,苔薄白,脉细缓。夜间偶感胸闷气急,听诊双肺哮鸣音减少。表证已解,当以健脾补肺为治,拟桂枝人参汤加味:桂枝10 g,党参15 g,白术10 g,炮黑姜10 g,炙甘草10 g,山药20 g,扁豆10 g,杏仁10 g,7剂,日1剂,水煎服。嘱禁食生冷,避免感冒受凉。1个月后随访,哮喘未再发作。(周嵘.经方治哮喘验案举隅[J].国医论坛,2007,22(3):7.)

(三) 桂枝加附子汤证

【原文】

太陽病,發汗,遂漏不止①,其人惡風,小便難,四肢微急,難以屈伸者,桂枝加附子湯主之。(20)

桂枝加附子湯方

桂枝三兩(去皮) 芍藥三兩 甘草三兩(炙) 生薑三兩(切) 大棗十二枚(擘) 附子一枚(炮,去皮,破八片)

上六味,以水七升,煮取三升,去滓,溫服一升。本云:桂枝湯今加附子,將息如前法。

【词解】

① 漏不止:汗出不止。漏,渗泄。

【释义】

本条为太阳病发汗太过致阳虚漏汗的证治。太阳病,本当汗解,然发汗之法,总以"遍身漐漐微似有汗者益佳",汗后脉静身和,则邪去正复。今发汗太过,致汗漏不止,表证未解,徒伤正气,正是"如水流漓,病必不除"之意。恶风,原为太阳中风必见之症,今又特别强调,以示恶风之甚。大汗之时,津随之失,阳随之泄,阳虚气化无力,阴虚膀胱津少,则小便量少不畅,故曰"小便难"。阳虚筋脉失煦,阴虚筋脉失养,则见四肢轻度拘急。综观本证,不独表证不解,阳气已虚,而且津液亦不足,然其治则不必救其阴津,只需扶阳解表,待阳气恢复,则汗漏自止,阴津自生。正如陆渊雷在《伤寒论今释·辨太阳病脉证并治上》中所说:"津伤而阳不亡者,其津自能再生,阳亡而津不伤者,其津亦无后继,是以良工治病不患津之伤,而患阳之亡。"方用桂枝加附子汤以扶阳解表。

【方解】

本方即桂枝汤加附子而成。桂枝汤解肌祛风,调和营卫,附子温经复阳,固表止汗。待阳复津回,则诸症可愈。

【医案选录】

杨某,女,35岁,1976年3月16日初诊。通体恶风怕冷10余日。产后40余日,恶露仍断续未绝,10余日来又增恶风怯冷。现患者不仅全身见风则恶,而且口腔牙齿亦甚怕风,张口时即觉冷风内窜,牙齿发凉难受,动则自汗,食欲尚可。观患者衣着较一般人厚,以巾裹头,在室内亦戴口罩,紧扎裤腿口。前医曾用过归脾汤、桂枝汤等乏效。脉沉略弦,舌淡红,苔白。分析此病乃新产气血亏耗,加之其肾气本虚,无力及时驱尽恶露,又治未得法,故迁延不愈,且进一步发展为真阳内虚,卫阳不固所致之产后阳虚恶风证。治宜温阳固卫,佐以养血祛瘀,用桂枝加附子汤加味。附子6 g(先煎),桂枝6 g,白芍12 g,炙甘草6 g,大枣6枚,生姜4片,当归12 g,黄芪18 g,川芎9 g。3剂开水煎服,每日1剂,分2次内服。复诊(3月20日):恶风显减,口腔牙齿已不怕风,可以不戴口罩,自汗减少,偶尔还有少许恶露流出,脉舌同上,仍守上方增附子3 g,益母草21 g,6剂,开水煎服,并注重调理,遂愈。(杜雨茂.杜雨茂奇难病临证指要[M].北京:人民军医出版社,1993:331-332.)

(四) 桂枝去芍药汤证

【原文】

太陽病,下之後,脈促①胸滿者,桂枝去芍藥湯主之。(21)

桂枝去芍药汤方

桂枝三兩(去皮) 甘草二兩(炙) 生薑三兩(切) 大棗十二枚(擘)

上四味,以水七升,煮取三升,去滓,溫服一升。本云:桂枝湯,今去芍藥,將息如前法。

【词解】

① 脉促:脉象急促。

【释义】

本条论太阳病误下,致表邪不解,胸阳受损的证治。太阳病误下,出现脉促、胸满,乃因下后胸阳受损,外邪乘虚陷于胸中所致。外邪内陷,正气抗邪,则脉来急促。邪陷胸中,胸阳不振,故见胸满。从脉促可测,下后或有表证未解,仍可见发热恶寒等症。证属太阳中风兼胸阳不振,故治用桂枝去芍药汤解肌祛风,温通胸阳。

【方解】

桂枝去芍药汤即桂枝汤去芍药而成。桂枝配甘草温通胸阳,生姜合桂枝祛风解表,大枣益气补中。芍药阴柔,有碍胸阳宣通,故去之。四药合用,共奏解肌祛风、温通胸阳之功。

【医案选录】

李某,女,40岁。患"心肌炎",入夜则胸满气短,必吸氧才能缓解。切其脉弦而缓,视其舌淡而苔白,辨为胸阳不振、阴霾内阻之证,为疏桂枝去芍药汤,两剂而症减。后又加附子而获愈。(陈宝明.古方妙用[M].北京:科学普及出版社,1994:29.)

(五)桂枝去芍药加附子汤证

【原文】

若微寒①者,桂枝去芍藥加附子湯主之。(22)

桂枝去芍藥加附子湯方

桂枝三兩(去皮)　甘草二兩(炙)　生薑三兩(切)　大棗十二枚(擘)　附子一枚(炮,去皮,破八片)

上五味,以水七升,煮取三升,去滓,溫服一升。本云:桂枝湯,今去芍藥加附子,將息如前法。

【词解】

① 微寒:作脉微而恶寒解。

【释义】

本条紧承上条,若上证胸满又见脉微而恶寒者,是太阳病误下后阳气损伤较重,不仅重伤胸阳,且全身阳气亦亏虚,故于上方中加附子以温经复阳。

【方解】

本方即在桂枝去芍药汤的基础上再加附子,意在温经复阳。

【医案选录】

王某,男,46岁。多年来胸中发满,或疼痛,往往因气候变冷而加剧。伴有咳嗽、短气,手足发凉,小便清长,舌质淡嫩,苔白略滑,脉沉弦而缓。此乃胸阳不振,阳不胜阴,阴气窃据胸中,气血运行不利。治疗当以温补心阳,以散阴寒为主。桂枝9 g,生姜9 g,大枣12枚,炙甘草6 g,附子10 g。连服6剂,证情逐渐减轻,多年的胸中闷痛从此得以解除。(刘渡舟.经方临证指南[M].天津:天津科学技术出版社,1993:6.)

(六)桂枝加芍药生姜各一两人参三两新加汤证

【原文】

發汗後,身疼痛,脈沉遲者,桂枝加芍藥生薑各一兩人參三兩新加湯主之。(62)

桂枝加芍藥生薑各一兩人參三兩新加湯方

桂枝三兩(去皮)　芍藥四兩　甘草二兩(炙)　人參三兩　大棗十二枚(擘)　生薑四兩

上六味,以水一斗二升,煮取三升,去滓,溫服一升。本云:桂枝湯,今加芍藥、生薑、人參。

【释义】

本条论述太阳病发汗太过,损伤气营的证治。太阳表证之身疼痛每随汗解而止。本条汗后身疼痛犹在,已不单是表证未解,而是发汗太过,损伤气营致经脉失养。其脉沉迟无力,为气亏营耗所致,正如第50条所云:"假令尺中迟者……以荣气不足,血少故也。"证属营卫不和兼气营不足证。治当调和营卫,益气和营,方用桂枝新加汤。

【方解】

本方为桂枝汤加大芍药、生姜用量再加人参而成。故其治在桂枝汤调和营卫的基础上,重用芍药以滋养营血,加人参以气阴双补。妙在加重生姜一味,乃借其辛散之力而走于外,令全方之益气养营作用达于体表,补而不滞。

【医案选录】

杨某,女,28岁,1989年9月2日初诊。患者自诉本次月经后,又有一次出血,血量为多,挟有血块,其后头晕头痛,牵引项背,腰酸身痛,伴心慌气短,倦怠乏力。面色苍白,痛苦面容,脉沉细略数,苔薄白,舌尖红。证属经期失血,营血不足,复感外邪,经气郁滞而致,血虚身痛,治宜益气和营,疏通经脉,取桂枝新加汤加葛根、菊花。4剂,水煎温服,每日1剂,分3次服,药后项背痛除,精神转佳,头痛乏力未尽。前方继服4剂,药后病愈。(聂惠民.聂氏伤寒学[M].北京:学苑出版社,2002:76-77.)

二、太阳伤寒兼证

(一) 葛根汤证

【原文】

太陽病,項背強几几,無汗,惡風,葛根湯主之。(31)

葛根湯方

葛根四兩　麻黃三兩(去節)　桂枝二兩(去皮)　生薑三兩(切)　甘草二兩(炙)　芍藥二兩　大棗十二枚(擘)

上七味,以水一斗,先煮麻黃、葛根,減二升,去白沫,內諸藥,煮取三升,去滓,溫服一升,覆取微似汗,餘如桂枝法將息及禁忌。諸湯皆仿此。

【释义】

本条指出太阳伤寒兼经输不利的证治。无汗、恶风为太阳伤寒证,此外尚兼见项背强几几,是风寒外束,太阳经气不舒,阻滞津液不能输布,经脉失养所致。本条与第14条桂枝加葛根汤证相比较,同中有异,所同者是都兼见项背强几几,不同处在于太阳伤寒与太阳中风之异,汗出与否为其鉴别要点。

【方解】

本方由桂枝汤减少桂枝、芍药用量,加葛根、麻黄而成。因加了麻黄,故增强了发汗祛邪之力度;加葛根以升津舒经,并助麻、桂解表,解肌退热。芍药、甘草、大枣酸甘化阴,通达经络,缓和筋脉之急。本证为太阳伤寒兼见项背强几几,但并不用麻黄汤加葛根,这是因为桂枝汤方中尚有芍药养营血通经络,甘草、大枣补气血,缓挛急,均可助葛根升津舒筋以治项背强几几。

【医案选录】

案1　章某,男,74岁,1985年11月9日初诊。患者于同年7月底行"前列腺摘除术"后外感发热,经用中西药后寒热退,同时出现双下肢萎软酸痛,行走需人搀扶,双侧颈项牵强疼痛,在外院用中西药2月余,下肢症渐好转,颈项诸症却有增无减。症见身体瘦瘠,头项左倾,两侧颈项和后枕部僵硬麻木,牵强疼痛,转侧时疼痛益剧,头似不在脖子上,二便自调。舌质淡红,苔薄白,脉细弦。观前医处方多为羌防一类祛风湿止痛或夹通络养血之品,然患者颈项诸症实属仲圣所谓"强几几"也,其太阳经证已跃然眼前,遂处以《伤寒论》葛根汤原方:葛根40g,生麻黄10g,桂枝10g,赤白芍各30g,生甘草10g,生姜3g,大枣12枚。2剂。嘱药后稍加被覆以取小汗。二诊:患者头颈已复端正,精神振奋,谓当日药后略有汗出,颈项部隐感热辣,诸症明显减轻,颈项大松,如释重负。次日药后并无汗出,颈项症豁然若失,转侧裕如,稍感头晕,病既愈,未再处方。一月后门诊遇之,谓一切良好。(方承康.小陷胸汤和葛根汤治验[J].江西中医药,1989,(1):35-36.)

案2 于某,男,82岁,1983年3月25日诊。时值隆冬大寒,患者早晨醒后,右上眼睑及右口唇不自主地时时抽动。回家就早餐时,家人发现其右侧口角偏向左侧,右上眼睑下垂,与之问答,口齿不清,3日后来我处诊治。刻诊:右侧前额皱纹消失,眉毛下垂,睑裂扩大,鼻唇沟消失,右侧口角歪向左下方,右侧鼻孔缩小,同时右侧鼻翼变小,鼻准偏向左侧。苔薄白,脉浮紧。脉证合参,属中风口眼歪斜。治当解肌疏风散寒。疏葛根汤:葛根、麻黄、白芍、炙甘草、生姜、大枣(去核)各10g。水煎温服,日服2次。嘱服药后用温热绵物敷右侧整个面部,以使局部汗出。1剂后,头痛项强鼻塞即除,言语较前清楚,口歪减其半。又继服1剂,痊愈。(毕明义.葛根汤治疗口眼歪斜[J].四川中医,1991,(5):43.)

【原文】

太陽與陽明合病者,必自下利,葛根湯主之。(32)

【释义】

本条指出太阳与阳明合病下利的治法。太阳与阳明合病,是太阳与阳明两经同时发病,临床应具有发热、恶寒、脉浮等太阳病脉症,同时又有"自下利"的阳明症状。下利为外感风寒过重,内迫阳明,大肠传导失司所致。其利当有水粪杂下,无恶臭及肛门灼热等。本病虽为表里同病,但以太阳表证为主,故治疗重点在于解太阳之邪,使表解则里和,方用葛根汤发汗解表,升津止利。

【医案选录】

刘某,男,4岁,1984年3月5日诊。患儿前日汗后受凉,昨日起发生肠鸣腹泻,大便清稀带泡沫,日数次,伴见恶寒发热,无汗,鼻塞流涕,纳呆,舌淡红,苔薄白,脉浮数。证属外感风寒腹泻,拟解表散寒为治。用葛根汤原方:葛根12g,麻黄5g,桂枝6g,白芍10g,大枣3个,生姜2片,炙甘草3g。药进1剂腹泻减,表证除,再剂则泻止而痊。(石宜明.葛根汤治疗小儿外感腹泻[J].四川中医,1987,5(1):18.)

(二) 葛根加半夏汤证

【原文】

太陽與陽明合病,不下利,但嘔者,葛根加半夏湯主之。(33)

葛根加半夏湯方

葛根四兩 麻黃三兩(去節) 甘草二兩(炙) 芍藥二兩 桂枝二兩(去皮) 生薑二兩(切) 半夏半升(洗) 大棗十二枚(擘)

上八味,以水一斗,先煮葛根、麻黃,減二升,去白沫,內諸藥,煮取三升,去滓,温服一升。覆取微似汗。

【释义】

本条论太阳与阳明合病呕逆的证治。外邪内迫阳明,影响肠胃功能,也可使胃气上逆而发生呕逆。证属外邪内迫阳明,胃气上逆,仍治以葛根汤发汗解表,加半夏加强降逆止呕之功。

【方解】

葛根加半夏汤即葛根汤加半夏而成,以葛根汤发汗解表,外散风寒,加用半夏配合方中的生姜,和胃降逆止呕。

【医案选录】

任某,女,21岁,1965年12月21日初诊。昨日感冒,头痛头晕,身疼腰痛,恶心呕吐,恶寒,并有腹痛,大便溏泻,脉浮数,苔白。证属太阳阳明合病,为葛根加半夏汤适应证。葛根12 g,麻黄10 g,桂枝10 g,生姜10 g,白芍10 g,大枣4枚,炙甘草6 g,半夏12 g。服1剂证大减,2剂证已。(冯世纶.经方传真[M].北京:中国中医药出版社,1994:88.)

(三) 大青龙汤证

【原文】

太陽中風,脈浮緊,發熱惡寒,身疼痛,不汗出而煩躁者,大青龍湯主之。若脈微弱,汗出惡風者,不可服之。服之則厥逆①,筋惕肉瞤②,此爲逆也。(38)

大青龍湯方

麻黃六兩(去節) 桂枝二兩(去皮) 甘草二兩(炙) 杏仁四十枚(去皮尖) 生薑三兩(切) 大棗十枚(擘) 石膏如雞子大(碎)

上七味,以水九升,先煮麻黃,減二升,去上沫,內諸藥,煮取三升,去滓,温服一升,取微似汗。汗出多者,温粉③粉之。一服汗者,停後服,汗多亡陽遂虚,惡風,煩躁,不得眠也。

傷寒脈浮緩,身不疼但重,乍有輕時④,無少陰證者,大青龍湯發之。(39)

【词解】

① 厥逆:手足发凉。

② 筋惕(tì)肉瞤(rún):指筋肉跳动。

③ 温粉:指外用扑身止汗的药粉,所指不详,有待查考。举二则供参考:唐代孙思邈《备急千金要方》记为,煅牡蛎、生黄芪各三钱,粳米粉一两,共研细末,和匀,以稀疏绢包,缓缓扑于肌肤。《孝慈备览》扑身止汗法:麸皮、糯米粉二合,牡蛎、龙骨二两,共研极细末,以疏绢包裹,周身扑之,其汗自止。

④ 乍有轻时:身重忽而有所减轻。

【释义】

第38条指出太阳伤寒兼内热烦躁的证治。本条言"太阳中风",意已概括了外感风寒之邪。根据脉浮紧、身疼痛、不汗出,属典型的太阳伤寒表实证。而烦躁不属伤寒表实证,而是兼症。因寒闭肌表,卫阳郁遏,郁而化热,热扰心神,故生烦躁,反映了外寒内热的病机。证属外感风寒表实,兼里有郁热,故用大青龙汤外解表寒,内清郁热。大青龙汤发汗之力较麻黄汤更为峻猛,只能用于外感风寒,里有郁热的表里俱实证。如果证见脉象微弱,汗出,恶风寒,则是表里俱虚之证,为大青龙汤之禁忌,否则,可因大汗而亡阳亡阴,致肌肤经脉无所温养,从而出现手足厥冷,筋肉跳动等变证,故曰"此为逆也"。

第38条讲大青龙汤主治表闭阳郁证的常法,第39条则指出大青龙汤的非典型脉症。脉浮缓,身不疼但重,为伤寒失治日久,寒邪郁闭过重,营卫运行更加滞涩所致。脉浮缓之缓,是迂缓,滞涩有力,是浮紧的变脉,而决非太阳表虚证的脉浮而宽缓柔和。身重,是周身拘束不堪,毫不灵活,如绳束缚,是身痛的变证,如《灵枢·百病始生》云:"在络之时,痛于肌肉,其痛之时息,大经乃代。"邪由小络而入大经,身痛反息。本证脉缓涩有力,周身拘束困紧,可知寒邪郁闭更甚,顽固难除,需用大青龙汤发越郁阳,故称"发之"。脉缓、身重与阳虚水湿的少阴病相似,故文中提出"无少阴证者"的鉴别诊断。且"无少阴证"一语,与前一条"若脉微弱,汗出恶风",相互补充,说明大青龙汤是绝对不能用于虚证的。

【方解】

大青龙汤即麻黄汤方倍用麻黄,加石膏、生姜、大枣而成。方中麻黄用至六两,比麻黄汤原方增加一倍,又加重生姜,与桂枝相配,当为辛温发汗重剂,以此大力开表,发散风寒。然则毕竟内热已生,扰于心神而烦躁,此时亦不可一味强调辛温峻剂而无所顾忌,故于方中又加用辛寒的石膏,一以清内热而除烦,二与麻黄相配开阳郁,还能制约麻黄之过于辛温。甘草、大枣和中以资汗源,又可防石膏大寒伤中。诸药合用,共收发汗散寒,清热除烦,表里双解之功。药后当汗出表解,内热可消,前人把本方喻为"龙升雨降",故名大青龙汤。

服法与护理注意事项:由于本方麻黄量大,为发汗峻剂,故煎服必须遵守方后的煎服调护方法,出现变证,应及时救治。

【医案选录】

案1 患儿,14岁。恶寒发热5日,经西药解热镇痛及中药九味羌活汤等治疗不解而求诊。证见:恶寒发热(体温39.1℃),头痛,身痛无汗,骨节酸痛,表情痛苦,烦躁不安,时而轻咳,舌质红,苔微黄,脉浮紧。血常规无异常,胸部X线透视未见异常。辨证:寒邪束表,里热不解。治宜解表清热。投大青龙汤:麻黄9g,桂枝9g,生石膏30g,杏仁9g,甘草6g,生姜3片,大枣3枚。1剂,水煎服,令全身汗出。次日复诊,服上方后全身大汗出,热退身凉,咳止烦解。嘱停药观察。3日后随访而愈。(郑攀.郑启仲运用麻黄汤及其类方经验[J].中国中医药信息杂志,2007,41(10):74.)

案2 庄某,女,8岁,1965年3月7日初诊。昨夜突然发热畏寒,头痛项强,喷射性呕吐,吐出宿食、痰涎,周身出现紫色瘀斑,神志时清时昧。体温40.1℃,血检:白细胞28.7×10^9/L,中性粒细胞93%,淋巴细胞7%。脑脊液检查:浑浊,乳白色,白细胞1.2×10^9/L,中性粒细胞96%,淋巴细胞4%,糖10mg/dl以下,蛋白(+++)。初步印象:流行性脑脊髓膜炎。其家属要求中药治疗。刻诊:上证依然,无汗心烦,口渴欲饮,咽喉红痛,肢冷,舌赤,苔薄白,脉浮缓。证属太阳少阴两感,拟大青龙汤加附子。处方:麻黄9g(去节,先煎,去沫),桂枝9g,炙甘草9g,杏仁9g,生石膏45g,熟附片6g,红枣6枚,生姜3片,水煎,每隔2小时服1次。服2剂,头痛项强、发热恶寒等症减退,肢冷转温,呕吐亦止,体温降至39.4℃,但紫斑未消。血检:白细胞15.1×10^9/L,中性粒细胞88%,淋巴细胞12%。原方加石膏30g。再服2剂,诸症基本消退,但头仍有阵发性轻度疼痛,原方再服1剂,诸症消失,神情活泼。(翟冷仙,朱新如.大青龙汤加附子治疗流行性脑脊髓膜炎[J].上海中医药杂志,1966,(3):98.)

(四) 小青龙汤证

【原文】

伤寒表不解，心下有水气①，乾呕，发热而欬，或渴，或利，或噎②，或小便不利、少腹满，或喘者，小青龙汤主之。(40)

小青龙汤方

麻黄(去节)　芍药　细辛　乾薑　甘草(炙)　桂枝(去皮)各三两　五味子半升　半夏半升(洗)

上八味，以水一斗，先煮麻黄，减二升，去上沫，内诸药，煮取三升，去滓，温服一升。若渴，去半夏，加栝楼根三两；若微利，去麻黄，加荛花，如一鸡子，熬③令赤色；若噎者，去麻黄，加附子一枚，炮；若小便不利、少腹满者，去麻黄，加茯苓四两；若喘，去麻黄，加杏仁半升，去皮尖。且荛花不治利，麻黄主喘，今此语反之，疑非仲景意。

臣亿等谨按：小青龙汤，大要治水。又按《本草》，荛花下十二水，若去水，利则止也。又按《千金》，形肿者应内麻黄，乃内杏仁者，又以麻黄发其阳故也。以此证之，岂非仲景意也。

伤寒，心下有水气，咳而微喘，发热不渴。服汤已渴者，此寒去欲解也。小青龙汤主之。(41)

【词解】

① 心下有水气：心下，即胃脘部，此处泛指里。水气，属病理概念，指水饮为患。

② 噎(yē)：指咽喉部位有气逆阻塞感。

③ 熬：《说文解字》"熬，干煎也"，相当于现在的"炒"，即焙法。

【释义】

第40条论述了太阳伤寒兼水饮内停的证治。"伤寒表不解"是省文，指有发热恶寒、无汗身痛、脉浮紧等太阳伤寒证的表现。文中详细论述的是"心下有水气"的表现，水饮内停，干犯肺胃，失于宣降，肺气上逆则咳喘，胃气上逆则干呕，这是主要症状。水饮内停，不能化生津液则口渴；水饮为患，变动不居，下趋大肠则下利；水蓄膀胱，气化失常则小便不利，下腹胀满；水饮内停，阻碍气机，上壅肺胃通道，则见咽喉噎阻。诸症反映了外有表寒，里有寒饮的病理机制，证属太阳伤寒表实而兼水饮内停。治以辛温解表，温化水饮。

第40条讲外寒内饮证的常法，第41条则补充论述水饮证服药后关于口渴的辨证，并指出服药后寒去欲解的指征。本条为倒装文法，"小青龙汤主之"应接在"发热不渴"之后，继续论述外有表寒，内有水饮之证。本条的重点是"服汤"后的反应，主要以患者口渴与否判断病解与否。病属寒饮原本不渴，服药后反而口渴，是在小青龙汤温燥药的作用下，寒饮得以温化，温解之余，津液一时尚未及恢复，虽然口渴却说明病已向愈。

两条原文，第40条提到"或渴"、第41条言"发热不渴"，又言"服汤后渴者"，三者机制各异，必须分清。水饮停聚，阻碍气机，气不化津，津不上承，则间或有口渴，故第40条言"或渴"，这种口渴饮量不多，与热盛津伤之大渴引饮不同；第41条之"发热不渴"，是因"心下有水气"，寒饮为患，里无邪热，故口不渴。服汤已渴者，机制已如前，这里不再赘述。

本证与大青龙汤证相比,两者都属于表里同病,但彼为外寒里热,临床表现以不汗出而烦躁为主;本证为外寒内饮,临床表现以咳喘和干呕为特点,二者病机治法用方各异。

此外,本证尚应与太阳中风兼喘证的桂枝加厚朴杏子汤证相鉴别。两者都有咳喘,但彼为太阳表虚兼证,有汗出而无水饮内停;此系太阳伤寒表实兼寒饮,无汗而有水饮内停。

【方解】

本方为麻桂合方去杏仁、生姜、大枣,加干姜、细辛、半夏、五味子而成。功为辛温解表,温化水饮。方中麻黄辛温发汗平喘而利水气,配桂枝加强通阳宣散;桂枝配芍药,调和营卫;细辛、干姜相伍辛温散寒化饮;五味子味酸而敛肺止咳;半夏降逆止呕而化寒痰;炙甘草和中而调和诸药。全方药物辛散温化,解表而蠲饮,而成外解表寒,内散水饮的表里双解之剂。

【析疑】

对小青龙汤的加减法,由于不尽合理,注家对此疑点甚多,故多不加解释。兹选引顾武军、张民庆主编的《伤寒论临床学习参考》一书之说作参考:渴为津液不足,故去温燥之半夏,加天花粉生津止渴;下利加荛花,逐水止利;噎加附子温阳散寒;小便不利,少腹满,加茯苓与桂枝相伍以化气利水;喘加杏仁以降气平喘。这些或然症的产生,均因水饮所致,而非外寒造成,故都去辛散之麻黄。

【医案选录】

案1　靳某,男,30岁。1973年10月6日初诊。患咳嗽气喘5年余,冬重夏轻,每遇气候突变时易发作加重。这次1个月多以前发病,咳嗽较剧,当地医院诊断为慢性喘息性支气管炎,给予多种抗生素及氨茶碱等西药治疗近40日效果不显,转来诊治。查患者仍咳唾稀白痰夹有少量黄色痰块,气喘倚息,不能平卧,动则喘甚,呼吸抬肩,不思饮食,并恶寒发热,头昏痛,平时无汗,咳喘过剧时则微微汗出。脉浮弦有力,舌红略暗,苔青白而润。此证原为外感引动咳喘并发,虽已迁延月余,但据脉证分析太阳表证仍在,痰饮蕴久已开始化热。表寒外束,痰饮挟热内壅,肺失宣肃,故咳喘有增无减。治宜解表化饮,少佐清热,本小青龙汤化裁。麻黄6g,桂枝4.5g,杏仁9g,干姜6g,五味子6g,白芍9g,炙甘草4.5g,半夏9g,旋覆花9g,橘红9g,茯苓12g,紫苏子9g,连翘15g,金银花15g。3剂,水煎服。每日1剂,分2次内服。复诊(10月10日):服上方后诸症减轻,微发热恶寒,痰量减少,气喘略减,仍不能平卧,行动已无抬肩喘促。脉同前,舌苔转白厚腻。拟上方减少辛散解表,加重化痰肃肺之品。处方:初诊方去桂枝、连翘,加桔梗9g,黄芩9g,贝母9g,炙马兜铃9g,增半夏3g。3剂,水煎服。三诊(10月14日):已不发热恶寒,痰量减少,无黄痰,喘亦大减,仅于行动后气短微喘,已可平卧,脉浮滑,舌红、苔微黄而润。用二诊方去黄芩,加细辛3g。3剂,水煎服。经过三次诊治,咳喘已很轻,精神食欲均已转佳,已可自己由家中步行来诊,仍以上方合苓桂术甘汤出入化裁,服30剂后咳喘方平复,精神渐旺,脉缓,舌红,苔薄白,面色略青暗,遇凉后仍有轻度咳痰及微喘,乃以《金匮》肾气丸合苓桂术甘汤加蛤蚧配成蜜丸,从补益肺肾,健脾化饮入手以治其本。连服丸剂2月余,遂日渐康复,恢复工作,至今已7年,经数次随访,未再发作。(杜雨茂.杜雨茂奇难病临证指要[M].北京:人民军医出版社,1993:331-332.)

案2　张某,女,26岁,1986年9月22日诊。患者8日前郊游归来,当晚即发热、头痛,服感冒灵后症减。次日发热38.5℃,伴咳嗽、气促、头痛,即到当地医院诊治。血常规:白细胞12.6×10⁹/L,中性粒细胞82%,淋巴细胞16%。胸透现有下肺炎。肌注青霉素、链霉素,口服四环素等药1周未效。来诊时发热38.8℃,头痛,神疲乏力,咳嗽转频、气促、胸部憋闷,胀痛,痰多质稀,舌淡、苔心微黄,脉浮滑略数。予小青龙加石膏汤:炙麻黄、甘草、干姜、桂枝各6g,细辛5g,石膏45g(打碎先煎半小时),五味子10g,法半夏、杏仁、芍药各12g,薏苡仁15g。服1剂,热减,咳喘皆减,胸部仍觉闷痛,连服3剂,热退神爽,咳喘已平,胸痛亦消,唯口淡,偶有稀白痰;前方去石膏,续进3剂,诸症若失,唯纳食欠佳。胸透双肺野清,右下肺炎病灶影完全消散;白细胞$6.8×10^9/L$,中性粒细胞68%,淋巴细胞26%。予陈夏六君丸调理善后,病去人安。(熊曼琪.小青龙汤临证治验[J].新中医,1989,21(4):18.)

第四节 太阳病变证

一、变治纲要

(一) 变证治则

【原文】

太陽病三日,已發汗,若①吐、若下、若溫針②,仍不解者,此爲壞病③,桂枝不中與之也。觀其脈證,知犯何逆,隨證治之。(16 上)

【词解】

① 若:或。

② 温针:是针刺与艾灸合用的一种方法。操作时,针刺一定穴位,将艾绒缠于针柄上点燃,以使热气透入穴位。

③ 坏病:即变证。指因失治、误治而致病证发生变化,以病情复杂,疑似难辨而得名。

【释义】

本条论述坏病的概念及其治则。太阳病自应汗解。若汗不如法,或转而妄用吐下,或误与火法等,必引邪入里,损伤正气,使病情恶化,形成错综复杂之证候,名之曰"坏病"。坏病的主要特征有二:一是原始证候已发生了变化,不复存在;二是不属传经之变,证候复杂,变化多端。论中所述坏病,多与误治有关,但从临床而言,坏病亦指常法难以治疗的病证。

所谓"观其脉证",是由于坏病病情复杂、变化多端,必须审证详细,脉症并举,四诊合参,以全面完整准确地搜集病情资料。"知犯何逆",是在"观其脉证"的基础上,将上述资料运用中医理论,由表入里,由此及彼,去粗取精,去伪存真地分析研究,弄清"坏病"的病因病机所在。"随证治之",是根据正确诊断,运用理法方药的知识,证变法变,法变药变,予以相应治疗。上述十二字的治疗原则,可以说是《伤寒论》的主要精神,它奠定了中医临床辨证论治的基石,不仅为"坏病"而设,对于一切疾病的辨治均具有重要的指导意义。

【析疑】

对于坏病,后世注家见仁见智。有人认为,坏病,即变证。有的教材认为,坏病,指因误治而病情恶化,证候错综复杂,难以六经证候称其名者,其与"变证"稍异。方有执谓:"坏,言历遍诸治而犹不愈,则反复杂误之余,血气已惫坏,难以正名也。"尤在泾谓:"坏病者,言为医药所坏,其病形脉证不复如初,不可以原法治也,故曰桂枝不中与也。须审其脉证,知犯何逆,而后随证依法治之。"综合而言,尽管有不同看法,但都认为证候已经发生了变化。所异者,是否能用六经证候称其名。观坏病中之白虎加人参汤证、真武汤证等,仍未出六经范畴,故"难以六经证候称其名者"之说似为欠妥。

(二) 辨寒热真假

【原文】

病人身大熱,反欲得衣者,熱在皮膚①,寒在骨髓②也;身大寒,反不欲近衣者,寒在皮膚,熱在骨髓也。(11)

【词解】

① 皮肤:言其浅表,指在外。
② 骨髓:代表深层,指在里。

【释义】

本条阐述从患者的感受以辨寒热真假。发热恶寒是外感病的常见表现,它既可见于表证,亦可见于里证,作为里证表现于外的寒热症状,一般与疾病的本质是一致的,即寒证恶寒,热证恶热。但当病情严重时,会出现假象,必须透过现象,探求病证的本质。条文中皮肤是指外在的、表浅的,骨髓是指内在的、深层的。皮肤与骨髓,其分别代表表象与实质。患者身大热,若为里热证,必然恶热,而今反怕冷,欲穿衣厚覆者,此是阴寒之邪凝聚于内,虚阳浮越于外所致。其身大热为热在皮肤,属于假热;欲近衣者为寒在骨髓,内有真寒。身大寒,若为寒证,必然恶寒,而反不怕冷,不欲衣被者,是邪热壅遏于内,阳气不能透达于外所致。其身大寒是寒在皮肤,外有假寒;不欲近衣是热在骨髓,内有真热。前者为寒极似热之真寒假热证,后者热极似寒,属真热假寒证。切不可见发热即断为热证,见恶寒即断为寒证,被表面假象所迷惑。

因疾病寒热真假,病情复杂,辨之颇难。本条所论,身热身寒为现象,为标,为假。患者"欲"与"不欲"则反映了疾病的内在本质,是鉴别寒热真假的方法之一。但要指出的是,疾病的寒热真假鉴别十分复杂,单从患者主观感受判断远远不够,临证必须四诊合参,方不致误。

(三) 辨虚证实证

【原文】

發汗後惡寒者,虛故也。不惡寒,但熱者,實也,當和胃氣,與調胃承氣湯。(70)

【释义】

辨发汗后虚实不同的两种转归。太阳表证,自当发汗,若汗不如法,既引邪入里,又可伤津耗气。常因患者的体质强弱,而有虚实不同的变化。体质阳虚之人,往往因过汗而致阳气更虚,形成"恶寒"的阳虚证;体质阳旺之人,过汗伤津化燥,或表热入里,形成"不恶寒,但热者"的阳明病,故"与调胃承气汤"。

(四) 辨汗下先后

【原文】

本發汗,而復下之,此爲逆也;若先發汗,治不爲逆。本先下之,而反汗之,爲逆;若先下之,治不爲逆。(90)

傷寒,醫下之,續得下利,清穀①不止,身疼痛者,急當救裏;後身疼痛,清便自調者,急當救表。救裏宜四逆湯,救表宜桂枝湯。(91)

病發熱頭痛,脈反沉,若不差,身體疼痛,當救其裏。四逆湯方。(92)

【词解】

① 清谷：即泻下未消化的食物。

【释义】

以上3条论表里同病的辨治原则和方法。

第90条辨表里同病治当汗下先后有序。大凡外感表证兼有里证之治，必先辨别表里之轻重缓急，而后决定汗下之序。若表里同病时，一般当循先表后里的原则，即所谓"若先发汗，治不为逆"。若反其道而行之，用先下后汗之治法，则为逆治。若里证急重，则当先救其里，即所谓"若先下之，治不为逆"。若固守于先汗后下之法，则为逆治，亦易产生变证。

本条提示表里同病，证有轻重，势有缓急，汗下之法，治分先后。既要遵循先表后里的原则，又要突出急重者先治之变通，医者须知常达变。

第91条辨伤寒误下后表里标本缓急的治法。先病为本，后病为标，本证先病伤寒，后病下利。按标本治法之常，当先解表治本。但本证的下利是"清谷不止"，当是误下伤及下焦肾中真阳，已成阳衰阴盛之危证。此时虽有身疼痛的表证，亦必须"急则治其标"，即"急当救里"之意，用四逆汤回阳救逆。服汤后仍有身疼痛，但大便已恢复正常，说明此身疼痛当属表证未罢，故治用桂枝汤解表。本条充分体现了"急则治其标、缓则治其本"之治疗大法。

第92条紧承第91条继续论述表里标本缓急治法。所不同的是本条运用脉象阐明道理，病发热头痛，若属太阳表证，脉当见浮，今脉不浮而沉，沉为在里，与表证不符，故谓之"反"。证当属少阴阳虚。"若不差"，则是里虚重而且急，虽有身疼痛等表证，亦不可再行发汗解表，防其汗出阳亡，当用四逆汤先救其里，以温里扶阳，固其根本。

（五）辨欲愈候

【原文】

凡病，若發汗、若吐、若下、若亡血、亡津液，陰陽自和者，必自愈。(58)

大下之後，復發汗，小便不利者，亡津液故也。勿治之，得小便利，必自愈。(59)

【释义】

以上2条讨论太阳病欲愈候。第58条的"凡病"，是泛指一切病证。"若发汗，若吐，若下"，是泛指治疗方法。汗吐下属于祛邪治法，用之得当，则邪祛阴阳调和而病愈；用之不当，则伤阴血，耗津液，即"亡血、亡津液"之谓。既然伤亡阴血，就应该用药补益之，但是本条用两个"自"字，示人在正气损伤比较轻微的情况下，为医者应注重调动人体的自我调节、自我治疗的潜能，从而达到阴阳自和而自愈的目的。

第59条继续举小便为例，阐述自愈的辨证和阴阳自和的意义。大下之后，又复发汗，必致津液大伤，因而小便不利，这就是所谓"亡津液故也"。误治伤津导致的小便不利，往往属于一时性的，只要伤津不重，就应该尽可能地利用人体自我修复的能力，使所伤的津液得以恢复。一旦津液恢复，小便就会自利的。从而避免用药物的干扰，故强调"勿治之"。

二、证候分类

（一）热证

1. 栀子豉汤类证

(1) 栀子豉汤、栀子甘草豉汤、栀子生姜豉汤证

【原文】

發汗後,水藥不得入口爲逆,若更發汗,必吐下不止。發汗吐下後,虛煩①不得眠,若劇者,必反復顛倒,心中懊憹②,梔子豉湯主之;若少氣者,梔子甘草豉湯主之;若嘔者,梔子生薑豉湯主之。(76)

梔子豉湯方

梔子十四箇(擘)　香豉四合(綿裹)

上二味,以水四升,先煮梔子,得二升半,内豉,煮取一升半,去滓,分爲二服。得吐者,止後服。

梔子甘草豉湯方

梔子十四箇(擘)　甘草二兩(炙)　香豉四合(綿裹)

上三味,以水四升,先煮梔子、甘草,取二升半,内豉,煮取一升半,去滓,分爲二服,溫進一服。得吐者,止後服。

梔子生薑豉湯方

梔子十四箇(擘)　生薑五兩　香豉四合(綿裹)

上三味,以水四升,先煮梔子、生薑,取二升半,内豉,煮取一升半,去滓,分二服,溫進一服。得吐者,止後服。

發汗,若下之,而煩熱,胸中窒③者,梔子豉湯主之。(77)

傷寒五六日,大下之後,身熱不去,心中結痛④者,未欲解也,梔子豉湯主之。(78)

【词解】

① 虚烦:指无形邪热郁扰胸膈所致的心烦。虚,非正气虚,是与有形实邪相对而言。

② 心中懊(ào)憹(nǎo):懊憹,谓心中烦乱之极,莫可名状,而有无可奈何之感。

③ 胸中窒:窒,塞也。指患者胸中窒塞,憋闷不舒。

④ 心中结痛:谓心胸因火热邪气郁结而疼痛。

【释义】

第76条论述汗吐下后热郁胸膈的证治。从"发汗后"到"必吐下不止"为一段,说明汗后造成胃虚而吐逆,导致水药不得入口,这是误治变证,当随证治之,不可更发其汗。

从"发汗吐下后"至结尾为第二段,主要辨汗吐下后热郁胸膈的证治。若汗之不当邪气未除,又误用吐下之法,导致表热内陷胸膈,郁热扰乱心神,出现心烦不得眠,甚至烦闷难耐,莫可名状,辗转反侧,坐卧不宁,即"反复颠倒,心中懊憹"。治当清宣胸膈郁热以除烦,方用栀子豉汤。

若兼见气少不足以息者,为吐下伤及中气,可于方中加炙甘草以补中益气,即栀子甘草豉汤;若兼见呕吐者,为郁热影响胃气,则于方中加生姜和胃降逆,即栀子生姜豉汤。

第77条承上条补充热郁胸膈而胸中窒。热郁胸膈,气机阻滞,除了"烦热"以外,还会伴随出现胸中憋闷,仍用栀子豉汤清热除烦,宣通气机。

第78条进一步补充热郁胸膈而心中结痛。胸膈下连心下胃脘,热郁胸膈气机不利,常易直接波及心下,导致胃气郁滞而出现心中结痛。可知"心中结痛"较之"胸中窒"更为严重。但病机仍然为热郁胸膈,气机阻滞,故仍以栀子豉汤清宣郁热,宣通气机。

【方解】

栀子豉汤为治疗虚烦证的主方。本方用药仅两味,栀子苦寒,泻火除烦;豆豉味薄,开胃除烦。两药配伍清宣郁热,开胃除烦,适合外感病后期余热留扰胸膈之证。使用时要注意其煎服法,先煎栀子,以取其味苦清热泻火;后下豆豉,以其药性轻扬不宜久煎,取其味辛轻清宣透。豆豉易焦煳锅底,宜包煎。

【析疑】

由于方后言"得吐者,止后服"几个字,部分医家则认为本方属吐剂,但亦有医家不同意此说。外感病后期,患者体质较虚,脾胃气尚弱,强与汤药而吐,恐益伤正,则须停止服药,待其自行恢复,阴阳自和。

【医案选录】

郑某,胃脘疼痛,医治之,痛不减,反增大便秘结,胸中满闷不舒,懊㤖欲呕,辗转难卧,食少神疲,历七八日。适我下乡防疫初返,过其门,遂邀诊视。按其脉沉弦而滑,验其舌黄腻而浊,检其方多桂附、香砂之属。此本系宿食为患,初只需消导之品,或可获愈,今迁延多日,酿成"挟食致虚",补之固不可,下之亦不宜。乃针对"心中懊㤖""欲呕"二症,投以栀子生姜豉汤:栀子9g,生姜9g,香豉15g,分温作二服,若一服吐,便止后服。病家问价值,我说:一角左右足矣。病家云,前方每剂均一元以上,尚未奏效,今用一角之药,何足为力?请先生增药。我笑答云:姑试试,或有效。若无效再议未迟。病家半信半疑而去。服后,并无呕吐,且觉胸舒痛减,遂尽剂。翌日,病家来谢,称服药尽剂后,诸症均瘥,昨夜安然入睡,今晨大便已下,并能进食少许。(俞长荣.伤寒论汇要分析[M].福州:福建人民出版社,1964:66.)

(2) 栀子厚朴汤证

【原文】

傷寒下後,心煩腹滿,臥起不安者,栀子厚朴湯主之。(79)

栀子厚朴湯方

栀子十四箇(擘) 厚朴四兩(炙,去皮) 枳實四枚(水浸,炙令黃)

上三味,以水三升半,煮取一升半,去滓,分二服,溫進一服。得吐者,止後服。

【释义】

本条论述热郁胸膈兼气滞腹满的证治。"腹满"说明热郁气滞所波及的病位更深,豆豉是不能够宣透腹部气机的,故以栀子厚朴汤清热除烦,宽中除满。

【方解】

本方因为豉为豆类,食之易生胀满,故不用豆豉。栀子清热除烦,厚朴、枳实行气除满。

【医案选录】

曹某,女,72岁。1995年10月26日初诊。心烦懊㤖持续2年,近有逐渐加重之势。西医诊断为神经症,给服镇静安神药,未见好转,转请中医治疗。刻下心烦,苦不堪言,家人体恤其情谨慎扶持,亦不能称其心,反遭呵斥。烦躁不宁,焦虑不安,烦急时欲用棍棒捶击胸腹方略觉舒畅。脐部筑动上冲于心。筑则心烦愈重,并有脘腹胀满如物阻塞之感,失眠,惊惕不安,呕恶纳呆,大便不调,溺黄。舌尖红,苔腻,脉弦滑,辨证:火郁胸膈,下迫胃肠。立法:宣郁清热,下气除满。处方:栀子14g,枳实10g,厚朴15g。7剂药后,心烦减半,心胸霍然畅通,性情渐趋平稳安静,夜能寐,食渐增,获此殊效,病家称奇,又自进7剂。复诊时仍有睡眠多梦,口舌干燥,口苦太息,小便黄赤等热未全解之症。转方用柴芩温胆汤合栀子厚朴汤,清化痰热,治疗月余而病除。(陈明,刘燕华.刘渡舟临证验案精选[M].北京:学苑出版社,1996:47.)

(3) 栀子干姜汤证

【原文】

傷寒,醫以丸藥①大下之,身熱不去,微煩者,栀子乾薑湯主之。(80)

栀子乾薑湯方

栀子十四箇(擘)　乾薑二兩

上二味,以水三升半,煮取一升半,去滓,分二服,溫進一服。得吐者,止後服。

【词解】

① 丸药:汉代流行的具有泻下作用的丸剂成药,一般有寒下与温下两种。

【释义】

本条论述热郁胸膈兼中寒下利的证治。医以丸药大下之,不但致表热内陷胸膈,更易损伤脾胃致中焦虚寒,出现腹痛纳呆等症。原文未明言下寒,根据所用干姜推测,故属省文。胸膈有热,中焦虚寒,故治以栀子干姜汤,清上热,温中寒。

【方解】

本方以栀子苦寒,清上焦郁热;干姜辛热,温中焦虚寒,为《伤寒论》寒温并用最小之方。

【医案选录】

李某,男,42岁,2001年5月13日就诊。10日前因食不洁海鲜,发生严重恶心呕吐、腹痛泄泻。经西医应用输液疗法,给服小檗碱、诺氟沙星等治疗5日后,症状明显好转,但大便仍溏泄,且感胃中寒冷隐痛不止。近5日来常感心中烦热不安,胃中寒冷隐痛,大便溏泄,日3～4次。舌质淡红,苔白微腻,脉弦细。胸部X线摄片及心电图均属正常,大便常规为白细胞少许。辨证为上热中寒。治宜清上温中。方用栀子干姜汤:生栀子15 g,淡干姜10 g。日1剂,以水350 ml,煎取150 ml,去渣,分早、中、晚3次服完,每次饭前半小时温服50 ml。上方连服3日,患者即感心中烦热去,胃中冷痛止,大便也成形。(顾文忠.栀子干姜汤治验一则[J].实用中医药杂志,2002,18(6):43.)

(4) 栀子豉汤禁例

【原文】

凡用栀子湯,病人舊微溏①者,不可與服之。(81)

【词解】

① 旧微溏:指患者平素大便溏薄。

【释义】

本条论述栀子汤类方禁例。栀子药性苦寒,虽可清热除烦,但也易伤阳气。若患者平素大便溏薄,多为脾胃虚寒之体,此时虽有郁热虚烦,亦当慎用。否则必导致中阳更虚,故戒之曰"不可与服之"。可仿栀子干姜汤寒热并用之法,既可清上焦郁热,又避免了寒中之弊。

2. 麻黄杏仁甘草石膏汤证

【原文】

發汗後,不可更行桂枝湯,汗出而喘,無大熱者,可與麻黃杏仁甘草石膏湯。(63)

麻黄杏仁甘草石膏湯方

麻黄四兩(去節)　杏仁五十箇(去皮尖)　甘草二兩(炙)　石膏半斤(碎,綿裹)

上四味,以水七升,煮麻黄,減二升,去上沫,內諸藥,煮取二升,去滓,溫服一升。本云：黄耳杯①。

下後,不可更行桂枝湯,若汗出而喘,無大熱者,可與麻黄杏子甘草石膏湯。(162)

【词解】

① 黄耳杯：耳杯为古代饮器,椭圆形,木胎涂漆,两侧各有一耳,或装鎏金铜饰,并有全部铜制者,盛行于战国、汉晋时期。

【释义】

两条原文文义相近,证治相同,仅成因稍异,故合并释义。两条皆为倒装文法,"不可更行桂枝汤"应接在"无大热"之后。

从"不可更行桂枝汤"一句推知,在误汗或误下之前证已属太阳中风。太阳中风应解肌祛风,若汗不如法或误用攻下,可致表热内陷,壅滞于肺,肺失宣降,而致喘息；肺热蒸腾,蒸迫津液外泄,故见汗出。"无大热"乃体表有汗出,手扪之则热不甚。实际上,本证常见发热,甚至高热不退。治疗当重在清宣肺热,故用麻杏甘石汤。

【方解】

本方由麻黄、石膏、杏仁、甘草四味药组成。麻黄宣肺止咳平喘,石膏清透肺脏邪热,麻黄之辛温与石膏之辛寒相配,互相佐制,宣肺平喘而不温燥,清泄肺热而不凉滞。杏仁宣降肺气,协同麻黄以平喘；甘草和中缓急,润肺止咳。

【医案选录】

邱者,患肺炎,高热不退,咳嗽频剧,呼吸喘促,胸膈疼痛,痰中夹有浅褐色血液,间有谵妄如见鬼状,请我及某医师会诊。患者体温40℃,脉象洪大。我拟给予麻杏甘石汤,某医师不大同意。他认为痰中夹血,难胜麻黄辛散,主张注射青霉素兼进白虎汤。我说,此证注射青霉素固未尝不可,但用之少量无效,用大量则病家负担有困难。至于用白虎汤似嫌太早,因白虎汤清热擅长,而平喘止咳之功则不若麻杏甘石汤。此证高热喘促,是热邪迫肺；痰中夹血,血色带褐,胸膈疼痛,均系内热壅盛肺气闭塞之故。正宜麻黄、杏仁宣肺气,疏肺邪,石膏清里热,甘草和中缓急。经过商讨,遂决定用本方。处方：石膏二两四钱,麻黄三钱,杏仁三钱,甘草二钱,水煎,分三次服,每隔一小时服一次。服完一剂后,症状约减十之七八。后分别用蒌贝温胆汤(瓜蒌实、川贝母、茯苓、法夏、稻香陈、枳实、竹茹、甘草)、生脉散合泻白散(潞党参、麦冬、五味子、地骨皮、桑白皮、生甘草)2剂,恢复健康。(俞长荣.伤寒论汇要分析[M].福州：福建人民出版社,1964：52.)

3. 白虎加人参汤证

【原文】

服桂枝湯,大汗出後,大煩渴不解,脈洪大者,白虎加人參湯主之。(26)

白虎加人參湯方

知母六兩　石膏一斤(碎,綿裹)　甘草二兩(炙)　粳米六合　人参三兩上五味,以水一斗,煮米熟汤成,去滓,温服一升,日三服。

【释义】

本条论里热灼及气阴的证治。太阳病,服桂枝汤,若汗不得法,致大汗出,则最易生变。或亡阳亡阴,或助热化燥。本证属后者,为邪入阳明,热邪内炽,气液两伤。脉洪大,示里热炽盛,气血弛张。大烦,乃热扰心神。大渴,是本证的重点,必苔黄燥,喜冷饮,渴不止,是热灼气阴,津气受损,也是治加人参的依据。以方测症,当有壮热、恶热、尿赤、汗出、舌红、苔黄诸症。

本证也可出现发热,时时恶风,背微恶寒,脉洪大等,应与第25条"服桂枝汤,大汗出,脉洪大者,与桂枝汤,如前法"相互参照区别。病因相同,脉亦类同,但方治各别,缘病机各异也。第25条为大汗表邪未解,阳气更浮,营阴益弱,脉也因阳气所激,由浮缓变为洪大,且无烦渴不解之热症,故仍与桂枝汤。本条似有表证,实为热结在里,阳不外达所致,为真热假寒之象,大烦渴为辨证眼目所在。故当辛寒清热、益气生津。

【方解】

白虎汤清透热邪,加人参益气生津。

【医案选录】

李某某,男,52岁,患者有糖尿病史。口燥渴多饮,饮水后复渴,有饮水不能解渴之势。虽多饮,但小便却黄,纳食减少,神疲体乏,大便正常。脉大而软,舌质红无苔。证属肺胃热盛,气阴两伤所致。治疗当以清上、中之热而滋气阴之虚为宜。生石膏40 g,知母10 g,炙甘草6 g,粳米一大撮,人参10 g,天花粉10 g。上方服5剂后,口渴大减,体力与精神均有好转。转用益胃阴法:沙参12 g,玉竹12 g,麦冬30 g,天花粉10 g,知母6 g,太子参15 g,甘草6 g等。连用十余剂,证情逐渐稳定,遂改用丸药巩固疗效。(刘渡舟.经方临证指南[M].天津:天津科学技术出版社,1993:70.)

4. 葛根黄芩黄连汤证

【原文】

太陽病,桂枝證,醫反下之,利遂不止,脈促者,表未解也;喘而汗出者,葛根黄芩黄連湯主之。(34)

葛根黄芩黄連湯方

葛根半斤　甘草二兩(炙)　黄芩三兩　黄連三兩

上四味,以水八升,先煮葛根,減二升,内諸藥,煮取二升,去滓,分温再服。

【释义】

本条论太阳病误下致里热挟表下利的证治。"太阳病,桂枝证",当用桂枝汤解肌祛风,若用攻下,属于误治,故曰"反"。误下则不仅表热未解,反而导致邪热内陷大肠。故利遂不止。既为急性热利,必暴注下迫,粪便臭秽难闻,伴肛门灼热,小溲短赤等症。同时由于肠热上蒸于肺,肺气不利则见喘,热邪迫津外泄故见汗出。此时患者的脉象由原来的浮缓而变为急促,说明表邪陷而未尽,里气尚能奋起外趋抗邪,故曰"表未解也"。既有表邪未解,又有里热下利,故称"协热利"。证属表里同病,治当清热止利,兼解表邪,用葛根芩连汤。

本证应与葛根汤证和黄芩汤证之下利相鉴别。三者均有下利,葛根汤证为外邪不解,内迫阳明,关键在于有表证而无汗,虽下利而不臭;黄芩汤证为"太阳与少阳合病",属少阳邪热内迫肠道,以下利黏液,里急后重,腹痛口苦等为特点;而本证虽有表证未解,但肠热较重,下利暴注,发热汗出。

【方解】

本方重用葛根,既解肌散热,又升津止利;黄芩、黄连苦寒,清热燥湿,止利坚阴;甘草和胃缓急。四药合用,共奏表里双解之功。

【医案选录】

案1 刘某,男,35岁。大便如脑,已3日,发热,恶寒,项背发紧,口干思饮,微汗,腹痛,黏液便(红白相间),日5~6行,里急后重,肛门灼热,纳不进,舌黄津少,舌质红,脉数而滑。化验大便为细菌性痢疾,证属协热下利,治以清热解毒止利为法。处方:葛根15 g,黄芩10 g,黄连粉6 g(分冲),白头翁10 g,甘草5 g,2剂,水煎服。1剂后腹痛缓,便减,后重减轻。2剂后利止,但口干,纳仍不佳,上方加山楂炭去白头翁,再2剂。药后利止,纳增,再予四君子汤加天花粉,2剂调理而愈。(李文瑞,李秋贵.伤寒论汤证论治[M].北京:中国科学技术出版社,2000:284.)

案2 蔺某,女,49岁,1993年5月4日初诊。患者五更泻已3年余,每晨起即厕,泻势急迫,泻而后快。到处求医,偶有缓解。服四神丸非但不效反而加重,专程来京求治。症见心烦急躁,夜寐梦多,舌红苔黄厚且糙老,脉弦而数。证属木郁克土,热迫阳明之证。拟用疏调木土,养阴折热之法。方以葛根芩连汤加味:葛根10 g,黄芩6 g,黄连2 g,炒陈皮6 g,冬瓜皮10 g,防风6 g,荆芥炭10 g,灶心土10 g,白芍10 g,蝉蜕6 g。忌食油腻海鲜,服3剂缓解,7剂而愈。(杨连柱.葛根芩连汤临证应用体会[J].北京中医药大学学报(中医临床版),2003,10(4):46.)

(二) 心阳虚证

1. 桂枝甘草汤证

【原文】

發汗過多,其人叉手自冒心①,心下悸,欲得按者,桂枝甘草湯主之。(64)

桂枝甘草湯方

桂枝四兩(去皮) 甘草二兩(炙)

上二味,以水三升,煮取一升,去滓,頓服②。

【词解】

① 叉手自冒心:冒,覆盖也。叉手自冒心,指患者两手交叉覆盖按捺在自己的心胸部位。

② 顿服:即一次服完。

【释义】

汗为心液,汗出太过,阳随汗泄,易致心阳虚损。心阳虚则心无所主,故心中悸动不宁。虚者喜按,故其人"叉手自冒心"。心阳乍虚,证情轻浅,可以迅速收功,治以桂枝甘草汤。

【方解】

桂枝味辛性温,入心通阳;炙甘草甘温,益气补中。两药相配,辛甘化阳,温通心阳。本方桂枝用量倍于甘草,温通心阳之力专纯,又取其"顿服",意在以大剂速收其效。

【析疑】

"心下"当属胃脘部位,所以有的注家认为"悸"的部位当改作"心中",其实"悸"乃患者自觉症状,悸动可来自机体任何部位,非只限于心胸。本证"叉手自冒心"才是确定病位的关键。

【医案选录】

李某,男性,30岁,某县会诊病例。心慌惊悸已三四年,眠差易醒,常自汗出,苔薄白,舌尖红,脉浮弦数。证属心气不足,水气凌心。治以温阳降逆,于桂枝甘草汤加味:桂枝30 g,炙甘草15 g,

茯苓15 g。结果：上药服3剂诸症减,继服3剂心慌惊悸全消。(李惠治.经方传真——胡希恕经方理论与实践[M].北京：中国中医药出版社,1994：71.)

2. 桂枝甘草龙骨牡蛎汤证

【原文】

火逆①下之,因烧针②烦躁者,桂枝甘草龙骨牡蛎汤主之。(118)

桂枝甘草龙骨牡蛎汤方

桂枝一两(去皮)　甘草二两(炙)　牡蛎二两(熬)　龙骨二两

上四味,以水五升,煮取二升半,去滓,温服八合,日三服。

【词解】

① 火逆：指误用火法或因火法受惊而导致的变证。

② 烧针：用粗针外裹棉花,蘸油烧赤,去棉刺入,强发其汗,此法为后世火针法。

【释义】

本条论述心阳虚烦躁的证治。误用火法,又施下法,致心阳虚衰,心神浮越而见烦躁。治以桂枝甘草龙骨牡蛎汤以温复心阳,重镇安神。

【方解】

方中含桂枝甘草汤以辛甘化阳,温通心阳；龙骨、牡蛎重镇潜敛,以安心神,合而标本兼治。

【医案选录】

宋先生与余同住一院,时常交谈中医学术。一日,宋忽病心悸,悸甚而神不宁,坐立不安,乃邀余诊。其脉弦缓,按之无力。其舌淡而苔白。余曰：病因夜作耗神,心气虚而神不敛之所致。乃书桂枝9 g,炙草9 g,龙骨12 g,牡蛎12 g。凡3剂而病愈。(刘渡舟.新编伤寒论类方[M].太原：山西人民出版社,1984：29.)

3. 桂枝去芍药加蜀漆牡蛎龙骨救逆汤证

【原文】

伤寒脉浮,医以火迫劫之①,亡阳②,必惊狂,卧起不安者,桂枝去芍药加蜀漆牡蛎龙骨救逆汤主之。(112)

桂枝去芍药加蜀漆牡蛎龙骨救逆汤方

桂枝三两(去皮)　甘草二两(炙)　生姜三两(切)　大枣十二枚(擘)　牡蛎五两(熬)　蜀漆三两(洗去腥)　龙骨四两

上七味,以水一斗二升,先煮蜀漆,减二升,内诸药,煮取三升,去滓,温服一升。本云桂枝汤,今去芍药,加蜀漆、牡蛎、龙骨。

【词解】

① 以火迫劫之：用火法(如烧针、火熏、灸法等)强迫发汗。

② 亡阳：阳指心阳。亡阳,即心阳外亡。

【释义】

本证病因病机与上证相同,但病情更为严重。阳虚不能固守心神,心神浮越不宁,不只是烦躁,更因阳失鼓动,血行缓慢,津聚为痰,阻于心窍,而致惊狂。治当温补心阳,豁痰通窍,潜敛心神。治用桂枝去芍药加蜀漆牡蛎龙骨救逆汤。

【方解】

本方由桂枝汤去芍药加蜀漆、龙骨、牡蛎组成。方中含桂枝甘草汤以温通心阳,加龙骨、牡蛎潜镇心神。蜀漆乃常山之苗,有涤痰开窍之能。生姜、大枣调理脾胃,化生气血。所以去芍药者,是因芍药性凉属阴,非阳虚所宜,故去之。所以名救逆者,是因病较急,须急温心阳以救之。

【医案选录】

董某,男,28岁。因精神受到刺激而犯病。心中烦躁不安,或胆怯惊怕,或悲伤欲哭,睡眠不佳,伴有幻听、幻视、幻觉"三幻症"。胸中烦闷难忍。舌苔白厚而腻,脉弦滑。辨为肝气郁滞,痰浊内生而上扰心宫。桂枝6g,生姜9g,蜀漆4g(以常山代替),龙骨12g,牡蛎12g,黄连9g,竹茹10g,郁金9g,石菖蒲9g,胆星10g,大黄9g。服药2剂,大便作泻,心胸顿觉舒畅。上方减去大黄,又服3剂后,突然呕吐痰涎盈碗,从此病证大为减轻,最后用涤痰汤与温胆汤交叉治疗而获痊愈。(刘渡舟.经方临证指南[M].天津:天津科学技术出版社,1993:9.)

4. 桂枝加桂汤证

【原文】

燒針令其汗,針處被寒,核起而赤者,必發奔豚①。氣從少腹上衝心者,灸其核上各一壯,與桂枝加桂湯,更加桂二兩也。(117)

桂枝加桂湯方

桂枝五兩(去皮)　芍藥三兩　生薑三兩(切)　甘草二兩(炙)　大棗十二枚(擘)

上五味,以水七升,煮取三升,去滓,溫服一升。本云:桂枝湯今加桂滿五兩。所以加桂者,以能泄奔豚氣也。

【词解】

① 奔豚:证候名。以豚之奔,形容患者自觉有气从少腹上冲心胸,直至咽喉,发作欲死,须臾复止。

【释义】

本条论述因惊吓使心阳受损而导致奔豚的证治。用烧针强行发汗,汗出腠理开,邪气乘虚而入,针处气血凝滞,故起红肿核块。奔豚多为情志疾病,火逆、烧针均可引发惊恐而致。本证因烧针致惊而内伤心阳,心阳虚难以制约肾水,肾中水寒之气上越,则患者感觉气从少腹上冲心胸,有如小猪奔突之状。奔豚虽为肾中寒气之上冲,然其病本则是心阳虚衰,如此可外用艾条灸针处之赤核各一壮,以温散寒凝之邪,同时内服桂枝加桂汤以温通心阳,平冲降逆。

【方解】

桂枝加桂汤为桂枝汤加重桂枝用量而成。重用桂枝,在于通过温壮心阳以镇下焦之寒气。芍药苦泄而平冲,生姜散水而平冲,大枣、甘草缓急而平冲。本方药同桂枝汤,仅桂枝一药药量之变,由解表之剂成为治疗奔豚之方。

【析疑】

第112、第117、第118这3条病因均与惊恐(火攻或者烧针等)有一定的关系,导致心阳受损,故皆以桂枝甘草汤辛甘化阳,温通心阳为基础方。临证时可根据病情及配伍方药的不同而使用不同剂量的桂枝。有人认为使用肉桂更佳。

【医案选录】

案1 故乡老友娄某的爱人,年七十,患呕吐腹痛一年余,于1973年4月16日偕同远道来京就诊。询其病状,云腹痛有发作性,先呕吐,即于小腹虬结成瘕块而作痛,块渐大,痛亦渐剧,同时气从小腹上冲至心下,苦闷,"欲死"。既而冲气渐降,痛渐减,块亦渐小,终至痛止块消如常人。按主诉之病状,是所谓中医之奔豚气者,言其气如豕之奔突上冲的形状,《金匮要略》谓得之惊发,惊发者,惊恐刺激之谓。患者因其女暴亡,悲哀过甚,情志经久不舒而得此证,予仲景桂枝加桂汤。桂枝15g,白芍9g,炙甘草6g,生姜9g,大枣4枚(擘),水煎温服,每日1剂。30日二诊:共服上方14剂,奔豚气大为减轻,腹中作响,仍有1次呕吐。依原方加半夏9g,茯苓9g,以和胃蠲饮,嘱服10剂。5月13日三诊:有时心下微作冲痛,头亦痛,大便涩,左关脉弦,是肝胃气上冲,改予理中汤加肉桂、吴茱萸,以暖胃温肝,服后痊愈回乡。两月后函询未复发。(陈可冀.岳美中医学文集[M].北京:中国中医药出版社,2001:292.)

案2 金某,女,14岁,学生。1986年2月3日初诊。患者家住大庆,来哈医病,据其母言,患者阵发面色青,呼吸困难,正在述说时,患者又发病,面青手足厥冷,胸憋闷难忍,稍时即缓解。细询病情,自述发病时有气从少腹上冲胸部,异常憋闷,几有灭绝之感,面色青,手足厥冷,稍时气下行自然缓解。经各医院检查不知何病,慕名求治,余诊其脉沉而有力,舌滑润苔白。反复构思,此属寒气循冲脉上冲之奔豚病,宜桂枝加桂汤主治。处方:桂枝30g,白芍20g,甘草15g,生姜15g,红枣5枚。2月19日复诊:服上方13剂,未发作,自述服药3剂后,气上冲即减弱,继服未发,手足转温,胸闷太息俱随之消失,脉沉而有滑象,舌苔渐化,继以上方加龙骨20g,牡蛎20g。3月15日三诊:服上方6剂,一直未发作,遂停药观察,远期追踪一直未发作而愈。(张琪.张琪临床经验辑要[M].北京:中国医药科技出版社,1998:365.)

(三) 脾虚证

1. 厚朴生姜半夏甘草人参汤证

【原文】

發汗後,腹脹滿者,厚朴生薑半夏甘草人參湯主之。(66)

厚朴生薑半夏甘草人參湯方

厚朴半斤(炙,去皮) 生薑半斤(切) 半夏半升(洗) 甘草二兩 人參一兩

上五味,以水一斗,煮取三升,去滓,温服一升,日三服。

【释义】

本条论述虚性胀满的证治。发汗太过损伤脾气,脾虚失运,水湿内生,内湿阻滞气机,导致腹胀满,属本虚标实之证。脾虚是本,胀满为标,故用厚朴生姜半夏甘草人参汤补脾燥湿,消胀除满,标本兼治。

【方解】

本方由厚朴、生姜、半夏、甘草、人参五味药物组成,方中厚朴化湿下气,消胀除满;半夏、生姜辛散结气,燥湿化痰;人参、甘草补益脾气,塞因塞用,全方共成消补兼施之剂。

本方为脾虚、湿阻气滞所致的腹胀满专方,为后世平胃散之祖方。

【医案选录】

案1 郝某,男,55岁。自述2个月前,因饮食不慎,突发胃脘痛,经某医院确诊为急性胃炎,西药治疗暂时缓解,但此后遗患脘腹胀闷不适,入夜尤甚,且时感恶心,喜热畏凉,便软尿清。诊查:面色萎黄欠润,精神不振,脘胀腹满,叩音如鼓,舌淡苔白厚腻,脉濡。此乃脾虚胃寒之证。治当温

中健脾、理气消胀。厚姜半甘参汤加藿香10g。服上方3剂,胀满病去大半,恶心止,继服上方3剂,诸症尽失。随访半年未复发。(刘宪铭.厚朴半夏生姜甘草人参汤的临床应用[J].内蒙古中医药,1996,(4):31.)

案2 姜某,女,48岁,1999年12月8日初诊。便秘2年。患者于2年前出现便秘,大便燥结如羊屎。5~7日一解,伴形寒肢冷,面色萎黄,腹满纳差,时有呃逆,舌青略紫,苔厚浊腻,脉沉迟。服中西药治疗无效。证属脾阳亏虚,气滞血瘀,治宜温运脾阳,行气除满。方以厚朴生姜半夏甘草人参汤加减。处方:桂枝、生姜、厚朴各15g,白术、桃仁各20g,炙甘草10g,党参5g。连服7剂,大便得通,2日1次,畏寒肢冷减轻,继服30剂,诸症消失。随访4年未复发。(曹生有.厚朴生姜半夏甘草人参汤新用[J].新中医,2005,37(8):84.)

2. 小建中汤证

【原文】

傷寒二三日,心中悸而煩者,小建中湯主之。(102)

小建中湯方

桂枝三兩(去皮) 甘草二兩(炙) 大棗十二枚(擘) 芍藥六兩 生薑三兩(切) 膠飴一升

上六味,以水七升,煮取三升,去滓,內飴,更上微火消解。溫服一升,日三服。嘔家不可用小建中湯,以甜故也。

【释义】

本条论述脾虚心中悸而烦的证治。伤寒二三日,病程虽短,亦未经误治,却见心中悸烦之证,与素体脾虚有关。若脾气虚馁,气血生化不足,心失所养,加之外邪袭扰,因见悸而烦等症。治当扶正解表。以强其本,小建中汤建补中州,生化气血,悸烦可止;由于本方含有桂枝汤原方,故也有解表之力。本方属表里同治。

【方解】

小建中汤是桂枝汤倍芍药加饴糖而成。方中重用饴糖,甘温补中;桂枝、生姜温中散寒;芍药和阴补血;大枣、甘草补中益气。共成平补阴阳,建复中焦,生化气血,缓急止痛之剂。

【医案选录】

李妇,38岁,大连人。产后失血过多,又加天气酷寒,而腹中疼痛,痛时自觉肚皮向里抽动。此时,必须用热物温暖,方能缓解。切其脉弦细而责,视其舌淡嫩苔薄。辨为血虚而不养肝,肝急而刑脾,脾主腹,是以拘急疼痛,而遇寒更甚。为疏:桂枝10g,白芍30g,炙甘草6g,生姜9g,大枣7枚,当归10g,饴糖40g(烊化)。此方服至3剂,而腹痛不发。转方用双和饮气血两补收功。(刘渡舟.新编伤寒论类方[M].太原:山西人民出版社,1984:24.)

3. 桂枝人参汤证

【原文】

太陽病,外證未除,而數下之,遂協熱而利,利下不止,心下痞硬,表裏不解者,桂枝人參湯主之。(163)

桂枝人參湯方

桂枝四兩(別切) 甘草四兩(炙) 白朮三兩 人參三兩 乾薑三兩

上五味,以水九升,先煮四味,取五升,内桂,更煮取三升,去滓,温服一升,日再夜一服。

【释义】

本条论述脾阳虚兼有表证的证治。太阳表证,屡用攻下,致表证不解而脾气大伤。脾阳受损,运化失司,寒湿中阻,气机痞塞,因见"利下不止,心下痞硬"之症。这种既有太阳表热,同时又有下利的病证,故称之为"协热利"。此时病机重点是里虚寒,故以桂枝人参汤,温中解表而表里同治。

本证因有"心下痞硬",故又称虚痞。

【方解】

桂枝人参汤,即人参汤加桂枝。人参汤药味与理中汤相同,剂量略有差别,功能温中散寒。方用干姜温中祛寒,人参、白术、甘草补益脾气,桂枝解太阳之邪。本方煎服法要求先煎人参汤四味,使其发挥温中散寒、健脾益气的效用。后下桂枝,意在取其轻清之气,使其有利于发越表邪。若五药同煎,桂枝芳香走表之力将变为温里之用,达不到表里两解的目的。

后世将第34条葛根黄芩黄连汤证亦称为"协热利",其病理机制与此有寒热虚实的不同,需要加以鉴别。本证是脾虚寒兼表证的"协热而利",症见恶寒发热,心下痞硬,下利稀溏,舌淡苔白;葛根芩连汤证是大肠热兼表证的"协热而利",症见发热恶寒,喘而汗出,下利黏秽,暴注下迫,肛门灼热,舌红苔黄。二者虽皆有发热、下利,但病性截然相反,一属实热,一属虚寒,不可混淆。

【医案选录】

某男,29岁,2003年11月20日初诊。主诉胃脘部疼痛反复发作已2年,加重2日。刻诊:右上腹隐隐作痛,以饥饿和晚上为甚,轻度压痛,喜温,嗳气,泛吐清水,倦怠无力,四肢冰冷,大便溏薄,每日2次。舌质淡,苔薄白,脉沉缓。X线检查确诊为"十二指肠溃疡"。证属脾胃虚寒,胃气上逆。治宜温中散寒,和胃降逆。方用桂枝人参汤合丁香柿蒂汤化裁:桂枝、干姜、白术、柿蒂、半夏、延胡索、田七、枳壳各9 g,党参15 g,炙甘草、公丁香各5 g。水煎服。3剂后,右上腹疼痛已缓解。续以前方加减调理1个月而愈。(温桂荣.桂枝人参汤治疗杂病探微[J].中医药临床杂志,2006,18(5):430.)

(四)肾阳虚证

1. 干姜附子汤证

【原文】

下之後,復發汗,晝日煩躁不得眠,夜而安靜,不嘔不渴,無表證,脈沉微,身無大熱者,乾薑附子湯主之。(61)

乾薑附子湯方

乾薑一兩 附子一枚(生用,去皮,切八片)

上二味,以水三升,煮取一升,去滓,頓服。

【释义】

本条论述肾阳急衰的证治。先下复汗,反复伤阳,患者出现"昼日烦躁不得眠,夜而安静",同时不呕不渴,无表证,身无大热等,这种病情变化比较大的要细致观察,甄别吉凶。若身温和,神显疲惫,但能应对呼唤,脉和缓,是病情趋向好转,属佳兆;若身凉,四逆,脉沉微,精神极度疲惫,甚至神识不清,是病情恶化,阳气暴亡之象,属凶兆。本证阳气暴伤,来势迅速,故以干姜附子汤顿服,急救回阳。

【方解】

干姜附子汤由干姜和生附子组成。干姜、附子大辛大热,急急回阳。本方较之四逆汤,因不用甘草之缓,药力精专,具单刀直入之势。"顿服"更是集中药力,速复其阳。

【医案选录】

许叔微医案:一妇人,得伤寒数日,咽干,烦渴,脉弦细,医者汗之,其始衄血,继而脐中出血,医者惊骇而遁。予曰:少阴强汗之所致也。盖少阴不当发汗。仲景云:少阴强发汗,必动其血,未知从何道而出,或从口鼻,或从耳目,是为下厥上竭,为难治。予投以姜附汤数服,血止,后得微汗愈。本少阴证,而误汗之,故血妄行,自脐中出,若服以止血药,可见其标,而不见其本。予以治少阴之本,而用姜附汤,故血止而病除。(曹炳章.重刊订正本中国医学大成第04册,伤寒九十论[M].上海:上海科学技术出版社,1990:10.)

2. 茯苓四逆汤证

【原文】

發汗,若下之,病仍不解,煩躁者,茯苓四逆湯主之。(69)

茯苓四逆湯方

茯苓四兩　人參一兩　附子一枚(生用,去皮,破八片)　甘草二兩(炙)　乾姜一兩半

上五味,以水五升,煮取三升,去滓,溫服七合,日二服。

【释义】

本条论汗下所致阳虚烦躁证治。发汗或攻下后,"病仍不解,烦躁",显然"病仍不解",并非表证不解,而是指病未转愈。本条叙证简略,以方推测,病机当为阳气虚衰之证。阳气虚衰,神气不敛,阴气虚衰,神气失养,均可致烦躁不宁。本证除烦躁外,当见恶寒、四肢厥冷、脉微细等。

【方解】

茯苓四逆汤由四逆汤加人参、茯苓组成。方中四逆汤回阳救逆;人参补气生津,安神定志;重用茯苓健脾益气,宁心安神。诸药合用,共奏回阳益阴、宁心安神之功。

本条与前条都属于阳虚烦躁,治疗均要温阳安神,临床上部分失眠病证(属于心肾阳虚)加用附子后症状改善比较明显。

【医案选录】

患者李某,女,41岁,于1961年7月诊治。因和爱人争吵而发病。初起喧扰不宁,躁狂打骂,动而多怒,骂詈日夜不休。经医用大剂大黄、芒硝泻下,转为沉默痴呆,舌白多津,语无伦次,心悸易惊,头疼失眠,时喜时悲,四肢厥冷,六脉沉微。处方:云苓一两,党参五钱,炮附子五钱,干姜五钱,甘草四钱,牡蛎一两,龙骨五钱。服3剂后,神志清醒,头痛止,四肢温。改用苓桂术甘汤加龙骨、牡蛎,服十余剂而愈。(周连三,唐祖宣.茯苓四逆汤临床运用经验[J].中医杂志,1965,(1):29.)

(五) 阳虚兼水气证

1. 茯苓桂枝甘草大枣汤证

【原文】

發汗後,其人臍下悸①者,欲作奔豚,茯苓桂枝甘草大棗湯主之。(65)

茯苓桂枝甘草大棗湯方

茯苓半斤　桂枝四兩(去皮)　甘草二兩(炙)　大棗十五枚(擘)

上四味,以甘瀾水②一斗,先煮茯苓,減二升,內諸藥,煮取三升,去滓,溫服一升,日三服。

作甘瀾水法：取水二斗,置大盆內,以杓揚之,水上有珠子五六千顆相逐,取用之。

【词解】

① 脐下悸：指脐下有动筑感。

② 甘澜水：一名劳水。程林云："扬之无力,取其不助肾邪也。"钱天来云："动则其性属阳,扬则其势下走。"

【释义】

本条论述汗后心阳虚欲作奔豚的证治。心在上属火,肾在下主水。生理情况下,心火下温,使肾水不寒；肾水上济,使心火不亢。如此则水火既济,心肾相交。若汗不如法,致伤心阳,则气化失职,水寒冲逆,故脐下跳动不安,是欲作奔豚之象。盖因水性重浊,不似寒气易于上僭,故仅有欲作奔豚之象。治当以苓桂甘枣汤温通阳气,利水平冲。

【方解】

苓桂甘枣汤由桂枝甘草汤加茯苓、大枣而成。重用茯苓,且取先煎,淡渗利水,以治其标；桂枝、甘草温通阳气,以治其本；大枣甘温,温以助阳,甘以缓急。本方与桂枝加桂汤均治奔豚,本方证病机主在水气上冲,所以重用茯苓,意在利水平冲；桂枝加桂汤证病机主在寒气上冲,所以重用桂枝,意在驱寒平冲。

【医案选录】

案1　张某,女,65岁。多年失眠,久治无效。近证：头晕,心悸,有时感觉气往上冲,冲则心烦,口干不思饮,舌苔白,脉缓。此属寒饮上扰心神,治以温阳降逆,佐以安神,予茯苓桂枝甘草大枣汤加味：茯苓24 g,桂枝12 g,大枣5枚,炙甘草6 g,酸枣仁15 g,远志6 g。上药服3剂,睡眠稍安,头晕,心悸,气上冲亦减,前方加生龙牡各15 g,继服6剂,除睡眠多梦外无他不适。(陈亦人.伤寒论译释[M].上海：上海科学技术出版社,1997：461.)

案2　某患,女,30岁,2002年2月16日就诊。自诉患盆腔炎1年余,平素常感小腹隐痛,痛时自觉有一股寒气从会阴部上冲,直达剑突部位,下腹部时常有坠胀感,经前加重,经量增多,颜色淡红,带下微黄,量多,肢冷畏寒,易感疲劳,终日精神不振。查舌质淡,苔白腻,脉细弱。妇科检查示子宫后位,下腹部双侧可触及条索状增粗物,有轻度压痛。据上述症状辨为奔豚证。系阳虚不能制水,肾水上凌阳位所致。治宜补阳健脾制水,方以苓桂甘枣汤加味：茯苓15 g,桂枝9 g,炙甘草6 g,大枣6枚,丹参12 g,赤芍12 g,黄芪15 g,白术9 g。日1剂,水煎服。另按上方制成丸剂,与汤剂交替服用,1个月为1个疗程,待症状消失后再单服丸剂1个月巩固疗效。结果服药1周后症状明显好转,1个疗程即如常人,至今未复发。(焦华琛.苓桂甘枣汤加味治疗慢性盆腔炎1例[J].国医论坛,2003,18(1)：9.)

2. 茯苓桂枝白术甘草汤证

【原文】

傷寒若吐若下後,心下逆滿①,氣上衝胸,起則頭眩,脈沉緊,發汗則動經②,身

爲振振摇者，茯苓桂枝白朮甘草湯主之。(67)

　　茯苓桂枝白朮甘草湯方

　　茯苓四两　桂枝三两(去皮)　白朮　甘草(炙)各二两

　　上四味，以水六升，煮取三升，去滓，分温三服。

【词解】

① 心下逆满：指胃脘部因气上逆而感觉胀满不舒。

② 动经：伤动经脉之气。

【释义】

本条论述脾阳虚水停的证治。"茯苓桂枝白术甘草汤主之"应接在"脉沉紧"之后，属倒装文法。"若吐若下"的"若"字，应作"或"字看，即或经过吐，或经过下，非既吐又下。吐下俱能损伤脾之阳气，脾虚运化失职，水湿停聚，成为停水证。中焦水饮停积，气机逆乱，故心下逆满，气上冲胸；头为诸阳之会，饮邪阻于中焦，清阳无以上荣，故起则头眩；水寒内渍，则脉沉紧。水为阴邪，得温则行，故治用茯苓桂枝白术甘草汤温阳健脾利水。

水湿浸渍，本来经脉失于温养，若再行发汗更伤经气，则致身体震颤动摇而不能自持。说明阳虚水气证不可发汗，发汗则犯虚虚之戒。

【方解】

茯苓桂枝白术甘草汤由茯苓、桂枝、白术和甘草组成。方中茯苓健脾利水，桂枝温阳化气，白术健脾燥湿，甘草补益脾气。四药同用，共奏温阳化气，健脾利水之功。

【医案选录】

案1　陈某，女，52岁。大便秘结，五六日一行，坚如羊屎，伴有口干喝，但又不能饮，自觉有气上冲，头晕、心悸、胸满。每到夜间则上冲之势更甚，而头目昏眩亦更甚。周身有轻度浮肿，小便短少不利，面目虚浮，目下色青，舌胖色淡，苔水滑。辨证属心脾阳虚，水饮上乘，津液不行之证，治以温通阳气，伐水降冲。处方：茯苓30 g，桂枝10 g，白术10 g，炙甘草6 g。服2剂头晕、心悸与冲气均减，反映了水饮得温则化。乃于上方加肉桂3 g，泽泻12 g，助阳消阴，利水行液。又服2剂，口干去，大便自下，精神转佳，冲气进一步减轻。转方用五苓散与真武汤合方，取其助阳消阴，淡渗利水，以行津液。(陈明，张印生.伤寒名医验案精选[M].北京：学苑出版社，2005：116.)

案2　陆某，男，42岁。形体肥胖，患有冠心病心肌梗塞而住院，抢治两月有余，未见功效。现症：心胸疼痛，心悸气短，多在夜晚发作。每当发作之时，自觉有气上冲咽喉，顿感气息窒塞，有时憋气而周身出冷汗，有死亡来临之感。颈旁之血脉又随气上冲、心悸而胀痛不休。视其舌水滑欲滴，切其脉沉弦，偶见结象。刘老辨为水气凌心，心阳受阻，血脉不利之水心病。处方：茯苓30 g，桂枝12 g，白术10 g，炙甘草10 g。此方服3剂，气冲得平，心神得安，心悸、胸痛及颈脉胀痛等诸症明显减轻。但脉仍带结，犹显露出畏寒肢冷等阳虚见证。乃于上方加附子9 g，肉桂6 g以复心肾阳气。服3剂手足转温，而不恶寒。然心悸气短犹未全瘥，再于上方中加党参、五味子各10 g，以补心肺脉络之气。连服6剂，诸症皆瘥。(陈明，刘燕华，李芳.全国名老中医药专家临证验案精华丛书.刘渡舟临证验案精选[M].北京：学苑出版社，1996：30.)

3. 真武汤证

【原文】

太阳病發汗，汗出不解，其人仍發热，心下悸，頭眩，身瞤動①，振振欲擗地②

者,真武湯主之。(82)

真武湯方

茯苓　芍藥　生薑(切)各三兩　白朮二兩　附子一枚(炮,去皮,破八片)

上五味,以水八升,煮取三升③,去滓,温服七合,日三服。

【词解】

① 身瞤动：身体筋肉跳动。

② 振振欲擗地：振振,动摇貌。擗,通僻,仆倒也。振振欲擗地,形容身体站立不稳,摇摇欲倒的样子。

③ 煮取三升：据猪苓汤方推算,当为二升。本证为阳虚水泛之证,不宜多进水,有临证意义。

【释义】

太阳与少阴互为表里,太阳病发汗太过,不仅邪气不去,反会伤及少阴。本条即为太阳过汗损伤肾阳而致水气泛滥之证。表邪未去,故仍发热。肾者主水,今肾阳亏虚,不能化水,故水气泛滥,水气上凌于心,故心下悸；上干清阳则头晕目眩,振振欲擗地；水湿浸渍,筋脉肌肉失养,故身瞤动。本证为阳虚水泛,故治以温阳利水气,方用真武汤。

【方解】

真武汤是温阳利水的代表方。方中炮附子温肾阳、化水气；茯苓、白术健脾气、利水邪；生姜辛温宣散,佐附子助阳,于主水中有散水之意；芍药,《本草经》载其有"利小便"之功,且可益阴和营,使利水而不伤阴,又可制附子刚燥之性。

【析疑】

对"仍发热"一症,历代认识不一,有认为属表邪未解者,亦有认为属"坎阳外亡""虚阳浮散"者。参之临床,若果为虚阳外越,仲景用四逆汤尚嫌力弱,常以通脉四逆破阴回阳,宣通内外。而且凡回阳救逆均用生附子,真武汤用的是炮附子,重在温阳利水,显然不能治疗虚阳外越。因此,"仍发热"当属表热未罢。

【医案选录】

案1　孙兆治一人,患伤寒,发热,汗出多,惊悸,目眩,身战掉欲倒地。众医有欲发汗者,有作风治者,有欲以冷药解者,皆不除,召孙至曰：太阳经病得汗早欲解不解者,因太阳病欲解,必复作汗,肾气不足,汗不来,故心悸目眩身战。遂与真武汤,三服,微自汗出,即解。盖真武附子白术和其肾气,肾气得行,故汗得来。仲景说："尺脉弱者,营气不足,不可发汗。"以此知肾气怯则难汗也。(江瓘.名医类案·卷一·伤寒门[M].北京：人民卫生出版社,2005：1983：36.)

案2　患者梁某,男,46岁。2010年2月初诊。确诊糖尿病18年,未规律服药及监测血糖,2年来每于劳累后出现双下肢浮肿,休息后缓解,1个月前外感发热,咽喉肿痛,自行服用大量辛凉解表之剂,目前表证已解,但浮肿加重,夜间喘憋,四肢困重、乏力,手足不温,夜尿频数清长,大便溏,舌质淡暗,边有齿痕,脉沉弦。尿常规示尿蛋白(+++),血肌酐369 μmol/L。经降血压、利尿消肿等西医常规治疗无效遂来就诊。辨证属脾肾阳虚,浊毒内蕴。立法温肾健脾,泄浊排毒。方予真武汤合肾气丸加川牛膝30 g,车前子30 g,酒大黄10 g,当归10 g,丹参20 g等7剂,配合降糖、降压等基础治疗。1周后复诊,双下肢浮肿好转,夜间喘憋已除,四肢乏力减轻,夜尿减少,大便溏结不调,舌质淡暗,齿痕减轻,脉沉小弦。原方出入继予14剂,诸症缓解,尿蛋白转阴,追访3月未复发。(赵静雪.张宁运用真武汤临证经验浅析[J].中国中医基础医学杂志,2011,17(4)：404.)

4. 桂枝去桂加茯苓白术汤证

【原文】

服桂枝湯,或下之,仍頭項強痛,翕翕發熱,無汗,心下滿微痛,小便不利者,桂枝去桂加茯苓白朮湯主之。(28)

桂枝去桂加茯苓白朮湯方

芍藥三兩　甘草二兩(炙)　生薑三兩(切)　茯苓　白朮各三兩　大棗十二枚(擘)

上六味,以水八升,煮取三升,去滓,溫服一升。小便利則癒。本云:桂枝湯,今去桂枝加茯苓白朮。

【释义】

本条论述因水气内结出现太阳疑似证的辨治。文中用一"仍"字,概述了治疗前后的症状特征。何以治疗时会"服桂枝汤,或下之"而一误再误,主要与治疗前见"头项强痛,翕翕发热,无汗"及"心下满微痛"等症状有关。因"头项强痛,翕翕发热,无汗"颇似表邪不解,故作"服桂枝汤"之选择;而"心下满微痛"证似里实又作攻下之施。同样是用一"仍"字,说明虽经汗、下,前证依然存在,此时辨证应抓住"小便不利"这个关键,抓住"小便不利"就抓住了"水气"的病机,那么其他诸症亦可得到解释。水气内停,郁遏阳气,太阳经气不利,因致头项强痛,翕翕发热,无汗;水气内停,气机郁滞,里气不和,是以心下满微痛。从五苓散治水气内停"心下痞"、茯苓桂枝白术甘草汤治水停"心下逆满"可作出佐证。仲景方后注强调"小便利则愈"更证明了这一点。因此,该条所述应为水停阳郁之证,治以利水通阳为法,方用桂枝去桂加茯苓白术汤。小便利则水邪去,阳气通,则头项强痛、翕翕发热、无汗、心下满微痛、小便不利诸症均可祛除。

【方解】

本方即桂枝汤去桂枝加茯苓、白术而成。方中茯苓、白术健脾行水;芍药苦泄利水;生姜辛温散水;大枣、甘草补益脾胃。合方重在运脾气,利小便,俾小便利则阳气自通。

【析疑】

有医家提出桂枝温阳化气行水不当去,芍药阴柔似当去之,引发了本条去桂、去芍之争。其实本条之所以强调"去桂",意在说明本证虽有表症但病位在里。至于芍药,按照《本草经》所云,芍药是苦泄的,具有"利小便"之功,与本证水饮内结的病机、"小便不利"的主症以及方后注的"小便利则愈"正相吻合。

【医案选录】

案1　王某,女,约50岁。患者经常跌倒抽搐,昏不知人,重时每月发作数次,经西医诊断为"癫痫",多方治疗无效,后来学院找我诊治。望其舌上,一层白砂苔,干而且厚;触诊胃部,痞硬微痛,并问知其食欲不佳,口干欲饮。此系水饮结于中脘,但患者追切要求治疗痫风,并不以胃病为重。我想,癫痫虽然是脑病,但是脑部的这一兴奋灶,必须通过刺激才能引起发作,而引起刺激的因素,在中医看来是多种多样的,譬如用中药治癫疾,可以选用祛痰、和血、解郁、理气、镇痉等各种不同的方法,有时都能减轻发作,甚至可能基本痊愈,就是证明。本患者心下有宿痰水饮,可能就是癫痫发作的触媒。根据以上设想,即仿桂枝去桂加茯苓白术汤意,处方:茯苓、白术、白芍、炙甘草、枳实、僵蚕、蜈蚣、全蝎。患者于1年后又来学院找我看病,她说:上次连服数剂后,癫痫一次也未发作,当时胃病也好了。现今胃病又作,只要求治疗胃病云云。因又与健脾理气化痰方而去。(李克绍.伤寒解惑论[M].济南：山东科学技术出版社,1978：145.)

案2　陈慎吾曾治一发低热患者,而有翕翕发热,小便不利等证。陈氏用本方原方,仅两三剂,便热退病愈。(刘渡舟.伤寒论诠解[M].天津：天津科学技术出版社,1983：25.)

(六) 阴阳两虚证

1. 甘草干姜汤证、芍药甘草汤证

【原文】

伤寒脉浮,自汗出,小便数,心烦,微恶寒,脚挛急①,反與桂枝欲攻其表,此误也。得之便厥②,咽中乾,烦躁吐逆者,作甘草乾薑湯與之,以復其陽；若厥愈足温者,更作芍藥甘草湯與之,其脚即伸；若胃氣不和,譫語③者,少與調胃承氣湯；若重發汗,復加燒針者,四逆湯主之。(29)

甘草乾薑湯方

甘草四兩(炙)　乾薑二兩

上二味,以水三升,煮取一升五合,去滓,分温再服。

芍藥甘草湯方

芍藥　甘草(炙)各四兩

上二味,以水三升,煮取一升五合,去滓,分温再服。

【词解】

① 挛急：脚,小腿。是指小腿筋肉痉挛拘急,伸展不利。

② 厥：手足逆冷。

③ 谵语：神昏妄言,即说胡话。

【释义】

本条论述体虚误汗致阴阳两伤的证治。以"伤寒"冠首,自然应是外感病,且见脉浮、自汗出、微恶寒,又颇似太阳中风之桂枝汤证,但桂枝汤证不应有小便数、心烦、小腿拘挛。仔细分析,阳虚不能摄津则小便数；阴液不足,心神失养则心烦,筋脉失养则小腿拘挛。应是阴阳两虚兼复感外邪,治疗当以调补阴阳为急务。若再行发汗,易更伤阴阳,故仲景谓"反与桂枝欲攻其表,此误也"。

"得之便厥,咽中干,烦躁吐逆"是误用桂枝汤发汗后的变证。阳气更虚,不能温煦四末则手足逆冷；阴液更虚,不能上滋咽隘则咽中干；阴阳俱虚,心神失养,则烦躁；胃阳不足,和降不力,则吐逆。阴阳两虚证一般采用复阳益阴之法,本证由于胃阳损伤,吐逆则药食不入,故宜先用甘草干姜汤复胃阳,和胃气。待阳复厥回足温后,再用酸甘化阴的芍药甘草汤,复其阴,止挛急。

其他变证的救治：若伤津化热,胃燥谵语者,少与调胃承气汤,微和胃气,方剂及其临床运用详见阳明病篇；若重发汗,复加烧针,以致亡阳者,用四逆汤急救回阳,方剂及其临床运用详见少阴病篇。其治随证而立,充分体现了"观其脉证,知犯何逆,随证治之"的不拘一格的救误原则和示人具体分析随证论治的治法,极有指导意义。

【方解】

甘草干姜汤由炙甘草和干姜组成,取甘草之甘,干姜之辛,甘辛化阳,旨在复中焦之阳。芍药甘草由芍药和炙甘草组成,取芍药之酸,甘草之甘,酸甘化阴,既能滋补阴血,且能舒挛缓急。

【医案选录】

案1 刘某,男,30岁。患遗尿证甚久,日则间有遗出,夜则数遗无间,良以为苦。医咸认为肾气虚损,或温肾滋水而用桂附地黄汤;或补肾温涩而用固阴煎;或以脾胃虚寒而用黄芪建中汤、补中益气汤。其他鹿茸、紫河车之类均曾尝试,有效有不效,久则依然无法治。吾见前服诸方于证尚无不合,何以投之罔效?细诊其脉,右部寸关皆弱,舌白润无苔。口淡,不咳唾涎,口纳略减。小便清长而不时遗,夜为甚,大便溏薄。审系肾、脾、肺三脏之病。但补肾温脾之药,服之屡矣,所未能服者,肺经之药耳。复思消渴一证,肺为水之高源,水不从于气化,下注于肾、脾、肾而不能制约,则关门洞开,是以治肺为首要,而本证亦何独不然?景岳有说:"小水虽利于肾,而肾上连于肺,若肺气无权,则肾水终不能摄。故治水者必先治气,治肾者必先治肺。"本证病缘于肾,因知有温肺以化水之治法。又甘草干姜汤原有遗之源,更为借用有力之依据。遂给予甘草干姜汤。炙甘草24 g,干姜9 g(炮透),日2剂。3日后,遗尿大减,涎沫也稀。再服5日而诸证尽除。然以8日服药16剂,竟愈此难治之证,诚非始料所及。(陈明,张印生.伤寒名医验案精选[M].北京:学苑出版社,2005:151.)

案2 刘某,男,34岁,农民,1985年3月20日初诊。诉半年来小腿抽筋经常发作,以夜间睡眠时发作为主,疼痛难忍,有时劳作时亦发作,发作后小腿酸痛数日不退。近夜连续发作,头昏乏力,食欲正常,面色萎黄,舌淡苔滑,脉缓。处方:白芍30 g,甘草15 g。2剂,水煎内服,日1剂。服药1剂,小腿抽筋减轻,2剂抽筋消失,再守原方加宣木瓜、党参、当归各9 g,黄芪12 g,5剂。3个月后随访,小腿抽筋未再复发。(李成年,程维祆.芍药甘草汤治验举隅[J].湖北中医杂志,1996,18(2):29.)

2. 芍药甘草附子汤证

【原文】

發汗,病不解,反惡寒者,虛故也,芍藥甘草附子湯主之。(68)

芍藥甘草附子湯

芍藥 甘草(炙)各三兩 附子一枚(炮,去皮,破八片)

上三味,以水五升,煮取一升五合,去滓,分溫三服。

【释义】

本条叙证简略,以方测证,可知此处"虚"是指阴阳两虚。由于发汗伤阴损阳,阳虚失于温煦,故恶寒;阴虚失于濡润,当见小腿拘挛。因此,治以芍药甘草附子汤扶阳益阴。

【方解】

芍药甘草附子汤由芍药、甘草、附子三味组成。方中芍药味酸微苦,与甘草相伍能酸甘合化,以益阴养营,缓急舒挛。炮附子味辛大热,与甘草相伍则辛甘化阳,以增温阳之力。药虽三味,合而则为扶阳益阴之良方。

【医案选录】

陈某,男,47岁。2002年11月8日初诊,近1月来患感冒经输液及服解热镇痛药,绵延不愈,畏寒自汗不止,即刻处以桂枝附子汤2剂。10日2次来诊,仍畏寒自汗,乏力思睡。查:舌淡红,苔薄白,脉浮紧,二便尚可。遵仲景"发汗病不解,反恶寒者,虚故也,芍药甘草附子汤主之"之旨,处方:白芍40 g,附片5 g,甘草10 g。2剂,因工作较忙,嘱开水泡,当茶饮。服1剂即汗止神爽,2剂服完诸症若失,感冒1月,应手而愈,深服经方效验。(张光新,刘兴明.难证治验四则举隅[J].陕西中医,2005,26(9):977.)

3. 炙甘草汤证

【原文】

傷寒脈結代①,心動悸②,炙甘草湯主之。(177)

炙甘草湯方

甘草四兩(炙)　生薑三兩(切)　人參二兩　生地黃一斤　桂枝三兩(去皮)　阿膠二兩　麥門冬半升(去心)　麻仁半升　大棗三十枚(擘)

上九味,以清酒七升,水八升,先煮八味,取三升,去滓,内膠烊消盡,溫服一升,日三服。一名復脈湯。

脉按之來緩,時一止復來者,名曰結。又脈來動③而中止,更來小數④,中有還者反動⑤,名曰結,陰也。脉來動而中止,不能自還,因而復動者,名曰代,陰也。得此脉者,必難治。(178)

【词解】

① 脉结代:是结脉和代脉并称,结脉与代脉均是"脉来动而中止",按仲景意:"更来小数"的谓之结脉,"不能自还"的谓之代脉。

② 心动悸:即心慌不已。

③ 动:指脉搏跳动。

④ 小数:稍微快一点。

⑤ 反动:反,复、又之意。即复动。

【释义】

第177条论述外邪入心,气血两亏的证治。太阳与少阴相表里,太阳病容易累及少阴心肾。太阳受邪,内传入少阴,致使心脏受损,气血两虚,心神失养外逸,故脉搏有结代之象,心中有慌慌然跳动不安之感。治用炙甘草汤益气养血,滋阴通阳,则脉自然平复。

第178条紧承第177条补充论述结、代脉的脉形及特征。缓而中止,复来中有补偿,名为结脉;缓而中止,复来中无补偿,名为代脉。结脉和代脉都属于阴脉。结脉往往由阳虚阴盛、气血凝滞所致,故其脉属阴。代脉由脏气虚衰、元气不足所致,故也属阴脉。结脉正是由于血脉受阻遏而歇止,因之郁而求伸,所以更来的脉搏,形小而急速,所谓"更来小数,中有还者反动"。结脉脉搏有补偿,因此病情比较轻。代脉则不然,脉来歇止时间长,不能自还,多因真气衰极,病情较结脉更重,预后不良,故曰"得此脉者,必难治"。

【方解】

本方炙甘草用量较重,且为主药而命名。因炙甘草补中益气,气血生化有源,以为复脉之本,故为方中主药;重用生地,配麦冬、阿胶、麻仁、人参、大枣养心血、滋心阴,充心脉;桂枝辛温,配生姜振奋心阳,温通血脉。更用清酒煎药,以增强通经络、利血脉之效。

据条文所论,本方适用于有外感病史的脉结代,心动悸者。然而临床所见一般心之气血阴阳两虚者伴见脉结代,心动悸者皆可加减使用。

【医案选录】

案1　蒋某,男,34岁。患频发性室性期前收缩已半年多,脉弦而时结、时代、时促,偶有二联律、三联律,舌质暗红有紫斑,苔微黄,左胸闷痛,痛点固定,心悸时作,气短,不能多说话,神疲乏力,烦躁寐差,有时口干、口苦,尿黄,久治无效,投以炙甘草汤:炙甘草30 g,生地60 g,麦冬30 g,阿胶6 g,麻子仁9 g,党参9 g,桂枝4.5 g,生姜3片,红枣10枚,白酒2匙。连服5剂,期前收缩大为减少,夜寐已安,但仍气短乏力,不能稍事体力劳动。再诊,守上方加重党参为30 g,更加红参3 g,又进10剂,期前收缩基本控制,气力增加,可以多说些话,也可稍事体力劳动。最后仍守上方加减,以巩固疗效。(高德.伤寒论方医案选编[M].长沙:湖南科学技术出版社,1981:219.)

案2 纪某,男,17岁,1981年5月31日初诊。1980年11月因感冒后心悸,汗多,气短,神疲等症不除。至1981年5月上旬心悸日趋加重,心率98～128次/分,患者自觉胸腹发憋,睡眠不实,经某医院确诊为"病毒性心肌炎"。曾用西药普萘洛尔、维生素C、地西泮等无效,特请中医诊治。患者心悸面白,气短神倦,口渴咽干,舌红,脉弦细而数,心率118次/分。心电图示窦性心律不齐。证属气阴两伤,治当益气养阴,生血复脉,遂投炙甘草汤加味:炙甘草15 g,太子参30 g,生地24 g,桂枝尖9 g,麦冬12 g,火麻仁飞5 g,阿胶9 g(烊化),生姜9 g,大枣5枚。炒枣仁15 g,淡竹叶10 g,夜交藤15 g。上方服3剂后,患者自觉症状大有好转,心率降至88次/分,夜间已能安睡6～7小时。又服10剂,心电图转为正常,为巩固疗效用上方配成丸剂以收全功。(王占玺.张仲景药法研究[M].北京:科学技术文献出版社,1984:579.)

(七) 蓄水证

1. 五苓散证

【原文】

太陽病,發汗後,大汗出,胃中乾①,煩躁不得眠,欲得飲水者,少少與飲之②,令胃氣和則愈;若脈浮,小便不利,微熱消渴③者,五苓散主之。(71)

五苓散方

豬苓十八銖(去皮)　澤瀉一兩六銖　白朮十八銖　茯苓十八銖　桂枝半兩(去皮)

上五味,搗爲散,以白飲④和服方寸匕⑤,日三服。多飲暖水,汗出愈。如法將息。

發汗已,脈浮數,煩渴⑥者,五苓散主之。(72)

【词解】

① 胃中干:指损伤阴津而致胃中津液不足。
② 少少与饮之:每次饮少量,含有多次饮用之意。
③ 消渴:指口渴饮水,饮不解渴的症状,非内科杂病中的消渴病。
④ 白饮:即米汤。亦作面汤水。
⑤ 方寸匕:古代量药的一种器皿,呈正方形,有柄。因其边长一寸,故名"方寸匕"。
⑥ 烦渴:烦:剧。指口渴很严重。

【释义】

本条重点论述蓄水证的形成及其证治。太阳病"大汗出"会导致两种结果,一是伤津,二是伤阳。本条前段是讲伤津的问题,所谓"胃中干"指损伤胃中津液,胃中津少而不和,胃不和则卧不安,故烦躁不得眠。同时口渴欲饮以润其胃燥。此时只需给予少量汤水,频频饮服,使胃得滋润,津液恢复,则诸症自除。

第二段讲伤阳是本条的重点。《灵枢·本藏》曰:"三焦膀胱者,腠理毫毛其应。"三焦为水道,膀胱为水府,阳虚气化失常,水道失调,水饮内停,而成蓄水证。津液无以上承,则消渴;水气难以下输,故小便不利。至于脉浮、微热,是大汗后表邪不解的缘故。证属表里同病,故用五苓散化气行水,兼解外邪。

第72条是对第71条脉症的补充,进一步强调了表证之脉和蓄水之渴。

【方解】

本方用茯苓、白术健脾利水,猪苓、泽泻渗湿利水,桂枝通阳化气,兼解表邪。制为散剂,多饮暖水,以求迅速发散而汗出,可奏化气行水,通里达表之功。方中用药五味,以苓为主,故名五苓散。

【析疑】

关于五苓散证的病机,有人解释为"水热互结",值得商榷。因为从病因角度讲,外感风寒之邪由表入于膀胱,确有从阳化热之可能。但若果真化热,必当治以清热利水之法,而非五苓散所适宜。关于蓄水的部位,有主张膀胱者,亦有主张三焦者,其实三焦与膀胱,均与水液代谢关系密切,均与太阳肤表关系密切,故均可形成蓄水证。

【医案选录】

王某,男,7岁。1975年7月12日门诊。患儿多饮多尿,在当地医院检查尿比重为1.007,诊断为"尿崩症",治疗无效,遂来济南。诊见神色、脉象无异常,唯舌色淡有白滑苔,像刷一层厚薄不匀的糨糊似的。因思此证可能是水饮内结,阻碍津液的输布,所以才渴欲饮水,饮不解渴。其多尿只是多饮所致,属于诱导性,能使不渴少饮,尿量自会减少。因与五苓散方:白术12g,茯苓9g,泽泻6g,桂枝6g,猪苓6g。水煎服。服上方2剂,7月14日其家长来述,症状见轻。又与原方2剂,痊愈。(李克绍.伤寒解惑论[M].济南:山东科学技术出版社,1978:127.)

【原文】

中風發熱,六七日不解而煩,有表裏證①,渴欲飲水,水入則吐者,名曰水逆②,五苓散主之。(74)

【词解】

① 表里证:指太阳表证和蓄水证同时存在。

② 水逆:指宿水内停,拒纳新水,水入即吐。是蓄水重证的一种表现。

【释义】

本条论述蓄水重证的表现,宜与第71条、第72条结合起来分析。本条未言及发汗,说明太阳病也会自然演变为蓄水证的。本条的重点是"水逆"。蓄水证必渴欲饮水,若宿水太多,易格拒新水,致使水入即吐,这就是"水逆"。可知"水逆"不但是蓄水证的临床表现之一,而且说明蓄水比较严重。仍用五苓散化气利水,以治其本。

【医案选录】

胡永隆之子三岁,其弟久隆之子四岁,时当夏季,患烦渴吐泻之症,俱付幼科医治,病势转剧,惟永隆求治于余。视其汗出烦躁,饮水即吐,泄泻迸迫,小水短赤,舌干芒刺,中心黄苔甚厚,时时将舌吐出。细为思之,与仲景所谓太阳中风,发热六七日,不解而烦,有表里证,渴欲饮水,水入即吐,名曰水逆,治与五苓散者相符。但此症烦热蓄盛,三焦有火,宜加苦寒之味,引之屈曲下行,妙在剂中之桂,为膀胱积热化气之品,又合热因寒用之旨,庶几小便通而水道分清矣。以猪苓、茯苓、泽泻、白术、肉桂、黄连、栀仁。2剂而愈。(谢映庐.谢映庐医案[M].上海:上海科学技术出版社,2010:206.)

2. 茯苓甘草汤证

【原文】

　　伤寒汗出而渴者,五苓散主之;不渴者,茯苓甘草汤主之。(73)

　　茯苓甘草汤方

　　茯苓二两　桂枝二两(去皮)　甘草一两(炙)　生薑三两(切)

　　上四味,以水四升,煮取二升,去滓,分温三服。

【释义】

　　本条以是否口渴辨别五苓散证和茯苓甘草汤证。茯苓甘草汤证为胃内停水证,按一般规律,凡蓄水证气不化津,津难上承,均应有口渴。特别是五苓散证,病位涉及三焦膀胱,气不化津尤为严重,因此消渴、烦渴。而茯苓甘草汤证则属于单纯的胃内停水,上、下焦的气化功能未受影响,中焦脾的运化功能未损,而且停水的程度也比较轻,所以津液尚能输布上承,故口不渴。

【方解】

　　茯苓甘草汤方中茯苓健脾利水,桂枝甘草通阳化气,重用生姜温胃散水,全方合而为温胃化饮、通阳行水之剂。

【医案选录】

　　阎某,男,26岁。患心下筑筑然动悸不安,腹诊有振水音与上腹悸动。三五日必发作一次腹泻,泻下如水,清冷无臭味,泻后心下之悸动减轻。问其饮食、小便,尚可。舌苔白滑少津,脉象弦。辨为胃中停饮不化,与气相搏的水悸病证。若胃中水饮顺流而下趋于肠道,则作腹泻,泻后胃饮稍减,故心下悸动随之减轻。然去而旋生,转日又见悸动。当温中化饮为治,疏方:茯苓24 g,生姜24 g,桂枝10 g,炙甘草6 g。药服3剂,小便增多,而心下之悸明显减少。再进3剂,诸症得安。自此之后,未再复发。(陈明,刘燕华.刘渡舟临证验案精选[M].北京:学苑出版社,1996:94.)

(八) 蓄血证

1. 桃核承气汤证

【原文】

　　太阳病不解,热结膀胱①,其人如狂②,血自下,下者愈。其外不解者,尚未可攻,当先解其外,外解已,但少腹急结③者,乃可攻之,宜桃核承气汤。(106)

　　桃核承气汤方

　　桃仁五十箇(去皮尖)　大黄四两　桂枝二两(去皮)　甘草二两(炙)　芒消二两

　　上五味,以水七升,煮取二升半,去滓,内芒消,更上火,微沸下火,先食温服五合,日三服,当微利。

【词解】

　　① 热结膀胱:膀胱,此处泛指小腹部位,非特指膀胱之腑。热结膀胱,即言邪热结聚在少腹下焦部位。

　　② 如狂:是指神志异常,似狂非狂,较发狂为轻。

③ 少腹急结：自觉小腹部如物结聚，急迫不舒，而按之亦有轻度硬紧之感。

【释义】

本条论述蓄血证的证治。太阳病表邪未解，素体下焦血行不畅，表热一旦随经入里，则易与血结于下焦而成蓄血证。邪热与血相互搏结，致使气血瘀滞，则小腹拘急不舒；心主血脉，血热冲心，上扰神明，故神志错乱如狂。本证病机为瘀热互结，故除上述症状外，尚可见舌质瘀紫，脉涩沉实，渴饮便秘等。蓄血证有两种不同的转归：一是血结轻浅，蓄血自行从下排出，邪热亦可随之而去，病将自愈，故称"血自下，下者愈"；一是血结较重，瘀血难以自行排出，非活血攻瘀则不能祛，可用桃核承气汤。但要察其表证解否，表未解者，应暂缓攻下，以免下后表邪内陷，当先解其表。

从患者如狂，尚未至发狂为甚；有瘀血自下，邪热随瘀而去，病证可愈的机转；兼有表证，当先解表的治则等三点分析，可以判断证属蓄血轻证。

【方解】

方中桃仁苦平，活血化瘀；大黄苦寒，泻热逐瘀；芒硝咸寒，直入血分，泻热软坚；妙在桂枝，既能温通血脉，又可辛温反佐，以防大黄芒硝过寒凝血；甘草调和药物，保护胃气。全方共为泻热化瘀，治疗蓄血证之轻剂。当遵方后注煎服法：① 以药液烊化芒硝；② 饭前温服五合；③ 服药后，患者"当微利"。

【医案选录】

案1　李某，年二十余。先患外感，诸医杂治，证屡变，医者却走，其父不远数十里踵门求诊。审视面色微黄，少腹满胀，身无寒热，坐片刻，即怒目注人，手拳紧握伸张，如欲击人状，有顷即止，嗣复如初。脉沉涩，舌苔黄暗，底面露鲜红色。诊毕，主人促疏方，并询病因。答曰：病已入血分，前医但知用气分药，宜其不效。《内经》言"血在上善忘，血在下如狂"，此证即《伤寒论》"热结膀胱，其人如狂"也，当用桃核承气汤，即疏方授之。一剂知，二剂已，嗣以逍遥散加牡丹皮、栀子、生地调理而安。（萧伯章.遜园医案[M].北京：学苑出版社，2012：34.）

案2　徐伯昆，长途至家，醉饱房劳之后，患腰痛屈曲难行。延医数手，咸谓腰乃肾之府，房劳伤肾，惟补剂相宜，进当归、枸杞子、杜仲之类，渐次沉困，转侧不能，每日晡心狂意躁，微有潮热，痛楚异常，卧床一月，几成废人。余诊之，知系湿热聚于腰肾，误在用补。妙在有痛，使无痛，则正与邪流，已成废人。此证先因长途扰其筋骨之血，后因醉饱乱其营卫之血，随因房劳耗其百骸之精，内窍空虚，湿热扰乱，血未定静，乘虚而入，聚于腰肾之中。若不推荡恶血，必然攒积坚固，后来斧斤难伐矣。以桃仁承气汤加附子、延胡索、乳香数剂，下恶血数升而愈。（谢映庐.谢映庐医案[M].上海：上海科学技术出版社，2010：154.）

2. 抵当汤证

【原文】

太陽病六七日，表證仍在，脈微而沉，反不結胸①，其人發狂者，以熱在下焦，少腹當鞕滿，小便自利者，下血乃愈。所以然者，以太陽隨經，瘀熱在裏②故也。抵當湯主之。（124）

抵當湯方

水蛭（熬）　䗪蟲各三十箇（去翅足，熬）　桃仁二十箇（去皮尖）　大黃三兩（酒洗）

上四味,以水五升,煮取三升,去滓,温服一升,不下,更服。

【词解】

① 结胸:证名。指实邪结于胸膈脘腹的病证。

② 太阳随经,瘀热在里:瘀,指瘀血。热,指太阳病内陷下焦的邪热。即太阳外邪循经陷入下焦,与瘀血结滞于里。

【释义】

本条论述蓄血重证的诊断与治疗。条文中"抵当汤主之",应接在"下血乃愈"之后,是为倒叙文法。太阳病六七日,表证仍在者,其脉应显浮象,而今反见脉微而沉,外邪已内陷入里,即所谓"太阳随经,瘀热在里"。邪结于里,有气分血分之别,"反不结胸"与"小便自利者",则排除了邪结气分,同时证明本证是邪结血分,即为蓄血证。与桃核承气汤证比较,从如狂到发狂、少腹急结到少腹硬满以及其表邪不解而不先治其外,说明是蓄血重证。脉微而沉是瘀热蓄结,气血受阻,致脉搏有沉滞不起。治当泻热破血逐瘀,用抵当汤主之。

【方解】

抵当汤方中水蛭、虻虫为特色,二者为虫类活血药,可直入血络,破血逐瘀,药力峻猛;配大黄、桃仁泻热活血化瘀。方为活血逐瘀之重剂。

【析疑】

关于蓄血的部位,前人有几种不同的说法,分别为膀胱、肠道和胞宫,各执一词,难达共识。若细读原文,第124条指出"热在下焦",又说"瘀热在里",均有泛指之意。何况"下焦"与"在里"也能包括膀胱、肠道、胞宫诸脏腑,所以,后世医家大都主张蓄血部位应该是下焦。

【原文】

太陽病身黃,脈沉結,少腹鞕,小便不利者,爲無血①也。小便自利,其人如狂者,血證諦②也,抵當湯主之。(125)

【词解】

① 无血:指没有蓄血。

② 血证谛(dì):谛,确实之意。指瘀血内结的指征明确。

【释义】

本条进一步说明蓄血证的辨证要点。身黄、脉沉结、少腹硬,既可见于水热互结于下焦,亦可见于瘀热互结于下焦,辨证的关键在于小便利否。小便不利者,必是水热互结,气化失常,即"为无血也"之谓。若小便自利,同时兼见其人如狂,是蓄血证无疑,故曰"血证谛也"。

本条"身黄"一症常见于湿热郁结,也是蓄血证的症状之一。瘀热内结,营气不利,难以敷布荣养全身肌肤,其特征是仅见周身肤色暗黄,而无目珠和小便发黄。

【医案选录】

案1 周姓少女,年十八九,经事三月未行,面色萎黄,小腹微胀,证似干血痨初起。因嘱其吞服大黄䗪虫丸,每服9g,日3次,尽月可愈。自是之后,遂不复来,意其差矣。越三月,忽一中年妇人扶一女子来请医。顾视其女,面颊以下几瘦不成人,背驼,腹胀,两手自按,呻吟不绝。余怪而问之,病已至此,何不早治?妇泣而告曰:此吾女也,三月之前,曾就诊于先生,先生令服丸药,今腹胀加,四肢日削,背骨突出,经仍不行,故再求诊。余闻而骇然,深悔前药之误。然病已奄奄,尤不能不一尽心力。又虑其元气已伤,恐不胜攻,思先补之。然补能恋邪,尤为不可。于是决以抵当汤予之。

虻虫3g,水蛭3g,大黄15g,桃仁50粒。明日母女复偕来,知女下黑瘀甚多,胀减痛平。惟脉虚甚,不宜再下,乃以生地、黄芪、当归、潞党、川芎、白芍、陈皮、茺蔚子活血行气,导其瘀积。1剂之后,遂不复来。后6年,值于途,已生子,年四五岁矣。(曹颖甫.经方实验录[M].上海:上海科学技术出版社,1979:81.)

案2 仇景莫子仪病伤寒七八日,脉微而沉,身黄发狂,小腹胀满,脐下如冰,小便反利。医见发狂,以为热毒蓄伏心经,以铁粉、牛黄等药,欲止其狂躁,予诊之曰:非其治也,此瘀血证尔,仲景云太阳病身黄,脉沉结,小腹硬,小便不利,为无血,小便自利,其人如狂者,血证也,可用抵当汤,再投而下血几数升,狂止,得汗而解。(刘景超,李具双.许叔微医学全书[M].北京:中国中医药出版社,2015:69.)

3. 抵当丸证

【原文】

傷寒有熱,少腹滿,應小便不利,今反利者,爲有血也,當下之,不可餘藥①,宜抵當丸。(126)

抵當丸方

水蛭二十箇(熬)　䗪蟲二十箇(去翅足,熬)　桃仁二十五箇(去皮尖)　大黃三兩

上四味,搗分四丸,以水一升煮一丸,取七合服之。晬時②當下血,若不下者,更服。

【词解】

① 不可余药:不可用其他的药。另有说法为,不可少服,使药有剩余。从抵当丸服法看,亦可解释为不可剩余药渣,即连汤带渣一并服下。

② 晬时:即周时,也就是二十四小时。

【释义】

本条指出蓄血重证治用缓法。如前所述,蓄血轻证治用桃核承气汤,蓄血重证治用抵当汤,"少腹满"提示本条属于蓄血重证,当用抵当汤。但是未见"发狂",说明病情虽重,病势尚缓。汤者荡也,丸者缓也。蓄血重证应该用抵当汤,病势尚缓则应改汤为丸,重病缓治,峻药缓图,宜抵当丸。本条体现了"剂型"也要辨证论治、灵活运用的治疗思路。

【方解】

本方药物与抵当汤完全相同,但水蛭、虻虫的用量减少三分之一,桃仁的用量减少五分之一,关键是改汤剂为丸剂,以取峻药缓攻之义。

【析疑】

第124～126三条条文反映病情的变化发展过程。第124条、第125条病情较急迫,发狂或如狂,故用汤剂荡涤邪实以定神智。瘀血内结之证,病程较久,急荡之法恐不能急去瘀血,改为丸药以峻药缓图。再者从仲景使用虫类药的习惯来看,慢性病证中的虫类药物多宜入丸散剂,此三条符合仲景的用药特点。

【医案选录】

常熟鹿苑钱钦伯之妻,停经九月,腹中有块攻痛,自知非孕,医予三棱、莪术多剂未应,当予抵当丸三钱,开水送下。入夜,病者在床上反复爬行,腹痛不堪,天将旦,随大便下污物甚多,其色黄白红

夹杂不一，痛乃大除。次日复诊，予加味四物汤调理而愈。(曹颖甫.经方实验录[M].北京：中国中医药出版社，2012：184.)

（九）结胸证

1. 结胸辨证

【原文】

問曰：病有結胸，有臟結①，其狀何如？答曰：按之痛，寸脈浮，關脈沉，名曰結胸也。(128)

何謂臟結？答曰：如結胸狀，飲食如故，時時下利，寸脈浮、關脈小細沉緊，名曰臟結。舌上白胎②滑者，難治。(129)

藏結無陽證，不往來寒熱，其人反靜，舌上胎滑者，不可攻也。(130)

【词解】

① 脏结：指因脏气虚衰、阴寒凝结而形成的一种病证。

② 胎：通"苔"。

【释义】

以上3条论述热实结胸与脏结证的鉴别。结胸与脏结均属邪气结聚的病证，临床表现相似，病机却有虚实之别，必须辨别清楚。结胸证是水热互结于胸膈心下，甚至波及少腹。可见心下硬满，疼痛拒按。脏结因阴寒凝结在脏，也会出现胸胁硬满疼痛，故云"如结胸状"。然而脏结终究是脏气虚衰所致，脾肾衰败，脾运失司，水谷不别，故其人时常下利；关脉沉紧是邪气凝结，而小细则提示脏气衰败；舌苔白滑，提示阳气衰惫，阴寒更甚；"其人反静"，是谓患者处于一种衰竭嗜卧状态。至于"饮食如故"，是谓患者发病前后饮食变化不大，不像结胸证发病前饮食正常，而发病后则必不能饮食。脏结证属虚实夹杂之证，阴结之实非攻不去，脏气虚衰又不耐攻伐，故曰"难治"，其预后不良。

【原文】

病發於陽，而反下之，熱入因作結胸；病發於陰，而反下之，因作痞①也。所以成結胸者，以下之太早故也。(131 上)

【词解】

① 痞：证候名。邪气阻于心下，临床以心下痞塞、满闷不舒为主症的病证。

【释义】

本条与痞证相对，论述结胸证形成之因。结胸和痞证都是误下导致的变证。之所以有结胸与痞证，主要取决于患者病发阴阳的不同。对"阴""阳"含义有如下三种认识：① 表为阳，里为阴。病发于阳，指病发于表；病发于阴，指病发于里；② 患者体质。病发于阳是阳热体质患者经误下，病发于阴是阴寒体质经误下；③ 指病邪的有形与无形。病发于阳是素体有痰水之实邪内停；病发于阴是素体无有形之痰水内蓄。三种认识均有其可取之处。"病发于阳，而反下之，热入因作结胸"。"热入"是形成结胸的关键，而"病发于阳"又是"热入"的前提，热邪内入与胸膈心下之痰水相结，于是成为结胸证；论痞证不言"热入"，是因为既为里证，则无外邪，自然无邪入之变。"所以成结胸者，以下之太早故也"属自注句，是谓"病发于阳"者当治以汗法，若早施攻下，则易引邪入里，导致结胸。

2. 热实结胸证

(1) 大陷胸汤证

【原文】

太陽病,脈浮而動①數,浮則爲風,數則爲熱,動則爲痛,數則爲虛。頭痛發熱,微盜汗出,而反惡寒者,表未解也。醫反下之,動數變遲,膈內拒痛,胃中空虛,客氣②動膈,短氣躁煩,心中懊憹,陽氣③內陷,心下因鞕,則爲結胸,大陷胸湯主之。若不結胸,但頭汗出,餘處無汗,劑頸而還④,小便不利,身必發黃。(134)

大陷胸湯方

大黃六兩(去皮)　芒消一升　甘遂一錢匕

上三味,以水六升,先煮大黃取二升,去滓,內芒消,煮一兩沸,內甘遂末,溫服一升。得快利,止後服。

【词解】

① 动:指脉象。以脉短如豆,滑数有力,独见于关上为特征。主疼痛,又主惊。

② 客气:指外来之邪气。因邪从外来,客于人体,故称客气。

③ 阳气:指表热之邪气。

④ 剂颈而还:剂同"齐"。谓汗出到颈部而止,颈部以上有汗,颈部以下无汗。

【释义】

本条论述热实结胸证的成因和证治。当分三段理解:"太阳病……表未解也"为第一段,通过脉症分析提示原属太阳表证。"脉浮而动数"浮脉主风,数脉主热,动脉主痛。数脉虽然主热,为无形之表热,故曰"数则为虚"。所谓"虚"是针对无形之邪而言,并非言正气虚。"微盗汗出",提示阳热较盛,且已有入里之势。"而反恶寒"是本段的辨证关键,提示表证未罢。

"医反下之……大陷胸汤主之"为第二段,论表证误下形成热实结胸的病机及证治。太阳表证而误下,故曰"反"。"胃中空虚,客气动膈""阳气内陷",是对误下导致表热内陷的病机描述。邪热内陷与痰水结聚于胸膈,是以形成结胸热实证。脉由浮而动数变为沉而迟紧,同时出现"膈内拒痛""心下因硬""短气躁烦,心中懊憹"诸症,皆是水热互结胸膈心下的反映。证属结胸热实,故治宜泻热、逐水、破结,用大陷胸汤。

"若不结胸……身必发黄"为第三段,论表证误下而致湿热发黄。本段仍应承"医反下之"后理解,表证误下,热陷中焦,与脾湿相合,湿热蕴蒸,脾色外现,故身必发黄;湿性黏腻,阳热郁遏,不得宣泄,郁而上蒸,故但头汗出而周身无汗;湿热相合,气化失常,故小便不利。原文未言治法方药,当清热利湿退黄。

【方解】

大陷胸汤方中用甘遂峻逐水饮、泻热破结;配大黄苦寒,泻热荡实以导下;芒硝咸寒,软坚散结以通腑。三味相配,共奏泻热逐水破结之功。因其专治内陷邪热与水饮结聚胸膈的大结胸证,故名大陷胸汤。

本方先煎大黄,去滓后纳芒硝溶化,最后纳入甘遂末温服。由于甘遂峻泻逐水的有效成分难溶于水,以末冲服利于充分发挥药效。又因本方力峻效猛,应中病即止,不可过服伤正,故仲景在方后强调"得快利,止后服"。

【原文】

伤寒六七日,结胸热实,脉沉而紧,心下痛,按之石鞕者,大陷胸汤主之。(135)

【释义】

上条论太阳病误下后邪热内陷形成结胸证。"伤寒六七日",表邪化热入里,与痰水结聚,形成大结胸证。"结胸热实",说明病位在胸膈,性质属热属实。沉脉主病在里,紧脉主病邪结,又主疼痛,脉沉而紧是热实结胸证的主脉。水热结聚胸膈心下,气血闭阻不通,故"心下痛,按之石硬"。所谓"石硬",是形容患者上腹部按之坚硬,其痛甚拒按自在言中。"脉沉而紧,心下痛,按之石硬",是大结胸证的辨证的要点,故有"结胸三症"之说。临床若见此三脉症,即可辨为大结胸证,治以大陷胸汤。

本条大结胸证的形成需要两个前提条件:一是体质因素,即素体阳盛并宿有痰水;一是表邪闭郁未得及时宣散,郁而化热。

【原文】

伤寒十余日,热结在里,复往来寒热者,与大柴胡汤;但结胸,无大热者,此为水结在胸胁也,但头微汗出者,大陷胸汤主之。(136)

【释义】

本条论述大陷胸汤证与大柴胡汤证的鉴别。太阳病迁延十余日,"热结在里"指表邪化热入里。如证见往来寒热,伴心下拘急疼痛,或心下痞硬,是热入少阳,邪结较重,证偏于半里,治宜大柴胡汤和解少阳,泻热开结。若见心下痛或膈内拒痛,按之石硬,无大热,是热陷胸膈与水相结的结胸证。水热互结,阳气内郁,故"但头微汗出",治宜大陷胸汤泻热逐水破结。两证证候相似、病位相近,同属热实证,辨证的关键是,大柴胡汤证病属少阳半表半里证,常伴有往来寒热;大陷胸汤证水热互结,阳气内郁,多见但头汗出。

【原文】

太阳病,重发汗而复下之,不大便五六日,舌上燥而渴,日晡所①小有潮热②,从心下至少腹鞕满而痛不可近③者,大陷胸汤主之。(137)

【词解】

① 日晡所:日晡,申时(15时至17时);所,副词,表示大概范围。

② 潮热:谓发热如潮水之涨落,定时而发。

③ 痛不可近:谓疼痛剧烈且拒按。

【释义】

本条论述大结胸证与阳明实证的鉴别。太阳病反复发汗又误用攻下,导致外邪不解,化热入里。不大便五六日,舌上燥而渴,日晡所小有潮热,按辨证之常法,应属阳明实证。但阳明实证燥屎结于胃肠,其证多见腹满痛或绕脐痛,本证则"从心下至少腹硬满而痛不可近",此乃水热互结于胸膈、脘腹,气机壅遏特甚之大结胸证。水邪流动不居,故水热互结为患较阳明胃肠燥结范围广泛、疼痛尤剧。治以大陷胸汤,通腑泻热、逐水破结。

【医案选录】

付某,女,年23岁,家住本镇东屯村。因婚事不遂而得精神分裂症10余日。由本院刘某大夫治疗未愈。乃邀请会诊，欲服中药，并诉其证，神不自主，东奔西跑，家人整日看守，夜间亦不得眠，乃同赴病家，见患者狂躁不安，胡言乱语，时时咳吐黏痰，却又不得出，视其面色红润，声亢气粗。诊其脉沉实有力，察其舌苔燥有刺，问其大便已十余日未行，乃大实之证，因五志化火，郁结于中，虽不得诊其腹，亦可知其为大陷胸证，但患者拒不服药，而家人又要求强制给药，刘大夫亦同意由他负责鼻饲给药，处方：生大黄30 g，芒硝12 g，甘遂6 g，水煎一次服。服后约3小时，患者开始腹痛，得泻燥粪十余枚，后泻便及黏液。泻后即安然熟睡，次日醒来，仍自觉困乏无力，而其病已如失。(贾秀林，贾芳.六经辨证实用解[M].北京：人民卫生出版社，2002：107.)

(2) 大陷胸丸证

【原文】

结胸者，项亦强，如柔痓①状，下之则和，宜大陷胸丸。(131下)

大陷胸丸方

大黄半斤　葶苈子半升(熬)　芒消半升　杏仁半升(去皮尖，熬黑)

上四味，捣筛二味，内杏仁、芒消，合研如脂，和散，取如弹丸一枚；别捣甘遂末一钱匕，白蜜二合，水二升，煮取一升，温顿服之。一宿乃下，如不下，更服，取下为效。禁如药法。

【词解】

① 柔痓：痓，为"痉"之误；《金匮玉函经》作"痉"，宜从。痉病以项背强直，角弓反张为主症。有汗出者为柔痉，无汗出者为刚痉。

【释义】

本条讨论结胸病位偏上的证治。既言"结胸者"，当有"心下痛，按之石硬"等结胸证的一般症状。"项亦强，如柔痓状"则是本证的临床特点。究其病机，乃水热互结于胸膈，病位偏高，病势偏上，导致项背部气机壅滞不通，筋脉肌肉失养。病在上者治宜缓，故改汤为丸，用大陷胸丸泻热逐水行气开结。

【方解】

大陷胸丸即大陷胸汤加葶苈子、杏仁、白蜜而成。方中甘遂、大黄、芒硝三味泻热荡实，逐水开结；葶苈子善泻高位之肺水，杏仁苦泄肃降，助葶苈子降气以行水。以白蜜煮丸，取其甘缓以治邪结偏上之证。

(3) 小陷胸汤证

【原文】

小结胸病，正在心下，按之则痛，脉浮滑者，小陷胸汤主之。(138)

小陷胸汤方

黄连一两　半夏半升(洗)　栝蒌实大者一枚

上三味，以水六升，先煮栝蒌，取三升，去滓，内诸药，煮取二升，去滓，分温三服。

【释义】

本条论述小结胸证的证治。小结胸病，"正在心下"，"心下"指胃脘部，提示其病变范围较为局限，不似大结胸证从胸膈到心下甚至涉及少腹。"按之则痛"，意即不按则不痛，说明其邪结程度较轻浅、病势亦较和缓，不似大结胸证痛而拒按。脉浮主热，脉滑主痰，脉浮滑是痰热互结之征。相较于大结胸证，本证病位局限、邪结较轻、病情较缓，故谓小结胸。治宜清热化痰散结，方用小陷胸汤。

【方解】

本方以瓜蒌实为君主药，清热化痰，理气宽胸。黄连苦寒，清热燥湿；半夏辛燥，涤痰化饮，消痞散结；二味辛开苦降，与瓜蒌相配，共奏清热化痰，散结宽胸之功。

【医案选录】

一老年妇人，五十余岁，正在心下胃脘部疼痛，且痛时有包块鼓起，形如馒头之半，心疑为癌患而甚畏惧，即往医院欲作钡餐透视。在等待作钡餐期间，疼痛加剧不可忍耐，而请中医诊治。脉见弦滑，舌质偏红，苔黄不甚厚。胃脘虽痛但按之不硬，大便不爽，遂辨为小结胸证。服小陷胸汤2剂后，大便泻下黄涎甚多，痛止而包块消失。后作X线钡餐透视，查无异常。(刘渡舟，傅士垣.伤寒论诠解[M].天津：天津科学技术出版社，1983：89.)

3. 寒实结胸证

【原文】

病在陽，應以汗解之，反以冷水潠①之，若②灌之，其熱被劫不得去，彌更益煩，肉上粟起，意欲飲水，反不渴者，服文蛤散。若不差者，與五苓散。寒實結胸，無熱證者，與三物小陷胸湯，白散亦可服。(141)

文蛤③散方

文蛤五兩

上一味爲散，以沸湯和一方寸匕服，湯用五合。

五苓散方(見蓄水證)

白散方

桔梗三分　巴豆一分(去皮心，熬黑，研如脂)　貝母三分

上三味，爲散，內巴豆，更於臼中杵之，以白飲和服。強人半錢匕，羸者減之。病在膈上必吐，在膈下必利。不利，進熱粥一杯；利過不止，進冷粥一杯。

【词解】

① 潠(xùn)：同噀，含在口中而喷出。"以冷水潠之"，即将水含在口中而喷洒患者，是古代退热的一种方法。

② 若：或者。

③ 文蛤：即海蛤之有纹理者。

【释义】

本条论述湿郁心烦及寒实结胸的证治。病在太阳当辛温发汗，反用冷水潠灌退热，致其腠理更加郁闭，使热不得外散而阳郁、汗不能外出而湿郁。湿阻阳遏，故弥更益烦，肉上粟起。轻者可用文蛤散清热化湿。若服后病症不解，是水湿之邪郁滞三焦，可用五苓散化气行水。

寒实结胸，乃寒邪内陷与痰浊水饮结于胸膈所致。既言结胸，当具备胸膈满痛，或心下硬痛等结胸证的一般症状。"无热证"是本条的辨证要点，即无发热、烦渴、舌红苔黄等阳热征象，应伴见畏寒怯冷、便闭尿清、舌淡苔白滑、脉沉紧或迟等寒实之象。治当温寒逐水，祛痰开结，方用三物白散。

"与三物小陷胸汤，白散亦可服"句，考《金匮玉函经》及《千金翼方》，均无"陷胸汤"及"亦可服"

六字,可从之。

【方解】

文蛤散:文蛤一味,清热化湿,且利小便。

三物白散:由桔梗、巴豆、贝母三味药物组成。巴豆辛热大毒,峻下冷积寒饮;贝母化痰散郁开结;桔梗宣肺理气化痰,又载药达于胸膈。三药相配,共奏温寒逐水,祛痰开结之功。本方药力峻猛,故用米汤调服药散以顾护胃气。同时,根据患者的体质状况确定每服用药量,对于体质壮实之人给服半钱比,体质羸弱之人宜适当较少给药量。若欲增强其泻下之力,可进服热粥;若欲减缓其泻下之力,则可进服冷粥。药后因病位不同而反应各异,病在膈上者多呕吐,病在膈以下者多泻利。

【医案选录】

患者男性,61岁,1960年2月17日初诊。素有痰饮,昨夜赴宴,酒醉饭饱,归途天时严寒,返家就寝后,感头晕欲吐,昏睡至天明,邀出诊。患者以手抚摸胸腹,诉头晕地转,泛泛欲吐。喉中痰鸣,痰涎满口,语言不清。按其胸腹部,板硬拒按。两手冷,大便3日未行,舌质暗红,舌苔黄白浊腻,脉寸关浮滑有力,尺迟。此乃受风寒致痰食结在胸腹,宜先吐后下,兼以解表。年虽老,但体尚壮,病暴而正未虚,瓜蒂散恐药力太轻,正合三物白散法。先以轻剂量试服:巴豆霜0.1g,装胶囊吞服。水炙麻黄1.5g,桔梗6g,浙贝母9g,浓煎至半碗,送服巴豆霜。药后半小时,即涌吐痰涎食物残渣,1小时后,开始腹鸣腹痛,随之泻下痰、水、粪。患者诉头晕减,人清醒,胸腹宽舒,手转温。略减饮食以调理之。次日给予桂枝人参汤,调理而愈。(张志民.伤寒论方运用法[M].杭州:浙江科学技术出版社,1984:172.)

4. 结胸证治禁与预后

【原文】

　　結胸證,其脈浮大者,不可下,下之則死。(132)

　　結胸證悉具,煩躁者亦死。(133)

【释义】

以上2条论结胸证的治禁和预后。结胸属于里证,故其脉多见紧或沉迟有力,今其脉反浮大者,则禁用攻下。究其原因,脉浮大无力提示正气已虚,若妄行攻下,则犯虚虚之戒,必然使正气不支而预后不良。

第133条"结胸证悉具",是指大结胸证脉症具备,表明病情亦极为重笃,此时若再见躁扰不宁是正不胜邪、真气涣散之危候,故断之曰"死"。

(十)痞证

1. 痞证的成因及分类

【原文】

　　脈浮而緊,而復下之,緊反入裏①,則作痞。按之自濡②,但氣痞③耳。(151)

【词解】

① 紧反入里:因误下邪气由表入里。紧,此借脉象而指在表之邪。

② 濡:柔软。按之濡犹言按之软。

③ 气痞:与痞硬相对而言,心下痞而按之濡软者为气痞。为无形之邪结滞为病。

【释义】

本条论痞证的成因与气痞的证候特点。"脉浮而紧",代表太阳表证,误用下法,表热内陷心下,气机窒塞不通,遂成痞证,此即"紧反入里"之意。痞证的形成有无形之邪结聚与有形之邪结聚两种情况:若是无形之邪结聚者,心下部位按之濡软无抵抗感,称为"气痞证",相反,若是有形之邪结聚者,心下部位按之痞硬有抵抗感,叫作"痞硬证"。

【析疑】

对于本条的"紧反入里",注家见解不同,如成无己认为是阴邪入里,张隐庵认为紧为少阴之邪,尤在泾认为是寒邪因下而内阻,而陈亦人在《伤寒论译释》中认为"紧主邪结,不专主寒邪"。痞证形成是无形邪气内陷心下,从后面诸泻心汤证看,可为热邪,亦可为寒热错杂之邪,故统言"邪陷入里"更为妥当。

2. 热痞证

大黄黄连泻心汤证

【原文】

心下痞①,按之濡,其脉关上浮者,大黄黄连泻心汤主之。(154)

大黄黄连泻心汤方

大黄二两　黄连一两

上二味,以麻沸汤②二升,渍③之须臾,绞去滓,分温再服。

臣亿等看详大黄黄连泻心汤,诸本皆二味,又后附子泻心汤,用大黄、黄连、黄芩、附子,恐是前方中亦有黄芩,后但加附子也,故后云附子泻心汤,本云加附子也。

伤寒大下后,复发汗,心下痞,恶寒者,表未解也。不可攻痞,当先解表,表解乃可攻痞。解表宜桂枝汤,攻痞宜大黄黄连泻心汤。(164)

【词解】

① 心下痞:胃脘部有窒塞感。
② 麻沸汤:滚沸的开水。
③ 渍:浸泡。

【释义】

第154条论气痞证及气痞兼表的证候特征和治法。心下痞,即胃脘部窒塞满闷;按之濡,证明属于气痞;关脉候中焦,浮脉主阳热,关上见阳热之脉,系气热结滞中焦。以方测证,还当兼有心烦、口渴、舌红、苔黄等热象。治以泻热消痞,方用大黄黄连泻心汤。

第164条则论述热痞兼表证的治法。伤寒大下复汗,非但表证不解,热邪内陷心下成痞,而成表里同病。按仲景治法,表兼里实者当先解表,故云"不可攻痞,当先解表,表解乃可攻痞"。解表宜用桂枝汤轻汗,以防辛温助热。攻痞用大黄黄连泻心汤。

【方解】

大黄黄连泻心汤由大黄、黄连组成,二药苦寒,苦则开结消痞,寒则清泄热邪。《伤寒论》原文记载本方只有大黄、黄连二味,但按林亿等方后注释及考《千金翼方》等书记载,当还有黄芩为是。

本方妙在不用煎煮而以麻沸汤浸渍。大黄等苦寒之品,气味厚重沉降,走肠胃而泻下。麻沸汤浸泡须臾绞汁即饮,意在取其气之轻扬,既可上行心下清泄气热而消痞,又能避免苦寒沉降、药过病所之弊。

【医案选录】

顾某,男,34岁。患慢性胃炎6年余。症见:上腹部胀痛,烧灼感,口苦,嗳气,泛酸,饮食不当或酒后发作时,其痛亦可转为剧痛难忍。迭服中西药无效,故此饮食极慎,品种单调,颇以为苦。胃镜检查:黏膜充血、水肿,附着大量黏液,并有陈旧性出血点及轻度糜烂。幽门螺杆菌(+)。诊为慢性浅表性胃炎。胃脘部轻压痛。舌质红,苔黄腻,脉略滑。证属湿热中阻,泻心汤集苦寒为一方,苦以燥湿,寒可清热,可用于本病。先试以小剂,以观进退。方药:大黄2.5 g,黄连、黄芩各4.5 g,蒲公英9 g,枳壳6 g,砂仁、生晒参各3 g,六一散6 g。随证略事加减连服2月余,临床诸症消失。3个月后复查胃镜,黏膜光滑,基本正常,幽门螺杆菌(-),近期痊愈。半年后随访,一如常人。(周德荣.大黄黄连泻心汤临床治验[J].河南中医,1998,18(4):210-211.)

3. 热痞兼表阳虚证

附子泻心汤证

【原文】

心下痞,而復惡寒汗出者,附子瀉心湯主之。(155)

附子瀉心湯方

大黃二兩　黃連一兩　黃芩一兩　附子一枚(炮,去皮,破,別煮取汁)

上四味,切三味,以麻沸湯二升漬之,須臾,絞去滓,內附子汁,分溫再服。

【释义】

本条论述气痞兼阳虚的证治。心下痞,为热邪结聚于里;恶寒汗出,为阳虚失于温煦,属于外寒内热、外虚里实之证。寒热并见,虚实互呈,形成相互矛盾之势。若单与苦寒之品泻热消痞,则阳伤更剧;若纯与辛热之品扶阳固表,则热痞必重,故以附子泻心汤泻热消痞,兼以扶阳固表。

本证的"恶寒汗出",颇似表证不解。但若表邪不解,在"恶寒汗出"的同时,应该具备"发热"的症状。而本证只恶寒不发热,证明是表阳虚而非表不解。

【方解】

附子泻心汤由大黄黄连泻心汤加附子而成。方用大黄、黄连、黄芩之苦寒,清泻邪热,消痞散结;以附子之辛热,温经复阳,固表止汗。

本方寒温并用,补泻兼施,且主治表里两种截然相反之证,必须采用特殊煎服法:大黄、黄连、黄芩三味以麻沸汤浸渍取轻清之气,附子一味另煎取汁取厚重之味,两种药汁混合,寒热异气,生熟异性,药虽同行,但各司其职,共奏消痞固表之功。

【医案选录】

罗某,男,31岁,1991年4月24日初诊。患者既往有慢性胃炎及十二指肠球部溃疡病史12年,于入院前一天因进食不当,突感胃脘嘈杂,胸闷不适,恶心呕吐,始为胃内容物,继则呕吐鲜红血,共呕吐5次为咖啡色液及鲜红血,约1 000 ml,解柏油样稀便3次,约300 ml,患者眩晕倒地,面色苍白,当晚10时以胃溃疡并上消化道大出血急诊入院,测血压9.3/5.0 kPa,即予输液、止血,并输血400 ml,5小时后血压稳定于11/7 kPa,仍干呕不止,又呕吐2次,为鲜红血约100 ml,并解黑色稀便2次。症见神志朦胧,消瘦神疲,烦躁,心悸,全身恶寒汗出,胸脘痞闷,口干口苦,舌质红绛,苔黄腻而燥,脉细数无力,测血压11/7 kPa,血红蛋白40 g/L,大便潜血(++),白细胞12.0×10^9/L,红细胞1.02×10^{12}/L。证属热邪壅滞中焦,气火上炎,络血外溢,又呕血后虚阳外越,气虚不摄,形成上热自热,下寒自寒现象,以虚火上逆冲破血络为主,急以泻心汤釜底抽薪,清泻阳明积热,配附子、西洋参以温阳补气固脱。方药：制附子20 g(先煎)，黄芩10 g，黄连10 g，大黄10 g，西洋参10 g(另炖)。服药2剂后神志转清，胸脘痞闷消失，呕血止，大便一次色转黄，食欲增进，药合病机，拟上方去大黄，改西洋参为太子参30 g，加炒白芍10 g，山药30 g，麦冬10 g，白蔻仁10 g，以益气养阴，温中健脾，兼清泄中焦余热，连服12剂，元气渐振，食欲倍增，大便潜血试验转阴，血红蛋白升至110 g/L，血压13/9 kPa，诸症消失，共住院20日痊愈出院。(姜琴.附子泻心汤治验举隅[J].北京中医杂志,1993,(2):50.)

4. 寒热错杂痞证
(1) 半夏泻心汤证

【原文】

傷寒五六日,嘔而發熱者,柴胡湯證具,而以他藥下之,柴胡證仍在者,復與柴胡湯。此雖已下之,不爲逆,必蒸蒸而振①,却②發熱汗出而解。若心下滿而鞕痛者,此爲結胸也,大陷胸湯主之。但滿而不痛者,此爲痞,柴胡不中與之,宜半夏瀉心湯。(149)

半夏瀉心湯方

半夏半升(洗)　黃芩　乾薑　人參　甘草(炙)各三兩　黃連一兩　大棗十二枚(擘)

上七味,以水一斗,煮取六升,去滓,再煎取三升,溫服一升,日三服。

【词解】

① 必蒸蒸而振：蒸蒸,兴盛貌,这里形容浑身战栗较重。
② 却：然后。

【释义】

本条以与大结胸证相对比的方式辨治痞证。"呕而发热者,柴胡汤证具",应是少阳病,治以柴胡汤。而医误行泻下,可发生三种转归：① 柴胡证仍在。说明其人正气较盛,未因误下形成坏病,故曰"此虽已下之,不为逆"。证不变药亦不变,当投与柴胡汤。但因气受挫,服柴胡汤后,正气得药力之助而与邪剧争,可出现"蒸蒸而振"的战汗现象,最后正气抗邪外出,发热汗出而解。② 变为大陷胸汤证。若患者素有水饮,误用攻下后,邪热内陷,与水饮结于胸膈,则成心下满而硬痛的结胸证,当以大陷胸汤泻热逐水破结。③ 成为心下痞硬证。这是本条的重点。若误下伤脾胃,湿浊内生,升降失常,气机痞塞,形成心下痞满而不痛的痞证。可用半夏泻心汤辛开苦降,泻心消痞。

"但满而不痛",是痞证的辨证眼目,以此区别心下满而硬痛的大结胸证。痞证病机是脾胃失和,故除心下痞硬外,当见恶心、呕吐、肠鸣、下利等症。《金匮要略·呕吐哕下利病脉证治》谓："呕而肠鸣,心下痞者,半夏泻心汤主之。"即是对本条痞证的补充。

【方解】

半夏泻心汤由半夏、干姜、黄连、黄芩、人参、甘草、大枣七味药组成。方以半夏为君,开结消痞,和胃止呕；干姜之辛,与黄连、黄芩之苦配伍,辛开苦降,泻心消痞,同时还可以调和寒热,燥湿祛痰；人参、甘草、大枣补脾益气,促进运化,复其升降,体现以补为消之治。全方辛开苦降,攻补兼施,阴阳并调,是为和解之剂。

本方取去滓再煎之法,意在使药性和合,作用协调,并行不悖,而利于和解。

【医案选录】

案1 古某,男,50岁,1974年4月就诊。病者脘腹痞满,伴有肠鸣、腹泻已1年余。自述胃脘至脐以上痞满而胀痛,稍食寒凉食物则肠鸣下利,或稀薄软便,胸膈烦满,食纳减少,口苦,尿色淡黄。舌质偏红,苔薄黄而根部厚腻,脉象缓而带弦。证属脾胃气虚,湿热壅滞,虚中夹实,应当燥湿同治,虚实兼顾,方拟半夏泻心汤加味。制半夏10 g,黄连5 g,黄芩、干姜、炙甘草各6 g,党参15 g,枳壳10 g,广木香6 g。嘱服3剂以观动静。二诊,痞满胀感消失,肠鸣减利止,胃口好转,食量略增,腻苔退为薄润,嘱原方再进5剂。继则以健脾益胃法,善后调理而愈。一年后追访,病未复发。(陈瑞春.陈瑞春论伤寒[M].北京:人民卫生出版社,2002:176-177.)

案2 陈某,男,32岁,2004年3月12日初诊。患者1年来反复阵发咳嗽,夜间为主,每于平卧时加重。刻下咳嗽阵作,痰白质黏,烧心泛酸,胸骨后不适,胃纳不馨,心下痞满,舌淡红、苔薄黄腻。脉细。中医诊断:咳嗽。西医诊断:胃食管反流性咳嗽。辨证:湿热内阻,肺胃气机上逆。治以清化和胃,肃肺止咳,予半夏泻心汤加减。处方:法半夏10 g,杏仁10 g,前胡10 g,大贝母10 g,黄芩10 g,黄连3 g,干姜3 g,百部15 g,党参6 g,炙甘草3 g。常法煎服,15剂愈。(江卫龙.半夏泻心汤验案3则[J].江苏中医药,2007,39(11):51-52.)

(2) 生姜泻心汤证

【原文】

傷寒汗出解之後,胃中不和,心下痞鞕,乾噫①食臭②,脇下有水氣,腹中雷鳴③,下利者,生薑瀉心湯主之。(157)

生薑瀉心湯方

生薑四兩(切) 甘草三兩(炙) 人參三兩 乾薑一兩 黃芩三兩 半夏半升(洗) 黃連一兩 大棗十二枚(擘)

上八味,以水一斗,煮取六升,去滓,再煎取三升,溫服一升,日三服。附子瀉心湯,本云加附子。半夏瀉心湯,甘草瀉心湯,同體別名耳。生薑瀉心湯,本云理中人參黃芩湯,去桂枝、朮,加黃連並瀉肝法。

【词解】

① 干噫(ài):嗳气。

② 食臭(xiù):嗳气时有酸腐味,多因宿食不消所致。

③ 腹中雷鸣:指肠鸣剧烈。

【释义】

本条补充讨论痞证水饮偏盛的证治。湿浊内阻,则心下痞硬;胃虚气逆,则干噫食臭,病机统称之为"胃中不和"。而"胁下有水气,腹中雷鸣,下利",则反映了水气冲逆的发病特点。水食之气,逼迫而下,流于胁下,走于肠间,故见肠鸣下利。此正是"清气在下,则生飧泄,浊气在上,则生䐜胀"之谓。故治以生姜泻心汤和胃降逆,散水消痞。

【方解】

生姜泻心汤由半夏泻心汤减干姜二两,加生姜四两所组成。其组方原则与半夏泻心汤大同小异。重点是加生姜,并作为主药,体现宣散水饮的主治特点。因为加生姜,故减少干姜的用量。

【医案选录】

案1 寻某,女,30岁。患者1个月前因发热、心下痞、呕吐而住院,当时被医院确诊为急性胃炎。经过1个月治疗未见显效,遂转来我门诊诊治。症见:心下痞硬,腹痛肠鸣,大便溏泻,每日一行,呕吐已止,舌淡,苔薄黄腻,脉弦滑。西医诊断:急性胃炎。中医诊断:痞证,寒热错杂,互阻中焦。法当消痞散结,和胃降逆。处方:生姜15g,半夏12g,干姜10g,黄芩10g,黄连3g,人参10g,甘草10g,大枣4枚。4剂。患者服完上药后,诸症好转,再用原方继服4剂,病情缓解。嘱常服补脾益肠丸善后。(林再政,张伟.生姜泻心汤的临床应用[J].安徽中医临床杂志,2003,15(4):333-334.)

案2 霍某,男,10岁。脘腹痞满,卧寐不安,嗳腐吞酸,厌食,大便不爽,苔厚,脉滑数。辨证为食滞不化,心神被扰。方用生姜泻心汤加减:法半夏8g,黄连6g,黄芩4g,党参、生姜各15g,干姜9g,神曲10g,布渣叶12g。服药3剂,诸症消失,睡眠安稳。(梁柳文.伤寒方治"胃不和"之"卧不安"[J].新中医,1988,(20)3:18.)

(3) 甘草泻心汤证

【原文】

伤寒中风,医反下之,其人下利日数十行,谷不化,腹中雷鸣,心下痞鞕而满,干呕心烦不得安,医见心下痞,谓病不尽,复下之,其痞益甚,此非结热,但以胃中虚,客气上逆,故使鞕也,甘草泻心汤主之。(158)

甘草泻心汤方

甘草四两(炙) 黄芩三两 乾薑三两 半夏半升(洗) 大棗十二枚(擘) 黄連一兩

上六味,以水一斗,煮取六升,去滓,再煎取三升,温服一升,日三服。

臣億等謹按……是半夏、生薑、甘草瀉心三方,皆本於理中也,其方必各有人參,今甘草瀉心中無者,脫落之也。又按《千金》并《外臺秘要》,治傷寒䘌食用此方皆有人參,知脫落無疑。

【释义】

本条也是在痞硬证的基础上讨论脾胃太虚下利过甚的证治。此条心下痞硬诸证与半夏泻心汤证相同,本条重点是"其人下利日数十行,谷不化"。原因是反复攻下,屡伤脾胃,脾虚较甚,运化失常,导致清气不升,水谷不化。故治以甘草泻心汤和胃补中,消痞止利。

半夏泻心汤证、生姜泻心汤证、甘草泻心汤证的证候、病机、治法、方药组成大致相同,病机为脾胃不和,湿浊内阻,升降失司;主症为心下痞硬,兼见呕吐、肠鸣、下利;治法为辛开苦降,泻心消痞;方药均以半夏为君,干姜与黄芩、黄连为对药配伍,人参、甘草、大枣以补为消。三方证以半夏泻心汤证为中心,水饮偏重者,加生姜成为生姜泻心汤;胃虚偏重者,重用炙甘草成为甘草泻心汤。三者同中有异,当细为辨别。

【方解】

甘草泻心汤即半夏泻心汤加重炙甘草用量而成。重用炙甘草,并以之名方,取其独入脾胃,甘平补中,健脾和胃;且甘能缓急,以止其下利之急迫。

【析疑】

《伤寒论》载本方无人参,考《金匮要略·百合狐惑阴阳毒病证治》用本方有人参。《千金方》《外台秘要》治伤寒䘌食,用本方亦有人参。又半夏泻心汤、生姜泻心汤中皆有人参。再观方后臣亿等谨按"其方必各有人参,今甘草泻心中无者,脱落之也"。本证是误下脾胃更虚,痞利俱甚之证,加入人参是为合理,故本方脱落人参之说可从。

【医案选录】

向某,男,67岁。因腹泻半月,加重3日,伴心下痞满不适,于1974年9月3日诊。大便稀薄,日行五六次,夹不消化食物,肠鸣甚,但无里急后重及腹痛,胃脘痞满不适,食欲不振,精神欠佳。舌苔白黄相兼,脉象濡缓。诊为胃虚痞利俱甚证,由于脾胃虚弱,中气下陷兼邪热陷于心下所致。治宜补脾健胃,泄热消痞,用甘草泻心汤加减:炙甘草12 g,川连3 g,神曲、干姜、黄芩各9 g,大枣3枚,党参、茯苓各15 g,厚朴4.5 g。服药2剂,腹泻减轻,每日仅解溏便二三次,心下痞满消失,食欲及精神均好转,前方继服2剂而愈。(黄卿发.伤寒六经病证治验选录[M].上海:上海中医学院出版社,1990:72.)

5. 其他痞证

(1) 五苓散证

【原文】

本以下之,故心下痞,與瀉心湯,痞不解。其人渴而口燥煩,小便不利者,五苓散主之。一方云,忍之一日乃愈①。(156)

【词解】

① 一方云,忍之一日乃愈:《注解伤寒论》无此语。

【释义】

本条论述水气内停而致心下痞的证治。心下痞,按辨治之常法,当首选泻心汤,但药后痞不解,说明此痞非泻心汤证。此时当知常达变,不可见痞治痞。结合"小便不利、渴而口燥烦"来看,显然属于水气证。此为水蓄中焦,水饮内阻,气机痞塞,导致心下痞。水饮为本,痞证为标,当同病异治,用五苓散通阳化气行水,小便利,水邪去,气机畅,痞自消。

(2) 赤石脂禹余粮汤证

【原文】

傷寒服湯藥,下利不止,心下痞鞕。服瀉心湯已,復以他藥下之,利不止,醫以理中與之,利益甚。理中者,理中焦,此利在下焦,赤石脂禹餘糧湯主之,復不止者,當利其小便。(159)

赤石脂禹餘糧湯方

赤石脂一斤(碎)　太一禹餘粮一斤(碎)

上二味,以水六升,煮取二升,去滓,分温三服。

【释义】

本条讨论误下后导致心下痞硬,下利不止的不同证治。表面讨论的都是下利,但重点仍然是条文的前部分。"伤寒服汤药",肯定是误治,导致下利不止与心下痞硬两症,此时如按"下利不止"为主症,当诊断为下利证,不能治以泻心汤。如按"心下痞硬"为主症,则诊断为痞硬证,当治用泻心汤。"服泻心汤已",显然是按痞证辨证了。见痞治痞本来就错了,"复以他药下之",重创脾肾之气,故下利不止。医者认为是中焦虚寒所致,而治以理中汤,药后下利反而更加严重,其原因为"理中者,理中焦,此利在下焦",即病属下焦虚寒大肠滑脱,此非理中汤所能胜任,当治以赤石脂禹余粮汤固脱止利。假设药后利仍不止者,考虑为下焦清浊不分,水湿偏渗大肠之故,治当利小便以实大便,使水湿去而利自止。

【方解】

赤石脂禹余粮汤中赤石脂甘温酸涩,禹余粮甘涩性平,两药皆入胃与大肠,而具有收涩固脱的功用,善治久泻久利,滑脱不禁之证。

【医案选录】

患者,男,60岁,腹胀、腹泻10余年,每日3～4次。伴乏力、盗汗,渴喜热饮,舌多津边紫,苔黄腻,脉浮大。查结肠镜示:慢性非特异性溃疡性结肠炎。在本地医院服西药半年无效。此属久利阴阳俱虚,阳气失于固摄,法当温阳去寒,燥湿收敛止泻,方以赤石脂禹余粮汤合乌梅丸加减。处方:制附子9 g,干姜6 g,乌梅9 g,黄连3 g,桂枝9 g,党参30 g,黄柏9 g,赤石脂15 g,禹余粮15 g,肉豆蔻12 g,补骨脂12 g,升麻6 g,柴胡6 g,3剂。复诊:患者大便为每日1次,盗汗消失,仍腹胀、口干,为阳气已复,阴液偏亏,阴不制阳。上方去干姜加麦冬9 g,5剂。患者服完上药后,饮食正常,大便每日1次,诸症消失,随访半年未复发。(梁晓夏.经方应用体会[J].世界中医药,2008,3(5):295.)

(3) 旋覆代赭汤证

【原文】

傷寒發汗,若吐若下,解後,心下痞鞕,噫氣不除者,旋覆代赭湯主之。(161)

旋覆代赭湯方

旋覆花三兩　人參二兩　生薑五兩　代赭一兩　甘草三兩(炙)　半夏半升(洗)　大棗十二枚(擘)

上七味,以水一斗,煮取六升,去滓,再煎取三升。溫服一升,日三服。

【释义】

本条论述胃虚痰阻气逆致痞的证治。以方测证,本证虽然有"心下痞硬",主症应是"噫气不除"。发汗不当,或吐或下,脾胃损伤,运化失常,痰饮内阻,气机升降失常,故心下痞硬。浊阴不降,胃气上逆,则噫气不除。故治宜旋覆代赭汤和胃、化痰、降逆。

【方解】

旋覆代赭汤由旋覆花、代赭石、半夏、生姜、人参、甘草、大枣七味药物组成,方中旋覆花苦辛而咸,主下气消痰;代赭石苦寒质重,重镇降逆,二者为本方之主药。半夏与生姜为伍,和胃降逆,化痰开结;人参、甘草、大枣补中益气,以补达降。本方和胃降逆之力甚强,成为后世降逆止呕的首选方。

【医案选录】

案1　吕某,男,53岁。2010年5月20日初诊。3月前因"食管低分化鳞状细胞癌"行手术治疗,术后常规予DFT方案(紫杉醇、顺铂和氟尿嘧啶)化疗,化疗2个疗程后患者出现呕吐频作,以痰涎为主,西医予格拉斯琼及甲氧氯普胺止吐,效果不佳,遂求助于中医。刻诊:患者呕吐频作,呕出黄白色痰涎,乏力,气短,消瘦,面色无华,纳差,便溏,舌质红,苔黄腻,脉弦滑。辨证:脾胃虚弱,痰浊内阻,胃失和降。治以和胃消痰,降逆止呕。处方:旋覆花10 g(包),代赭石30 g(先煎),党参15 g,半夏10 g,陈皮10 g,茯苓15 g,竹茹10 g,生姜10 g,大枣5枚,炙甘草3 g。药服3剂,呕吐减轻,再进7剂,呕吐未作。(缪春润.旋覆代赭汤临床治验4则[J].江苏中医药杂志,2011,43(3):57.)

案2　王某,女,70岁,2年前因眩晕、恶心在郑州市某医院诊为梅尼埃病,经西药对症治疗后病情稳定,2日前因劳累生气后突发眩晕,恶心欲呕,嗳气,头昏眼花,不能站立,如坐舟车,睁眼翻身都觉天旋地转,由家人抬至门诊求治,舌苔白腻,舌质淡胖,脉弦细。中医诊断:眩晕。证属痰浊中阻型。西医诊断：梅尼埃病。治以降逆和胃，升清化浊，佐以透窍。拟方旋覆代赭汤合泽泻汤加减：旋覆花 10 g(布包)，代赭石 30 g，党参 30 g，半夏 12 g，白术 30 g，泽泻 30 g，陈皮 15 g，天麻 10 g，郁金 15 g，石菖蒲 15 g，生姜 15 g，大枣 5 枚，3 剂，水煎服。二诊：服 2 剂后恶心、嗳气、眩晕明显减轻，已能行走如常，仍有眩晕不适，恶心欲呕，倦怠，苔白，舌质淡，脉沉细。(李素领，高军丽.旋覆代赭汤临床应用札记[J].中医学报，2011，156(5)：609.)

(十一) 上热下寒证

【原文】

傷寒胸中有熱，胃中有邪氣①，腹中痛，欲嘔吐者，黃連湯主之。(173)

黃連湯方

黃連三兩　甘草三兩(炙)　乾薑三兩　桂枝三兩(去皮)　人參二兩　半夏半升(洗)　大棗十二枚(擘)

上七味，以水一斗，煮取六升，去滓，溫服，晝三夜二。疑非仲景方②。

【词解】

① 邪气：此指寒邪。

② 疑非仲景方：《金匮玉函经》卷八、《千金翼方》卷九、《注解伤寒论》卷四均无。

【释义】

本条论述上热下寒的证治。"胸中"与"胃中"，乃指上下部位而言。热邪偏于上，包括心下至胸膈，故称"胸中有热"。"胃中有邪气"，即指腹中有寒邪，部位偏于下部。胸胃有热，胃气不降，故见欲呕吐；腹中有寒，寒凝脾络，所以腹中痛。治以黄连汤清上温下，和胃降逆。

【方解】

黄连汤方中黄连苦寒，清在上之热；干姜辛热，温在下之寒；妙用桂枝宣通上下之阳气，以破热上寒下之格拒；炙甘草、人参、大枣甘温益气和中，以复中焦升降之职；半夏降逆和胃止呕。

本方煎服法：① 诸药同下，煎煮 1 次；② 昼日服 3 次，夜间服 2 次，少量频服，防药液被呕，且使药性持久。

黄连汤证与栀子干姜汤证病机同为上热下寒，但病位稍异，症状各有特点。黄连汤证病位涉及胸膈、胃肠，以"腹中痛，欲呕吐"为审证要点；栀子干姜汤证病位涉及胸、肠，以心烦、下利为审证要点。

【医案选录】

案 1　患者，男，30 岁，工人。1986 年 10 月 11 日初诊。自诉：腹痛肠鸣，大便时稀时干，解后腹痛减轻，午后自觉周身发热，欲呕，舌苔白，脉沉弦。体温为：37.7℃。诊断：慢性肠炎，辨为"伤寒胸中有热，胃中有邪气"，上热下寒之黄连汤证。处方：黄连 10 g，桂枝 10 g，半夏 12 g，干姜 10 g，党参 10 g，炙甘草 10 g，大枣 7 枚。2 剂则诸症消失，6 剂痊愈，至今未发。(冯建春.刘渡舟教授医案四则[J].实用中医内科杂志，1987，1(2)：52.)

案 2　患者，女，45 岁。右上腹部时痛，痛并放射至右肩胛部。曾有溲黄及胆红素阳性，血谷丙转氨酶轻度增高。B 超诊断胆囊炎伴少量小结石。曾因进食油腻等物而反复发作多次。发作时用阿托品及中药胆石冲剂、小柴胡汤等。现胸膈闷滞，腹痛并有热灼感，泛泛欲吐，纳滞厌食，大便偏溏，舌苔黄腻，脉弦。处方：党参 15 g，黄连 6 g，炙甘草 6 g，桂枝 6 g，姜半夏 10 g，干姜 6 g，红枣

10 g。7 剂。复诊谓药后胸闷腹痛减轻，泛恶亦平，大便渐成形，胃纳有增。再续原方 14 剂，以后较长时期未再复发。(何若苹.何任治疗杂病验案 2 则[J].江西中医药，2001，4(32)：17.)

第五节　太阳病疑似证

一、十枣汤证

【原文】

太陽中風，下利嘔逆，表解者，乃可攻之。其人漐漐汗出，發作有時，頭痛，心下痞鞕滿，引脇下痛，乾嘔短氣，汗出不惡寒者，此表解裏未和也，十棗湯主之。(152)

十棗湯方

芫花(熬)　甘遂　大戟

上三味，等分，各別搗爲散。以水一升半，先煮大棗肥者十枚，取八合，去滓，內藥末。強人服一錢匕，羸人服半錢①，溫服之，平旦②服。若下少病不除者，明日更服加半錢，得快下利後，糜粥自養。

【词解】

① 钱：指半钱匕。

② 平旦：指清晨。

【释义】

本条论述饮停胸胁证治及其与太阳中风证的鉴别。本条句首提出太阳中风与下利呕逆并见，为水饮素停，复感外邪而诱发，证属表里同病，治当遵循"表解者，乃可攻之"的原则，先行解表，而后攻逐饮邪。

自"其人漐漐汗出"至"十枣汤主之"，为饮停胸胁证治。"心下痞硬满，引胁下痛"为本条重点症，因胁下连及心下，水聚于此，气滞不通，故有痞满引痛。饮停胁下，肺气不利，则短气；水邪上攻，蒙蔽清阳，则头痛；水饮冲逆，胃气不和，则呕逆或干呕；水饮下迫，急趋大肠，则下利。以上皆为饮邪变动不居，而致三焦不利，其根本在于饮停胁下。至于"漐漐汗出，发作有时"，为水气外迫肌腠，影响在外的营卫之气，而非太阳中风证，故云"汗出不恶寒"。治当攻逐水饮，十枣汤主之。

【方解】

十枣汤方中芫花善消胸胁伏饮痰癖，大戟善攻脏腑之水饮，甘遂善逐经隧间水饮，合而用之，攻逐水饮之力尤甚。然三味皆为峻猛有毒之品，易伤伐脾胃，故配伍大枣之甘，既可保护脾胃，又能缓泻高位之水。方名"十枣汤"，意在突出保胃气的重要性。

十枣汤作用峻猛，临床须注意其用法：其一，芫花、甘遂、大戟三药各等份，共为细末，用枣汤送服。因甘遂等逐饮泻下的有效成分难溶于水，故以散剂冲服疗效最佳；其二，从小量开始，逐渐增大药量，且应根据患者的体质状况决定每次的服药量。体质较强壮者每次用 1～1.5 g，体质较弱者每次用0.5～1 g。若服药后泻下过少,病证未除,可于次日加量再服一次;其三,清晨空腹服药;其四,中病即止,不可过服,且应加强饮食调养。

【医案选录】

宋子载之妻年已望五,素病胸膈胀痛,或五六日不得大解,夜睡初醒,则咽燥舌干。医家或以为浮火,或指为肝气,天花粉、连翘、玉竹、麦冬、栀子之属,多至三十余剂。沉香、青皮、木香、白芍之属,亦不下十余方。两年以来,迄无小效。去年四月,延余诊治。余诊其脉双弦,曰:此痰饮也。因用细辛、干姜等,以副仲师温药和之之义。宋见方甚为迟疑。曰:前医用清润之品,尚不免咽中干燥,况于温药? 余曰:服此当反不渴。宋口应而心疑之。其妻毅然购药,一剂而渴止。惟胸膈胀痛如故,余因《金匮》悬饮内痛者用十枣汤下之,遂书:制甘遂一钱,大戟一钱,炙芫花一钱。用十枣浓煎为汤,去滓令服,如《金匮》法,并开明每服一钱。医家郑仰山与之同居,见方力阻,不听,令减半服之,不下,明日延余复诊。知其未下,因令再进一钱,日晡始下。胸膈稍宽,然大便干燥,蓄痰未下。因令加芒硝三钱,使于明早如法服之。三日后,复延余复诊,知其下甚畅,粪中多痰涎。遂令暂行停药,日饮糜粥以养之。此时病者眠食安适,步履轻捷,不复如从前之蹒跚矣。后一月,宋又延余诊治,且曰:大便常五六日不行,头面手足乳房俱肿。余曰:痰浊既行,空隙之处,卫气不充,而水饮聚之。《金匮》原有发汗利小便之法以通阳气。今因其上膈壅阻特甚,且两乳胀痛,不得更用缓攻之剂,方用:制甘遂一钱,大戟末一钱,王不留行二钱,生大黄三钱,芒硝三钱。一泻而胀痛俱止。宋因询善后之法,余又书:苍术一两,白术二两,炙甘草五钱,生麻黄一钱,杏仁三钱。令煎汤代茶,汗及小便俱畅。即去麻杏,一剂之后,永不复发云。(曹颖甫.经方实验录[M].上海:上海科学技术出版社,1978:110.)

二、瓜蒂散证

【原文】

病如桂枝證,頭不痛,項不強,寸脈微浮①,胸中痞鞕,氣上衝喉咽,不得息②者,此爲胸有寒③也。當吐之,宜瓜蒂散。(166)

瓜蒂散方

瓜蒂一分(熬黄)　赤小豆一分

上二味,各別搗篩,爲散已,合治之,取一錢匕,以香豉一合,用熱湯七合,煮作稀糜,去滓,取汁和散,溫頓服之。不吐者,少少加,得快吐乃止。諸亡血虛家,不可與瓜蒂散。

【词解】

① 寸脉微浮:微,作"稍微"解,非指微脉。即寸脉稍显浮象。

② 不得息:一呼一吸谓之息。不得息,即呼吸不利。

③ 胸有寒:寒,作"邪"解,指痰浊宿食等实邪。胸有寒,即痰浊宿食等实邪壅滞于胸膈。

【释义】

本条论述痰阻胸膈证治及其与太阳中风证的鉴别。"病如桂枝证",是说患者具有恶风、发热、自汗、脉浮等症状,与中风表虚证相类似。但其人头不痛、项不强,且浮脉仅见于寸部,又有别于中风证。"此为胸有寒也"属自注句,指出痰实壅遏胸膈是其病机。本证胸中痞硬、气上冲咽喉不得息是其主症,也是与桂枝汤证的鉴别要点。痰实停滞胸膈,阻遏气机,故胸中痞硬;痰随气逆,则气上冲咽喉不得息。因卫阳出于胸中,肺又外合皮毛,故胸中邪壅,肺卫失宣,营卫失和,可出现"病如桂枝证"的情况。本证痰实阻遏胸膈,病位偏高,根据《素问·阴阳应象大论》"其高者因而越之"的治疗原则,当因势利导,用瓜蒂散涌吐痰实。

【方解】

瓜蒂散由瓜蒂、赤小豆、豆豉三味药组成。方中瓜蒂味极苦,性升催吐,善涌吐胸膈痰涎宿食,为君药。赤小豆味酸,善于祛湿利水,为臣药;二者配伍,酸苦涌泄,催吐之力倍增。豆豉轻清宣泄,载药上行,为佐使之用。三药相合,共奏涌吐痰食之功。

本方涌吐之力甚猛,且瓜蒂有毒,临床必须注意使用方法:其一,瓜蒂、赤小豆各取等份,分别研为细末,混合均匀,每次仅取1~2 g,用豆豉10 g煎汤冲服。其二,从小量开始,根据病情逐渐增加药量,但应中病即止,切勿服用过量。其三,若服药后不吐者,可用洁净鹅毛或手指探喉以助其涌吐。其四,本方只宜用于邪实而正不虚者,年老体弱、孕妇产后、咯血、吐血等气血亏虚之人皆当禁之。

【医案选录】

张某,男,59岁。因平素性情暴躁,更加思虑过度,经常失眠。后遂自言自语,出现精神失常状态,有时咆哮狂叫,有时摔砸杂物,嬉笑怒骂变动无常。如此情况延续月余,家中杂物摔砸已尽,渐至见人殴打,因此锁闭室中,不敢令其出屋,百般医疗,均无效果。邀余处方,余谓古人对精神错乱的认识,谓系痰涎蒙蔽清窍,须用涌吐之剂使痰涎涌出,方能有效。余遂疏瓜蒂散与之:瓜蒂10 g,豆豉10 g,赤小豆30 g,煎汤顿服。连进2剂,其呕吐黏涎3次,毫不见效。后因房门锁开,乘机蹿出,竟将邻人殴伤,并将所有杂物尽行砸碎,因此家中苦闷无法维持,一再强余设法治疗。余因与患者之子相知素深,遂不顾一切地与大剂瓜蒂散与之:苦瓜蒂21 g,赤小豆30 g,煎汤顿服。服后隔半小时便开始作呕,连续两昼夜共呕20余次,尽属黏涎。自呕吐开始,便不思饮食,一日后周身困顿不欲活动,困睡至第三日忽然清醒,后以豁痰通窍安神之剂调理而愈。(邢锡波.伤寒论临床实验录[M].天津:天津科学技术出版社,1984:58.)

附:备考原文

問曰:證象陽旦,按法治之而增劇,厥逆,咽中乾,兩脛拘急而讝語。師曰:言夜半手足當溫,兩脚當伸。後如師言。何以知此?答曰:寸口脈浮而大,浮爲風,大爲虛,風則生微熱,虛則兩脛攣。病形象桂枝,因加附子參其間,增桂令汗出,附子溫經,亡陽故也。厥逆,咽中乾,煩躁,陽明内結,讝語煩亂,更飲甘草乾薑湯。夜半陽氣還,兩足當熱,脛尚微拘急,重與芍藥甘草湯,爾乃脛伸。以承氣湯微溏,則止其讝語,故知病可愈。(30)

二陽併病,太陽初得病時,發其汗,汗先出不徹,因轉屬陽明,續自微汗出,不惡寒。若太陽病證不罷者,不可下,下之爲逆,如此可小發汗。設面色緣緣正赤者,陽氣怫鬱在表,當解之熏之。若發汗不徹,不足言,陽氣怫鬱不得越,當汗不汗,其人躁煩,不知痛處,乍在腹中,乍在四肢,按之不可得,其人短氣,但坐以汗出不徹故也,更發汗則愈。何以知汗出不徹?以脈澀故知也。(48)

下之後,復發汗,必振寒,脈微細。所以然者,以内外俱虛故也。(60)

未持脈時，病人手叉自冒心，師因教試令咳而不咳者，此必兩耳聾無聞也。所以然者，以重發汗，虛故如此。發汗後飲水多必喘，以水灌之亦喘。(75)

太陽病，先下而不愈，因復發汗，以此表裏俱虛，其人因致冒，冒家汗出自愈。所以然者，汗出表和故也。裏未和，然後復下之。(93)

太陽病未解，脈陰陽俱停，必先振慄汗出而解。但陽脈微者，先汗出而解；但陰脈微者，下之而解。若欲下之，宜調胃承氣湯。(94)

傷寒十三日，過經譫語者，以有熱也，當以湯下之。若小便利者，大便當硬，而反下利，脈調和者，知醫以丸藥下之，非其治也，若自下利者，脈當微厥，今反和者，此為內實也，調胃承氣湯主之。(105)

傷寒，腹滿譫語，寸口脈浮而緊，此肝乘脾也，名曰縱，刺期門。(108)

傷寒發熱，嗇嗇惡寒，大渴欲飲水。其腹必滿，自汗出，小便利，其病欲解。此肝乘肺也，名曰橫，刺期門。(109)

太陽病二日，反躁，凡熨其背，而大汗出，大熱入胃。胃中水竭，躁煩必發譫語。十餘日振慄自下利者，此為欲解也。故其汗從腰以下不得汗，欲小便不得，反嘔，欲失溲，足下惡風，大便鞕，小便當數，而反不數，及不多，大便已，頭卓然而痛，其人足心必熱，穀氣下流故也。(110)

太陽病中風，以火劫發汗，邪風被火熱，血氣流溢，失其常度。兩陽相熏灼，其身發黃。陽盛則欲衄，陰虛小便難。陰陽俱虛竭，身體則枯燥，但頭汗出，劑頸而還，腹滿微喘，口乾咽爛，或不大便，久則譫語，甚者至噦，手足躁擾，撚衣摸床。小便利者，其人可治。(111)

形作傷寒，其脈不弦緊而弱。弱者必渴，被火必譫語。弱者發熱脈浮，解之當汗出愈。(113)

太陽病，以火熏之，不得汗，其人必躁，到經不解，必清血，名為火邪。(114)

脈浮熱甚，而反灸之，此為實，實以虛治，因火而動，必咽燥吐血。(115)

微數之脈，慎不可灸，因火為邪，則為煩逆，追虛逐實，血散脈中，火氣雖微，內攻有力，焦骨傷筋，血難復也。脈浮，宜以汗解，用火灸之，邪無從出，因火而盛，病從腰以下必重而痹，名火逆也。欲自解者，必當先煩，煩乃有汗而解，何以知之？脈浮故知汗出解。(116)

太陽傷寒者，加溫針必驚也。(119)

太陽病，當惡寒發熱，今自汗出，反不惡寒發熱，關上脈細數者，以醫吐之過也。一二日吐之者，腹中飢，口不能食；三四日吐之者，不喜糜粥，欲食冷食，朝食暮吐。以醫吐之所致也，此為小逆。(120)

太陽病吐之，但太陽病當惡寒，今反不惡寒，不欲近衣，此為吐之內煩也。(121)

病人脈數，數為熱，當消穀引食，而反吐者，此以發汗，令陽氣微，膈氣虛，脈乃數也。數為客熱，不能消穀，以胃中虛冷，故吐也。(122)

太陽病，過經十餘日，心下溫溫欲吐，而胸中痛，大便反溏，腹微滿，鬱鬱微煩。先此時自極吐下者，與調胃承氣湯。若不爾者，不可與。但欲嘔，胸中痛，微溏者，此非柴胡湯證，以嘔，故知極吐下也。(123)

太陽病，小便利者，以飲水多，必心下悸；小便少者，必苦裏急也。(127)

太陽病二三日，不能臥，但欲起，心下必結，脈微弱者，此本有寒分也。反下之，若利止，必作結胸；未止者，四日復下之，此作協熱利也。(139)

太陽病，下之，其脈促，不結胸者，此為欲解也。脈浮者，必結胸。脈緊者，必咽痛。脈弦者，必兩脅拘急。脈細數者，頭痛未止。脈沉緊者，必欲嘔。脈沉滑者，協熱利。脈浮滑者，必

下血。(140)

　　太陽與少陽併病,頭項強痛,或眩冒,時如結胸,心下痞鞕者,當刺大椎第一間、肺俞、肝俞,慎不可發汗。發汗則譫語,脈弦。五日譫語不止,當刺期門。(142)

　　太陽少陽併病,而反下之,成結胸,心下鞕,下利不止,水漿不下,其人心煩。(150)

　　太陽病,醫發汗,遂發熱惡寒,因復下之,心下痞,表裏俱虛,陰陽氣并竭,無陽則陰獨,復加燒針,因胸煩,面色青黃,膚瞤者,難治;今色微黃,手足温者,易愈。(153)

　　傷寒吐下後,發汗,虛煩,脈甚微,八九日心下痞鞕,脅下痛,氣上衝咽喉,眩冒,經脈動惕者,久而成痿。(160)

　　病脅下素有痞,連在臍傍,痛引少腹入陰筋者,此名臟結,死。(167)

　　太陽少陽併病,心下鞕,頸項強而眩者,當刺大椎、肺俞、肝俞,慎勿下之。(171)

　　傷寒八九日,風濕相搏,身體疼煩,不能自轉側,不嘔不渴,脈浮虛而濇者,桂枝附子湯主之。若其人大便鞕,小便自利者,去桂加白朮湯主之。(174)

桂枝附子湯方

　　桂枝四兩(去皮)　附子三枚(炮,去皮,破)　生薑三兩(切)　大棗十二枚(擘)　甘草二兩(炙)

　　上五味,以水六升,煮取二升,去滓,分温三服。

去桂加白朮湯方

　　附子三枚(炮,去皮,破)　白朮四兩　生薑三兩(切)　甘草二兩(炙)　大棗十二枚(擘)

　　上五味,以水六升,煮取二升,去滓,分温三服。初一服,其人身如痺,半日許復服之;三服都盡,其人如冒狀,勿怪。此以附子、朮,並走皮內,逐水氣未得除,故使之耳。法當加桂四兩。此本一方二法,以大便鞕,小便自利,去桂也;以大便不鞕,小便不利,當加桂。附子三枚恐多也,虛弱家及產婦,宜減服之。

　　風濕相搏,骨節疼煩,掣痛不得屈伸,近之則痛劇,汗出短氣,小便不利,惡風不欲去衣,或身微腫者,甘草附子湯主之。(175)

　　甘草二兩(炙)　附子二枚(炮,去皮,破)　白朮二兩　桂枝四兩(去皮)

　　上四味,以水六升,煮取三升,去滓,温服一升,日三服。初服得微汗則解,能食。汗止復煩者,將服五合;恐一升多者,宜服六七合為始。

第二章　辨阳明病脉证并治

导学

本章主要讨论阳明病里热实证的主要脉证及其病因病机、阳明病气分热证和实证、阳明血分热证、阳明发黄证以及阳明病兼证的辨证论治，兼论阳明中寒等虚证、寒证的辨治。

学习目标：掌握阳明病提纲证及其辨证意义；掌握阳明病气分热证白虎汤证、兼证白虎加人参汤证、兼证猪苓汤证的主要证候、病机、治法、方药与治禁；掌握阳明病气分热实证三承气汤证的主要证候、病机、治法、方药与禁忌；掌握阳明中寒证吴茱萸汤证的证治机制；掌握茵陈蒿汤证、栀子柏皮汤证、麻黄连轺赤小豆汤证、寒湿发黄的证治机制。熟悉阳明病的病因、病机、主症、主脉，明确其与太阳病和少阳病脉证的鉴别要点；熟悉三承气汤证的异同鉴别；了解阳明"清法三证"。了解润导法在临床上的运用；了解欲作谷疸证、被火发黄证、血热证；了解阳明病辨虚实的意义及阳明病中风、中寒的辨证要点与治法。

概　　说

阳明，即阳气极盛之意，又称盛阳。《素问·至真要大论》曰："阳明何谓也？岐伯曰：两阳合明也。"《灵枢·五音五味》曰："阳明常多气多血。"都从不同的角度阐明阳明为盛阳。

阳明，指手阳明大肠和足阳明胃，两者分别与手太阴肺、足太阴脾互为表里。手阳明经脉，从示指外侧循臂，上颈至面部，从肩入缺盆，络肺下膈属大肠。足阳明经脉，起于鼻梁凹陷处两侧，络于目，从缺盆下循胸腹至足。二者经脉相连，其腑相通，功能联系十分密切。

阳明胃主燥、主降、主受纳、腐熟水谷，大肠主传导糟粕、有赖于胃气承降，胃肠相连，以降为顺，"传化物而不藏"。太阴脾主湿、主升、主运化转输。阳明与太阴纳运相依，升降相济，共同完成水谷的受纳、腐熟、运化、转输，化生气血以供养全身，故有阳明"多气多血"之说。大肠的传导有赖于肺气肃降和脾输布津液，方能肠腑通畅。

病邪侵袭阳明，易从燥热而化。由于邪实而正盛，邪正相争，其势甚烈，故阳明病每多见于外感热病过程中邪热盛极阶段，其病位在里，大多属里热实证。

阳明病的成因主要有三个方面：一为太阳病失治或误治，耗伤津液，胃中干燥而转属者，谓之

"太阳阳明"；一为少阳病误用发汗、利小便等，伤津化燥而成者，谓之"少阳阳明"；一为素体阳旺，或有宿食，或因燥热外感，病邪直从阳明化燥成实者，谓之"正阳阳明"。另外，尚有太阴寒证郁久化热，或少阴病热化证邪传阳明而成者。

　　阳明病的病理机制，仲景概括为"胃家实"。阳明病的证候主要有两大类型：一为燥热亢盛，肠胃无燥屎阻结，证见身热、汗出、不恶寒、反恶热、脉大等，称为阳明气分热证。二为燥热之邪与肠中糟粕抟结而成燥屎，腑气不通，出现潮热、谵语、腹满硬痛或绕脐痛、大便秘结、手足濈然汗出、脉沉实有力、舌苔黄燥等，称为阳明病气分热实证。此外，表证已罢，或热病之后余热未尽，邪热留扰胸膈，出现心烦懊憹不得眠，为栀子豉汤证；阳明病下后，余热未尽，津液损伤，水热互结，出现脉浮发热、渴欲饮水、小便不利者，为猪苓汤证。还有因胃热约束脾的转输功能，以致脾不能为胃行其津液，胃肠失润而大便硬者，为麻子仁丸证等。诸证皆已涉及阳明，故均列入本篇。

　　若阳明热邪不解，与太阴脾湿相合，湿热郁于中焦，热不得外泄，湿不得下行，湿热熏蒸肝胆，而致身黄、发热、小便不利者，为阳明发黄证。

　　若阳明热盛，深入血分，而见口燥但欲漱水不欲咽、鼻衄等，则是阳明燥热耗血动血证。

　　阳明病以气分热证实证为主，但也有寒证、虚证，如阳明中寒证，其代表汤证为吴茱萸汤证。

　　阳明病的治疗主要用清、下两法。阳明热证治以清法，用白虎汤之类；若邪热内扰，郁于胃脘，治宜清宣郁热，用栀子豉汤类；若阴伤水热互结，治宜育阴润燥，清热利水，用猪苓汤。阳明实证治以下法，用三承气汤类；若津伤便秘，治宜润下或导法，用麻子仁丸、猪胆汁及蜜煎导等；若湿热熏蒸发黄，则治宜清热利湿，用茵陈蒿汤之类。若属阳明中寒证，则宜用温中和胃、降逆止呕之吴茱萸汤。总之，阳明里热实证的治疗原则是以清下实热、保存津液为主，而不可妄用发汗、利小便等法。

第一节　阳明病纲要

一、阳明病提纲

【原文】

　　陽明之爲病，胃家實是也。（180）

【释义】

　　本条指出阳明病的基本病机。"胃家"泛指胃肠，《灵枢·本输》曰："大肠、小肠皆属于胃。""实"指邪气盛实，《素问·通评虚实论》曰："邪气盛则实，精气夺则虚。""胃家实"是对阳明病热证、实证病理机制的高度概括，故后世医家将此条称为阳明病提纲。

　　阳明主燥，为水谷之海，多气多血之经，阳气昌盛之腑。邪入阳明，多从燥化，故病变以里热实为特征。分而言之，阳明病有热证、实证两种主要证型：若燥热之邪未与肠中糟粕相结，无形邪热弥漫全身，出现身热、汗出、不恶寒反恶热、脉大等症者，称为阳明热证；若燥热与肠中糟粕相结，燥屎阻塞于肠道，腑气不通，出现潮热、谵语、手足濈然汗出、腹胀满疼痛拒按、不大便或便难、脉沉实有力等症者，称为阳明实证。本条高度概括了阳明病的病位、病机及证候特征，故将其作为阳明病的辨证提纲。

【析疑】

关于"胃家实"的涵义存有两种不同认识：一是认为"胃家实"应包括阳明经证(白虎汤证)和阳明腑证(承气汤类证)，其理论根据是《素问·通评虚实论》的"邪气盛则实"。无论是无形邪热充斥于阳明经，还是有形实邪结滞于阳明腑，均属于邪气盛的实证；二是认为"胃家实"专指胃肠有形实邪结滞的阳明实证，而不包括无形邪热亢盛的白虎汤证。主要依据有：① 从写作体例看，三阳病均是先提纲后分类，只是阳明病篇的首条(第179条)先分类，然后从三种阳明证型中，提出最为典型、最具阳明特征，亦即最具代表性的证型——胃家实(第180条)，作为阳明病提纲证；② 从篇中内容看，阳明病篇大多数条文主要讨论承气汤的应用，而论及白虎汤的原文仅一条，篇幅上并未形成并列态势；③ 从阳明的生理病理看，阳明生理的盛阳、燥化、传导与阳明病理的热、燥、实(有形)正相对应；④ 从中医胃肠理论看，《灵枢·平人绝谷》的胃肠虚实更替的功能阐述，正与"胃家实"病机相合；⑤ 从方剂名称看，治"胃家实"之承气汤，其"承气"之意，又与《灵枢·平人绝谷》"气得上下"相合。

二、阳明病分类及传变

【原文】

问曰：病有太陽陽明，有正陽陽明，有少陽陽明，何謂也？答曰：太陽陽明者，脾約①是也；正陽陽明者，胃家實是也；少陽陽明者，發汗利小便已，胃中燥煩實，大便難是也。(179)

【词解】

① 脾约：胃热肠燥，津液受损，使脾不能为胃行其津液，而致大便秘结。

【释义】

本条提出阳明病的成因和分类。阳明病以燥热实证为特征，本条从三阳发病及传变特点出发，提出三种成因：太阳阳明，是指阳明病由太阳传变而来。太阳表证误治或失治，以致病邪入里，胃热肠燥，约束脾土的转输功能，胃肠乏津而大便秘结，且腹无硬满疼痛之象，称为脾约证；正阳阳明，系外邪直犯阳明而发病。或胃阳素盛之人，或有宿食积滞，或感受外界阳热之邪，以致胃热炽盛，化燥成实，腑气不通，即提纲证所说的"胃家实"；少阳阳明，系病由少阳传变而来。少阳主相火，居半表半里之位，经发汗、利小便等法误治，劫夺津液，导致胃肠干燥，从而形成"大便难"之证。三者来路虽不同，但皆为津亏燥实，均有排便困难，故同属阳明实证，然里热燥实的程度不同，故分别治以润下、攻下、导下之法。

【析疑】

对于第179条的认识主要有两种。

(1) 成因说(或来路说)。认为凡从太阳转属而来的谓之太阳阳明，从少阳转属而来的谓之少阳阳明，阳明本身自发的谓之正阳阳明。但本条是互文见义写法，意即无论太阳阳明、正阳阳明、少阳阳明所成之证候，均有"脾约""胃家实""大便难"之可能，所以不得固定来路而限制病证。下文第181条之阳明病源于太阳病汗、下之后，其证有"不更衣""内实""大便难"之不同，即是明证。

(2) 分类说。认为本条是论述阳明病的证型分类，主要依据有二：① 证型名称与六经分类理论的一致性，即《素问·天元纪大论》"阴阳之气各有多少，故曰三阴三阳也"。就证候而言，同是不大便；就病机而言，同具燥、结、实。然而胃家阳热之多少，却有明显差别。阳热最盛者，称正阳阳明；阳热次之，称太阳阳明；阳热最少，称少阳阳明。② 证型名称与六经提纲意义的一致性。正阳阳明之"正"字，有正式、正规和基本的含义，三种阳明证型中，只有"胃家实"证型燥热结实俱重，尤能体现"两阳合明"的阳明特征，是阳明病中最为典型、最具代表性的证型，故将正阳阳明胃家实列为阳明提纲证，充分体现了提纲挈领的意义，这也是阳明病篇先分类后提纲的根本原因所在。

【原文】

問曰：何緣得陽明病？答曰：太陽病，若發汗，若下，若利小便，此亡津液，胃中乾燥，因轉屬陽明。不更衣①，內實，大便難者，此名陽明也。(181)

本太陽初得病時，發其汗，汗先出不徹②，因轉屬陽明也。傷寒發熱無汗，嘔不能食，而反汗出濈濈然③者，是轉屬陽明也。(185)

傷寒轉繫陽明者，其人濈然微汗出也。(188)

傷寒脉浮而緩，手足自温者，是爲繫在太陰④。太陰者，身當發黃，若小便自利者，不能發黃。至七八日大便鞕者，爲陽明病也。(187)

【词解】

① 不更衣：不解大便的婉辞。
② 彻：透也。
③ 汗出濈(jí)濈然：濈，水外流貌。汗出濈濈然，形容汗出连绵不断的样子。
④ 系在太阴：系，关涉、联系。即病与太阴相关。

【释义】

第181条论述太阳病误治伤津转属阳明的机制。发汗本为太阳病正治之法，若汗不得法或汗出太过，或误用泻下、利小便等法，均可致津液损伤，胃肠干燥，燥热内结，而成阳明病，出现"不更衣"（脾约证）、"内实"（胃家实）及"大便难"三种证候。第179条言脾约证、胃家实、大便难分别来自太阳、阳明、少阳之误治，而本条则言太阳病误治可形成不更衣、内实、大便难三种阳明病证候。两条互文见义，当参合印证。

第185条再论太阳转属阳明的机制及证候特征。太阳转属阳明的原因有二：一是太阳病初起，虽用汗法，但汗不如法，汗出不彻，邪气不除，入里化热而转属阳明。二是太阳伤寒表证发热无汗，如患者胃阳素盛或素蕴内热，虽未经误治，表邪亦可化热而转属阳明。呕不能食，提示胃阳偏旺，胃热气逆；若由无汗转为汗出连绵不断，则提示表邪已全部化热入里。汗出濈濈然，是病已转属阳明的明证。

第188条论伤寒转属阳明的辨证要点。本条只提"濈然微汗出"一症，其汗出虽微，却连绵不断，这是阳明里热炽盛的重要标志，是辨证的关键。

第187条论述太阴病转属阳明的证候特征。阳明病的来路除三阳外，还可由三阴病转化而来。本条旨在说明太阴病与阳明病相互转化的关系。伤寒脉浮，是外感；脉缓，示湿盛；手足自温，示阳虚不甚。太阴主湿，且于三阴病中阳虚最轻，脉浮而缓且手足自温，提示外感而病涉太阴。此时病情可有两种转归：一是太阴病脾阳来复，病邪可由湿化燥，由寒化热，表现为大便由溏转硬，由下利转秘结，病证由虚转实，由阴出阳，演变为阳明病，此即"虚则太阴，实则阳明"之谓；另一种转归是太阴寒湿郁滞，则有发黄的可能，若小便通利，湿邪得以下泄，则不能发黄，说明湿邪蕴结是发黄的重要原因。

三、阳明病外候

【原文】

問曰：陽明病外證云何？答曰：身熱，汗自出，不惡寒，反惡熱也。(182)

問曰：病有得之一日，不發熱而惡寒者，何也？答曰：雖得之一日，惡寒將自罷，即自汗出而惡熱也。(183)

問曰：惡寒何故自罷？答曰：陽明居中，主土也，萬物所歸，無所復傳，始雖惡寒，二日自止，此爲陽明病也。(184)

傷寒三日，陽明脈大。(186)

【释义】

以上4条论述阳明病外候。第182条首先提出阳明病的外证。阳明里热实证反映于外的证候，称为阳明病外证。阳明病属里热实证，"有诸内必形诸外"，里热蒸腾于外而身热，热盛迫津外泄而汗出，邪热充斥内外，故不恶寒反恶热。

第183条论述阳明病初起不发热而恶寒的机制。第182条论阳明病外证之常，即发热不恶寒。本条紧承上条而论阳明病外证之变，即不发热而恶寒。阳明病位在里，但其经络连于表，故阳明病初起，外邪郁闭肌表，卫阳失于温煦，也可见轻度恶寒。然阳明终究为多气多血之经，极易化热化燥，故阳明初起的恶寒为时短暂，且症状轻微，随后即转为自汗出而恶热。此为阳明初起之恶寒的特点，与太阳病之恶寒不难鉴别。

第184条紧承上文论述阳明恶寒一日自罢的机制。阳明胃居于中焦，就生理而言，具有土德之性，既能长养万物，也是万物之归宿，故云"万物所归"。从病理而言，阳明以燥为本，诸经病邪，只要转入阳明，则易从热从燥而化，并且因燥而成实，因实而便秘，其燥结非用下法而不得除，故言"无所复传"。

第186条论述阳明病主脉。伤寒，泛指外感病；三日，为约略之数，不必拘泥。"大"为阳明主脉，因阳明为多气多血之经，邪入阳明则化热化燥，燥热充斥，内外鼓动，气血涌沸，血脉充盈，故脉应指而大。其势澎湃如洪水，按之有力，此为阳明病之主脉。

四、阳明病愈期

【原文】

陽明病，欲解時，從申至戌上①。(193)

【词解】

① 从申至戌上：系指申、酉、戌三个时辰，即从15时至21时这段时间。

【释义】

本条从天人相应的观点预测了阳明病欲解的有利时间。申、酉、戌三个时辰，正值太阳逐渐西下以至黄昏，自然界的阳气逐渐衰退。阳明病属阳热亢盛之证，此时可乘自然界阳气的衰减，在里之邪热因而受到顿挫，且人体之阴气可借天恢复，故有利于泻热于外，所以为阳明病欲解时。

【析疑】

关于阳明病在申酉戌时的两种不同转归：阳明病发潮热，多在日晡时，此时阳明经气旺盛，邪正剧争，故潮热。由此可见，阳明在申酉戌时可有疾病欲解和潮热病进两种相反的转归。对此李克绍在《六经病欲解时的机制及其临床价值》一文中有合理的解释："六经病解，虽然都与天阳的活动有关,但外部影响只不过是一个有利的条件,究竟能否自解,关键仍决定于邪正进退的情况。也就是说,只有在患者自身正气逐渐充实,邪气逐渐衰退的情况下,才有自解的可能,否则便不会欲解。举例说,阳明病本当解于申至戌上,但是阳明病发潮热也在此时,为什么呢?原因就在于:一是病势在衰退,一是病势在发展。尤在泾云:'阳明潮热发于日晡,阳明病解亦于日晡,则申酉戌为阳明之时,其病者邪气于是发,其解者正气于是复也。'其所谓'邪气于是发'者,是指邪气盛时而言;'正气于是复'者,则是指邪气衰时而言。邪气盛时,病势在发展,凡偏外的肌肉肤表之热,当申至戌上,必随天阳之降而趋向于里,'由外之内而盛于内',使阳明胃腑之热势更张,由身热变为潮热,论中对潮热的病理解释是'此外欲解,可攻里也','外欲解'是外部之热尽归中土的意思。至于邪气衰者,是指病情在缓解,病邪已不向里发展,值日西而阳气已虚之际,更有利退热,故病则欲解。"(李克绍著.李树沛,姜建国辑.李克绍医学文集[M].济南:山东科学技术出版社,2006:611.)

五、阳明病预后

【原文】

夫實則譫语,虛則鄭聲①。鄭聲者,重语也。直視譫语,喘滿者死,下利者亦死。(210)

發汗多,若重發汗者,亡其陽,譫语。脈短者死,脈自和者不死。(211)

【词解】

① 郑声:意识不清,语言重复,声音低微,见于虚证。

【释义】

第210条辨谵语郑声及谵语危候。谵语与郑声,都是意识不清而妄言乱语。谵语多由邪热亢盛,扰乱神明所致,表现为声高气粗,胡言乱语,多属实证。郑声多由精气虚衰,心神无主所致,表现为声低息微,语言重复,属虚证。谵语而见直视,是阳热极盛,阴液将竭,精气不能上注于目,已属危候。如果再见喘满,则为阴竭而阳无所依附,正气将脱于上。若再见下利,是中气亦败,利复伤阴。此皆邪实正虚,预后不良,故曰死证。

谵语也有属虚者,第211条所言谵语即属虚证。因过汗阳亡阴竭,心气大乱,神无所主,故妄言妄语,发为谵语。其预后可据脉而辨,若脉气不能接续而短,为阳衰阴竭,证属危重,故曰"死";若阳虽亡,而阴血尚能相继,寸关尺三部尚能应指,则相对于前者属"脉自和",是真气未败,尚有生机,故曰"不死"。

【原文】

傷寒若吐若下後不解,不大便五六日,上至十餘日,日晡所①發潮熱,不惡寒,獨语如見鬼狀。若劇者,發則不識人,循衣摸床②,惕而不安,微喘直視,脈弦者生,澀者死。微者,但發熱譫语者,大承氣湯主之。若一服利,則止後服。(212)

【词解】

① 日晡所:傍晚时分。

② 循衣摸床:同捻衣摸床。患者神识不清,两手无意识地反复触摸衣被床沿,多见于热病的危重阶段。

【释义】

本条论阳明腑实重证的辨证治疗和预后。自"伤寒"到"独语如见鬼状",介绍了大承气汤证形成的原因及证候表现。伤寒表证,误施吐下,劫夺津液,邪从燥化,转属阳明。五六日至十余日不大便、潮热、不恶寒、独语如见鬼状等,均是胃家燥实已成之重证表现。

自"若剧者"到"涩者死",论述病情恶化的证候及其预后。所谓"若剧者"是指上证因循失治,使病情恶化。盖胃热亢极,火势燔炽,则由谵语发展到神识不清,不能识人,甚则昏迷。热极伤阴,阴液将竭,神明无主,则见循衣摸床、惊惕不安之状。热邪上壅于肺,肺失清肃,气逆不降,则微喘。热极津枯,阴精不能上注于目,则两目直视。此时正虚邪实,病情险恶,当结合脉象以推断其预后。若脉见短涩,则是正不胜邪,阴液已绝,故属死证。若脉见弦长,则津液血气未至涸竭,尚有一线生机,当采取急下救阴之法。唯后世增液承气汤或新加黄龙汤,合紫雪丹、安宫牛黄丸等方,泻阳救阴,开窍清心,扶正祛邪,似更切合病情。

自"微者"以下,承接前文,重申大承气汤证的辨证及其用法。若病不增剧,仅见潮热、谵语、数日不大便等,是燥热虽结,津液虽伤,而未至热极津枯,故可用大承气汤泻热攻下。"若一服利,则止后服",乃示人中病即止,勿使过剂,以免伤正。

第二节 阳明病本证

一、阳明病气分证

(一) 阳明燥热证

1. 无形热盛证

(1) 栀子豉汤证

【原文】

陽明病,脈浮而緊,咽燥口苦,腹滿而喘,發熱汗出,不惡寒,反惡熱,身重。若發汗則躁,心憒憒①,反譫語。若加溫針,必怵惕②,煩躁不得眠。若下之,則胃中空虛,客氣動膈,心中懊憹,舌上胎③者,栀子豉湯主之。(221)

陽明病,下之,其外有熱,手足溫,不結胸,心中懊憹,饑不能食,但頭汗出者,栀子豉湯主之。(228)

【词解】

① 心愦(kuì)愦:愦,糊涂,昏乱。心愦愦,形容心中烦乱不安之状。

② 怵(chù)惕:怵,害怕,恐惧。怵惕,即恐惧不安之状。

③ 舌上胎:胎,即苔。舌上苔,指舌上生苔,因于热邪,或黄或白,或黄白相兼。

【释义】

第221条论述阳明热证误治后的变证及热扰胸膈的证治。阳明病脉浮而紧,浮是燥热充斥内外之象,紧是正邪剧烈相搏所致。里热上灼,故咽燥口苦;热阻气机,则腹满而喘;热盛伤气,则身重;发热汗出、不恶寒、反恶热,是阳明里热之外证。

本条阳明病脉浮紧与太阳伤寒脉象虽同,但主症不同,病机有别。若将脉浮紧、发热汗出误作伤寒表证,妄用辛温发汗之法,则津液愈伤,里热愈盛。热扰心神,则躁扰不宁、谵语。若误用温针之法,是以火济热,心神受扰,故有恐惧不安、烦躁不眠等变证。若以腹满为腑实之证而误用下法,则胃肠空虚,邪热犹存,郁于胸膈之间,故心中懊憹、舌上生苔,当用栀子豉汤以清宣胸膈郁热。本条乃阳明热证误下而形成的热扰胸膈证,其来路虽与太阳篇的栀子豉汤证有所不同,但证候相同,病机一致,故治法相同。

第228条继续论述阳明病下后余热留扰胸膈的证治。阳明热证,腑实未成,而早用下法,使邪热入里郁于胸膈。"其外有热,手足温",是无形邪热散漫,当为未下前即有之证。不结胸,是排除结胸证,即下后邪热未与胸中水邪相结,无心下硬满疼痛之症。下后无形之热未尽,蒸于胸膈之间,故心中懊憹。胸膈毗邻胃脘,热蒸胸膈,胃脘亦受其扰,而嘈杂似饥不能食。热自胸中蒸腾于上,故但头汗出而身无汗也。其证总由余热所致,法宜清宣,栀子豉汤主之。

(2) 白虎汤证

【原文】

傷寒,脈浮滑,此以表有熱,裏有寒,白虎湯主之。(176)

白虎湯方

知母六兩　石膏一斤(碎)　甘草二兩(炙)　粳米六合

上四味,以水一斗,煮米熟湯成,去滓。溫服一升,日三服。

臣億等謹按:前篇云,熱結在裏,表裏俱熱者,白虎湯主之。又云,其表不解,不可與白虎湯。此云脈浮滑,表有熱,裏有寒者,必表裏字差矣。又陽明一證云,脈浮遲,表熱裏寒,四逆湯主之。又少陰一證云,裏寒外熱,通脈四逆湯主之。以此表裏自差明矣。《千金翼》云白通湯,非也。

【释义】

本条论阳明气分表里俱热的脉证与治法。《素问·水热穴论》说:"人伤于寒,传而为热。"此条即以脉代证,反映伤寒变热的机转与治疗。脉浮,为阳热浮盛于外,即"表有热";脉滑,为邪热壅盛于里,里热盛,鼓舞气血。所以,脉浮滑为阳明热盛之脉。本条举脉略证,据燥热炽盛之病机,还当有壮热、汗出、不恶寒、反恶热、尿赤、口渴、心烦、舌红苔黄等症。里热壅盛,充斥内外,故治以白虎汤辛寒清热。

【方解】

石膏辛寒质重,善清透气热;知母苦寒滑润,善泻火滋阴。二药合用,既清且透,滋液润燥,为治阳明无形热邪之要药。甘草、粳米益气和中,使泻火而不伤脾胃。

【析疑】

本条的"里有寒",令人费解,注释多歧。王三阳认为寒当作"邪"字解,里有寒即热邪在里。林亿等认为应是里有热表有寒,表里二字有误。《玉函经》改白虎汤为白通汤,虽然对表热里寒解得通,但对脉浮滑就讲不通了。我们认为这是古代文字传抄错讹,不可以辞害义,强为解释,白虎汤证表里俱热之机毋庸置疑。

【医案选录】

汪某,男,54岁。患感冒发热。于1971年6月12日入某医院,在治疗中身热逐步上升……曾屡进西药退热剂,旋退旋起,8日后仍继续发热达38.8℃,6月22日由中医治疗。现症:口渴,汗出,咽微痛,脉象浮大,舌苔薄黄。认为温热已入阳明经,内外虽俱大热,但尚在气分,不宜投芩连苦寒之剂,因疏白虎汤加味以治。处方:生石膏60g,知母12g,粳米12g,炙甘草9g,鲜茅根30g(后下),鲜芦根 30 g,连翘 12 g。水煎,米熟汤成,温服。下午及夜间连进 2 剂,热势下降到 38℃。23 日又按原方续进 2 剂,热即下降到 37.4℃。24 日原方石膏量减至 45 g,进 1 剂。25 日又进 1 剂,体温已正常,口不渴,舌苔退,唯汗出不止。以王孟英驾轻汤加减予之,随后进补气健脾剂,兼饮食调理,月余而愈。(中医研究院.岳美中医案集[M].北京:人民卫生出版社,2005:105.)

【原文】

三陽合病,腹滿身重,難以轉側,口不仁①,面垢②,譫語遺尿。發汗則譫語,下之則額上生汗,手足逆冷。若自汗出者,白虎湯主之。(219)

【词解】

① 口不仁:言语不利,或食不知味,或口中黏腻不爽。
② 面垢:阳明热浊之气上熏,面部如蒙油垢。

【释义】

本条论述三阳合病邪热偏重于阳明的证治及治禁。三阳合病,为太阳、阳明、少阳三经同时发病。然从所述症状表现看,实以阳明热盛为主。热壅阳明,气滞于腹则腹满;邪热炽盛,伤津耗气,则身重、难以转侧;阳明经脉环口,胃热炽盛,浊热上攻,则口不仁;足阳明胃经布于面,浊热循经上熏,故面垢;邪热上扰心神,神明无主则谵语;热盛神昏,膀胱失约,则遗尿;里热迫津外泄,则自汗出。本证阳明里热亢盛,故治以白虎汤直清里热。

"若自汗出者,白虎汤主之"应承"谵语遗尿"句下,属倒装文法。此证用白虎汤为正治之法,若误用辛温发汗,必助热伤津,里热愈炽,谵语更甚。若误下,则阴液竭于下,阳无所依附而脱于上,出现额上汗出如油、手足厥冷之危证。足见阳明无形燥热,尤须禁汗、禁下。

【析疑】

对于第 219 条"三阳合病"后世看法不一,有医家认为其有三阳合病之名,而无三阳合病之实;有认为此证始为三阳合病,随着病情发展,邪气入里化热而成阳明里热独盛之证;亦有据腹满属阳明,身重属太阳,难以转侧属少阳之说者。《伤寒论》中言"三阳合病"的条文共有两条,即第 219 条和第 268 条,从第 268 条所述证候看,其亦属里热炽盛。可见解读《伤寒论》,不能拘泥于冠名,当具体分析对待,临证尤以辨证为要。

2. 有形实结证
(1) 调胃承气汤证

【原文】

陽明病,不吐不下,心煩者,可與調胃承氣湯。(207)

太陽病三日,發汗不解,蒸蒸發熱者,屬胃①也,調胃承氣湯主之。(248)

調胃承氣湯方

甘草二兩(炙)　芒消半升　大黃四兩(清酒洗)

上三味,切,以水三升,煮二物至一升,去滓,内芒消,更上微火一二沸,温頓服之,以調胃氣。

傷寒吐後,腹脹滿者,與調胃承氣湯。(249)

【词解】

① 属胃:即转属阳明的意思。

【释义】

此3条讨论调胃承气汤证的辨治。第207条论述阳明实热心烦的证治。本条举"心烦"为例,以辨阳明燥热结于胃肠。盖胃络上通于心,胃中燥热循经上扰,神明不安则心烦。然而本条既云阳明病,且治以调胃承气汤,除心烦外,当伴有不大便、腹胀满等胃实之证。

本条与栀子豉汤证都有心烦,但有虚烦与实烦之别。栀子豉汤证,多属吐下之后,余热扰于胸膈而致心烦,因属无形邪热内扰,是谓之"虚烦",用栀子豉汤清宣郁热。本条"不吐不下",阳明腑实浊热上扰而心烦,因属有形实热内扰,故谓之"实烦",宜以调胃承气汤泄热和胃。

第248条讨论阳明实证发热的特点及其辨治。太阳病三日,发汗不解,表邪化热而转属阳明,"蒸蒸发热"就是明证。所谓"蒸蒸发热",即里热炽盛,如热气蒸腾,自内达外,是阳明热结在里而发热的重要特征。常伴不大便、腹胀满或心烦谵语、舌燥苔黄等症。本证燥热初结肠腑,故用调胃承气汤泻热和胃。

第249条讨论伤寒吐后腹满的证治。吐后津伤,易化热化燥,以致胃肠燥热,燥实阻结,腑气不通,故腹胀满。当伴大便不通、舌苔黄燥等。治以调胃承气汤软坚润燥、泻热和胃。

【方解】

调胃承气汤由大黄、芒硝和甘草三位药物组成。大黄苦寒,泻热通便;芒硝咸寒,重用以软坚润燥,泄热通便;炙甘草甘平,顾护胃气。调胃承气汤服法,按宋版原文有两种:一见于阳明病篇第207条,阳明燥热初结,腑气不通,取"温顿服之",以取速下泄热,润燥和胃之效;一见于太阳篇第29条,温药复阳后,致胃热谵语,取"少少温服之",以缓攻泻热,微和胃气。

【医案选录】

治一人素伤烟色,平日大便七八日一行。今因外感实热,十六七日大便犹未通下,心中烦热,腹中胀满,用洗肠法下燥粪少许,而胀满烦热如旧。医者谓其气虚脉弱,不敢投降下之药。及愚诊之,知其脉虽弱而火则甚实,遂用调胃承气汤加野党参12 g,生赭石、天冬各24 g,共煎汤一大碗,分3次徐徐温饮下,饮至2次,腹中作响,觉有开通之意,3次遂不敢服,迟两点钟,大便通下,内热全消,霍然愈矣。(张锡纯.伤寒论讲义[M].北京:学苑出版社,2007:67.)

(2) 小承气汤证

【原文】

陽明病,其人多汗,以津液外出,胃中燥,大便必鞕,鞕則讝語,小承氣湯主之。若一服讝語止者,更莫復服。(213)

小承氣湯方

大黃四兩(酒洗)　厚樸二兩(炙,去皮)　枳實三枚(大者,炙)

上三味,以水四升,煮取一升二合,去滓,分溫二服。初服湯當更衣,不爾者盡飲之。若更衣者,勿服之。

太陽病,若吐若下若發汗後,微煩,小便數,大便因鞕者,與小承氣湯和之愈。(250)

【释义】

以上2条论述伤津胃燥便硬的证治。阳明病汗出过多,或太阳病误用汗吐下后,津液耗伤,胃肠干燥,则大便硬结。此即第213条所谓"以津液外出,胃中燥,大便必硬"。至于微烦和谵语,是阳明实证的常见症。

第 250 条"小便数,大便因硬",示人除汗吐下伤津外,体内水液输布失常,津液偏渗膀胱,致胃家失润,肠腑干燥,也是导致阳明里实证的因素之一。本证强调"大便必硬",病机偏于燥结,故不以硝黄并用,而用小承气汤行气通便。

所谓"与小承气汤和之愈",其义在于小承气汤主行气破滞,与大承气汤相较,其泄热攻下之力较为缓和,故后世称之为"和下"。与调胃承气汤相较,其行气通便之力较强,清泻胃热之力较弱。

【方解】

小承气汤用大黄通下泻热;厚朴、枳实行气破滞。适合于大便结硬,腑气不通者。其服法当视病情为进退,若初服即大便得通,则不必尽剂,以免过剂伤正。若大便不通,当"尽饮之"至更衣为度。

【医案选录】

李某,男,34 岁。1988 年 6 月 25 日初诊。其人体健,平素多食而卧,感寒而致高热,体温 39.9℃,经西医输液,抗菌消炎治疗 7 日始退。出院后因食而复发热,体温 38.1℃,又历 4 日,大便 3 日未行,舌质常,苔黄厚,脉滑数有力,腹满痛而拒按。诊为阳明实证。处以泻热通便,消滞除满之法。处方:酒大黄 10 g,厚朴 12 g,枳实 10 g,1 剂。次日复诊:大便已下,高热退,唯午后自觉烦热,此乃潮热之轻者。兼参舌脉,原方 2 剂,分 4 次,每日 2 次服,药尽痊愈。(张植轩.小承气汤证探究[J].北京中医杂志,1994,(4):46.)

【原文】

陽明病,讝語,發潮熱,脈滑而疾①者,小承氣湯主之。因與承氣湯一升,腹中轉氣②者,更服一升;若不轉氣者,勿更與之。明日又不大便,脈反微澀③者,裏虛也,爲難治,不可更與承氣湯也。(214)

【词解】

① 脉滑而疾:脉象圆滑流利,如盘走珠,谓之滑;脉跳快速,一息七八至,则曰疾。
② 转气:又称转矢气,俗称放屁。
③ 脉反微涩:脉微无力,往来艰涩。因与滑脉相对而言,故曰"反"。

【释义】

本条论述阳明实证的证治。阳明病,谵语,发潮热,脉滑而疾,阳明实热燥结证俱,其治不用大承气汤而用小承气汤,乃因"脉滑而疾"的缘故。盖大承气汤证邪结最重,脉必沉实有力,此脉滑而疾,说明热势散漫,燥热结实而未甚。治宜先行轻下,与小承气汤试探之。

服小承气汤后,可有三种转归:其一,腹中转矢气者,是肠中燥屎结成,因药物的荡涤推动,气机得以转动,肠腑浊气下趋,可续服小承气汤一升以攻下燥屎。其二,若不转矢气者,是肠中无燥屎阻结,属大便初硬后溏,则不可再用承气汤。其三,假若明日又不大便,脉不滑疾,反见微涩。微为阳气虚衰,涩主阴血不足,是"里虚"也。正虚而邪实,攻补两难,故曰难治,并戒之曰不可再用小承气汤。

(3) 大承气汤证

【原文】

二陽併病①,太陽證罷,但發潮熱,手足漐漐汗出,大便難而讝語者,下之則愈,宜大承氣湯。(220)

大承氣湯方

大黃四兩(酒洗) 厚朴半斤(炙,去皮) 枳實五枚(炙) 芒消三合上四味，以水一斗，先煮二物，取五升，去滓，内大黄，更煮取二升，去滓，内芒消，更上微火一两沸，分温再服。得下，餘勿服。

【词解】
① 并病：一经症状未罢，又出现另一经的症状。

【释义】
本条论述二阳并病转属阳明实证的证治。太阳病仍在，阳明病继起，是谓二阳并病。但本条二阳并病，未经任何治疗，太阳表证已罢，而转属阳明。燥热内结，腑热外蒸，故发潮热。阳明主四肢，若燥热内结津亏，虽热势蒸腾，亦难以全身作汗，而仅见手足漐漐汗出。浊热上扰心神，则谵语。燥热结实，腑气不通，则大便硬结难下。本证燥热结实俱重，故治宜大承气汤清泻邪热，荡涤燥结。

【方解】
大承气汤为峻下之剂，方中大黄通下泻热，荡涤燥结；芒硝软坚润燥，泻热通腑；厚朴、枳实行气破滞，消痞除满。四药配伍，相辅相成，具有涤荡实热，攻下燥结之效用，适用于燥热结实俱甚之阳明实证。本方后入大黄，意在取生者气锐而先行，以增强荡涤攻下之力。

【医案选录】
案1　一武弁李姓，在宣化作警，伤寒五六日矣。镇无医，抵郡召予。予诊视之，曰：脉洪大而长，大便不通，身热无汗，此阳明证也，须下。病家曰：病者年逾七十，恐不可下。予曰：热邪毒气并蓄于阳明，况阳明经络多血气，不问老壮，当下。不尔，别请医占。主病者曰：审可下，一听所治。予以大承气汤。半日，殊未知。诊其病，察其证，宛然在。予曰：药曾尽否？主者曰：恐气弱不禁，但服其半耳。予曰：再作一服，亲视饮之。不半时间，索溺器，先下燥粪十数枚，次溏泻一行，秽不可近。未离已中汗矣，濈然周身。一时顷，汗止身凉，诸苦遂除。次日，予自镇归，患者索补剂。予曰：服大承气汤得差，不宜服补剂，补则热仍复。自此但食粥，旬日可也。故予治此疾，终身止大承气，一服而愈，未有若此之捷。(许叔微.伤寒九十论[M].北京：人民卫生出版社，1993：151.)

案2　某患儿，病起讫4日，曾用玉真散不效，诊察：热不退，便不通，痉不止，舌燥苔黄，脉数实。证属热结阳明，热极生风，法当下。即予大承气汤：大黄15 g(后下)，芒硝12 g(冲)，厚朴24 g，枳实12 g。越日再诊，证情未减。询知乃病家恐前方过峻，自行减半以进。由于病重药轻，服后便结如故，当此风热正盛，燥结如石，非将军之力下之不为功。遂照方急煎叠进，药后四五个小时，肠中辘辘，先排出石硬黑色如鸡卵大粪块，随下秽物便盆，如鼓之腹得平。再剂，又畅行3次，痉止，身凉，病痊。继用养血舒肝剂，调理巩固。(麦冠民.承气汤可以治痉[J].新中医，1981，(6)：47.)

【原文】
傷寒六七日，目中不了了①，睛不和②，無表裏證③，大便難，身微熱者，此爲實也，急下之，宜大承氣湯。(252)

陽明病，發熱汗多者，急下之，宜大承氣湯。(253)

發汗不解，腹滿痛者，急下之，宜大承氣湯。(254)

【词解】
① 目中不了了：目睛昏蒙，视物不清，没有神采。
② 睛不和：目睛转动不灵活。
③ 无表里证：指外无发热恶寒等表证，内无潮热、谵语等里证。

【释义】

以上3条论述阳明急下证。除第252条指出"大便难"外,其他两条均省略了阳明实证的主要证候,而重点突出需"急下之"的特征症状。如第252条的"目中不了了,睛不和"说明阳热燔灼、阴液消亡、目睛失养的危急病机。第253条的"发热汗多"说明里热蒸腾、迫津外泄、不休不止、津涸在即的凶险证候。第254条的"腹满痛"说明燥热极盛、津液枯竭、无水舟停的潜在危险。势急病危,故用急下之法,以大承气汤釜底抽薪,急救其里阴。

阳明三急下证,叙症不同,但病机都体现了邪火燔灼、燎原莫制、津液枯竭、亡阴在即的一个"急"字,因此治法也都体现了一个"急"字。治宜急下,即所谓扬汤止沸,不如釜底抽薪,急下为手段,存阴是目的,此即后世所谓"急下存阴法"。

【原文】

腹滿不減,減不足言,當下之,宜大承氣湯。(255)

【释义】

本条论述腹满的辨治。腹满不减,减不足言,是谓腹满持续不减,或偶有减轻,其程度亦微不足道,此属燥热结实之腹满,当伴见大便秘结、潮热谵语、舌苔黄厚等症。燥热结实,腑气壅滞,治宜大承气汤夺实泻热以除满。

腹满有虚实之分,虚性腹满者,其胀满时有所减,且喜温喜按,舌淡苔白,脉象缓弱,即《金匮要略》谓"腹满时减,复如故,当与温药"是也,与本条之实性腹满有本质区别。

【原文】

陽明少陽合病,必下利。其脈不負者,爲順也。負者,失也,互相剋賊,名爲負也。脈滑而數者,有宿食也,當下之,宜大承氣湯。(256)

【释义】

本条论述阳明少阳合病下利的证治。阳明属土,属胃,主燥;少阳属胆,属木,主火。脾与胃合,肝与胆合,肝脾为木土之脏,胆胃为木土之腑,互相克制。今阳明少阳合病,少阳属木而能化火,阳明属土而能化燥,火燥相合,胆胃俱病,因而邪热炽盛,燥结在里,逼迫津液下趋,热结旁流而见下利。

本条下利病情之顺逆,应据木土两腑的生克制化、脉象的胜负加以判断。阳明脉大,少阳脉弦。二阳合病下利,若脉见实大滑数,与阳明实热证相吻合,是阳明偏胜,中土尚旺,不受木克,则为不负,其病为顺。若脉来不见实大滑数,而见少阳弦脉,则是阳明不足,木火偏胜,木邪克土之象,故其病为逆,所谓"负者失也"。"脉滑而数者,有宿食也",是遥承"其脉不负者,为顺也"而来,说明阳明少阳合病下利,而见阳明滑数之脉,是燥热宿食结于肠胃,无木邪克伐之象,故当下之,宜用大承气汤。

《伤寒论》言合病下利有3条:第32条太阳与阳明合病自下利,病邪偏重于太阳之表,故用葛根汤;第172条太阳与少阳合病自下利,其偏重于少阳热迫大肠,故用黄芩汤;本条阳明少阳合病下利,偏重于阳明之里热结实,故宜大承气汤通因通用。

【原文】

大下後,六七日不大便,煩不解,腹滿痛者,此有燥屎也。所以然者,本有宿食故也,宜大承氣湯。(241)

病人小便不利,大便乍難乍易,時有微熱,喘冒①不能臥者,有燥屎也,宜大承

氣湯。(242)

　　陽明病,讝语有潮熱,反不能食者,胃中必有燥屎五六枚也。若能食者,但鞕耳,宜大承氣湯下之。(215)

　　汗出讝语者,以有燥屎在胃中,此爲風也。須下者,過經乃可下之。下之若早,語言必亂,以表虚裏實故也。下之愈,宜大承氣湯。(217)

　　陽明病,下之,心中懊憹而煩,胃中有燥屎者,可攻。腹微滿,初頭鞕,後必溏,不可攻之。若有燥屎者,宜大承氣湯。(238)

　　病人不大便五六日,繞臍痛,煩躁,發作有時者,此有燥屎,故使不大便也。(239)

【词解】
① 喘冒:冒,眼前昏黑,目无所见的昏晕状态。喘冒,即气喘而头昏目眩。

【释义】
　　以上诸条主要论述燥屎的辨证。燥屎不同于一般的大便硬,是热邪与糟粕煎熬搏结日久而成,是阳明燥结之重证,治不及时,极易导致肠腑闭阻或阴液枯竭的危候,故仲景于以上诸条反复辨析燥屎形成与否。
　　综合以上诸条所论,辨别燥屎已成的主要症候有:第241条的"腹满痛",机制为燥屎阻闭,腑气不通;第242条的"大便乍难乍易",为燥屎内结,诸脏救燥,输津于肠,津液旁流,即所谓热结旁流。如钱天来说:"乍难,大便燥结也;乍易,旁流时出也。"第215条的"反不能食",是燥屎内结、肠腑闭阻所致。热则消谷,胃热本当能食,今不能食,故曰"反"。第239条的"绕脐痛",为燥屎叠结肠道,腑气壅滞不通所致。此外,第217条的"汗出谵语",第238条的"心中懊憹而烦"也是阳明燥热内结的辨证依据。
　　燥屎既成,则"宜大承气汤"攻下燥结以泻邪热。若是"但硬耳",除非兼见潮热、谵语等燥热结实重证当用大承气汤外,一般宜选用小承气汤或调胃承气汤。
　　另外,第217条和第238条列举了大承气汤的使用禁忌。第217条指出"汗出……此为风也",宜"过经乃可下之"。第238条谓"腹微满,初头硬,后必溏"者,不可用大承气汤攻之。

(4) 下法辨证

【原文】
　　陽明病,潮熱,大便微鞕者,可與大承氣湯;不鞕者,不可與之。若不大便六七日,恐有燥屎,欲知之法,少與小承氣湯,湯入腹中,轉失氣①者,此有燥屎也,乃可攻之。若不轉失氣者,此但初頭鞕,後必溏,不可攻之,攻之必脹滿不能食也。欲飲水者,與水則噦。其後發熱者,必大便復鞕而少也,以小承氣湯和之。不轉失氣者,慎不可攻也。(209)

【词解】
① 失气:《金匮玉函经·卷三》作"矢气"。矢通屎。矢气,即肛门排出的臭气。

【释义】
　　本条辨大小承气汤的使用法及误攻后的变证。可分四段理解:从"阳明病"至"不可与之"为第一段,辨潮热及大承气汤证与禁例。潮热,是阳明燥热结实的重要标志之一,只要具备潮热,即使大便结硬不甚,也当考虑运用大承气汤。若"不硬者"则不可贸然用大承气汤。

从"若不大便"至"乃可攻之"为第二段,论用小承气汤试探燥屎法。大承气汤是峻下之剂当慎用。在"恐有燥屎"前提下,仲景运用试探法进行诊断。若汤入腹中,转矢气者,此有燥屎,是药力推动,浊气旁泄故也。然小承气汤,难以攻下燥屎,故可再用大承气汤攻下。

从"若不转矢气者"至"与水则哕"为第三段,辨燥屎未成之证与误用攻下后的变证。服小承气汤后,若不转矢气,则非燥屎结滞,仅是大便初硬后溏而已,此乃燥湿不调所致,故不可攻下。若误用攻下,则致脾气虚寒,中阳不运,见腹胀满而不能食,甚者胃气衰败,胃气上逆,饮水则哕等变证。

从"其后发热者"至"慎不可攻也"为第四段,是接大承气汤攻下而来。谓下后津伤,邪热复炽,仍可大便复硬,故"以小承气汤和之"。"不转矢气者,慎不可攻也"是反扣前文,谆谆告诫不可妄攻之意。

【原文】

陽明病,脈遲,雖汗出不惡寒者,其身必重,短氣,腹滿而喘,有潮熱者,此外欲解,可攻裏也。手足濈然汗出者,此大便已鞕也,大承氣湯主之。若汗多,微發熱惡寒者,外未解也,其熱不潮,未可與承氣湯。若腹大滿不通者,可與小承氣湯,微和胃氣,勿令至大泄下。(208)

【释义】

本条辨阳明病可攻与不可攻及大小承气汤证的证治。可分三段理解:从"阳明病"至"大承气汤主之"为第一段,辨脉迟及大承气汤的证治。阳明热证,脉多洪大滑数;阳明实证,脉多沉实大而有力。今言阳明病脉迟,何故也?一般而论,脉迟主寒。阳明病脉迟伴见腹满而喘、有潮热、身重、手足濈然汗出,乃阳明燥结,腑气不通,气机郁滞,脉道不利所致,此"迟"有脉来迟滞而涩之义。阳明燥结已成,故治"可攻里也"。

从"若汗多"至"未可与承气汤"为第二段,说明不可攻下的情况。用"若汗多,微发热恶寒者"重申表兼里实,宜先表后里,而不可径与承气汤攻下。其热不潮,提示腑实未完全形成,亦不可用承气汤攻下。

从"若腹大满不通者"至"勿令至大泄下"为第三段,是承第二段申言可下之例。如果表证已解,腹满特甚,大便不通,是阳明里实,然无潮热、手足濈然汗出,知内热较轻,燥坚不甚,则宜用小承气汤轻下,而不宜用大承气汤峻下。

【原文】

得病二三日,脈弱,無太陽、柴胡證,煩躁,心下鞕,至四五日,雖能食,以小承氣湯,少少與,微和之,令小安,至六日,與承氣湯一升。若不大便六七日,小便少者,雖不受食,但初頭鞕,後必溏,未定成鞕,攻之必溏;須小便利,屎定鞕,乃可攻之,宜大承氣湯。(251)

【释义】

本条辨大小承气汤的使用方法。宜分三段理解:从"得病二三日"至"与承气汤一升"为第一段,以时间与脉症结合辨用承气汤。得病二三日,病程较短,又无太阳、少阳证,证见烦躁,心下硬,说明病位偏上;脉弱,说明邪结不甚。因此,至四五日,只宜小承气汤少少与服,微和胃气,通畅腑气即可。至六日,可再与小承气汤一升,轻通微和,以静观其变。

从"若不大便六七日"至"攻之必溏"为第二段,从小便多少辨大便结硬与否。若不大便六七日,且不能受食,似可用大承气汤,但其小便少,则为津液还于胃肠,而未渗于膀胱也。推测六七日不大便之原因,乃初硬后溏,故曰"未定成硬"。证非燥结,若误用攻下,必损伤脾阳,而致大便溏泄。

"须小便利"以下为第三段,重申小便利是大便结硬的征兆。欲知大便是否燥硬,既须审其能食不能食,又当问其小便利与不利。只有小便利者,是津液偏渗膀胱,胃肠津液耗竭,大便必然结硬,如此方可与大承气汤攻下。

【原文】

　　陽明病,本自汗出,醫更重發汗,病已差,尚微煩不了了者,此必大便鞕故也。以亡津液,胃中乾燥,故令大便鞕。當問其小便日幾行,若本小便日三四行,今日再行,故知大便不久出。今爲小便數少,以津液當還入胃中,故知不久必大便也。(203)

【释义】

　　本条论述根据小便的多少推测大便结硬与否。阳明病里热炽盛,自汗出而津伤液耗,重发汗则津伤更甚,如见"微烦不了了",可推知"此必大便硬故也"。盖"以亡津液,胃中干燥,故令大便硬"。若要进一步明确大便是否已硬,尚须观察小便次数之多少。若小便本为日三四次,今日行一两次,是小便次数减少,乃津液尚得输布运行以滋润胃燥,而不致偏渗于膀胱,故知"不久必大便也"。

(5) 下法禁例

【原文】

　　傷寒嘔多,雖有陽明證,不可攻之。(204)

　　陽明病,心下鞕滿者,不可攻之。攻之利遂不止者死,利止者愈。(205)

　　陽明病,面合色赤①,不可攻之。必發熱,色黃者,小便不利也。(206)

【词解】

① 面合色赤:即满面通红。

【释义】

　　以上3条论述承气汤禁例。第204条论阳明病呕多者禁下。呕吐是胃热气逆,说明病机在上,故不可攻下。

　　第205条论阳明病邪热壅聚、邪结偏上者禁下。"心下硬满",病在心下胃脘,病位偏上,又无潮热谵语、腹满痛、不大便等见症,乃无形邪热壅遏气机所致,故不可攻之。若误用攻下,损伤脾阳则下利。下利不止,乃清气下陷欲脱,故预后不良。若下利止,则示脾气渐复,尚有生机,故能向愈。

　　第206条论阳明热郁经表者禁下。足阳明经脉循行于面部,阳明热盛,无形之气热怫郁于经脉、熏蒸于上部,则面合色赤。其未见腹满痛、不大便等燥热结实之候,故不可攻下。若误用攻下,必损伤脾胃,脾虚水湿失运,湿与热合,湿热熏蒸,脾色外现,则身黄而小便不利也。

(二) 阳明发黄证

1. 发黄辨证

【原文】

　　陽明病,無汗,小便不利,心中懊憹者,身必發黃。(199)

　　陽明病,被火,額上微汗出,而小便不利者,必發黃。(200)

【释义】

此2条讨论湿热发黄证的病因病机。第199条论湿热发黄的成因及先期症状。阳明病里热蒸迫应汗出,若无汗,则热邪不得外泄;小便不利,则水湿不能下行。如此里热与水湿相合,湿热郁蒸则发黄。至于心中懊憹,是郁热上扰胸膈所致。

第200条论阳明病误用火法致发黄。阳明本热,误用火法,使里热更炽,热邪上蒸,仅见额上微汗出;小便不利,乃湿与热合,气化不利。如此湿热熏蒸,故而发黄。

2. 茵陈蒿汤证

【原文】

陽明病,發熱汗出者,此爲熱越①,不能發黄也。但頭汗出,身無汗,劑頸而還,小便不利,渴引水漿②者,此爲瘀熱③在裏,身必發黄,茵陳蒿湯主之。(236)

茵陳蒿湯方

茵陳蒿六兩　梔子十四枚(擘)　大黄二兩(去皮)

上三味,以水一斗二升,先煮茵陳減六升,内二味,煮取三升,去滓,分三服。小便當利,尿如皂莢汁狀,色正赤,一宿腹減,黄從小便去也。

傷寒七八日,身黄如橘子色,小便不利,腹微滿者,茵陳蒿湯主之。(260)

【词解】

① 热越:热邪向外发越。
② 水浆:泛指饮料,如水、果汁、蔗浆之类。
③ 瘀热:指邪热郁滞。

【释义】

此2条论述发黄的机制及证治。第236条重在辨析阳明发黄的机制。阳明病发热汗出,热邪与水湿得以宣泄,湿热难以相结,故不能发黄。若但头汗出,至颈而止,身体无汗,是热不得外散;小便不利,则湿不得下泄。湿与热合,郁阻于内,即所谓"瘀热在里",湿热熏蒸肝胆,胆汁不循常道,泛溢肌肤,则身必发黄。渴饮水浆,是湿热交阻,气化不利,津液不布,且热盛津伤。证属湿热郁蒸发黄,湿热并重,治用茵陈蒿汤清利湿热以退黄。

第260条补述湿热发黄的主症与特点。身黄如橘子色,是色泽鲜明,属湿热发黄,又称之为阳黄。腹微满,证明湿热内郁,病位偏里。与茵陈蒿汤方后注"一宿腹减,黄从小便去也"互为应合。

【方解】

茵陈蒿汤由茵陈蒿、栀子、大黄组成,方中茵陈蒿为君药,清热利湿退黄;栀子与大黄配伍,栀子清泻三焦而利小便,大黄泻热行滞而通肠腑。二便通利,前后分消,湿热尽去而黄自消,取效甚捷。茵陈蒿汤为历代退黄之名方。

【医案选录】

刘某,男,14岁。春节间食荤腥,又感外邪,始则发热恶寒,不欲饮食,小便黄赤,心中发烦,继则全身面目皆黄染,体疲无力,懒动懒言。脉弦而滑数,舌苔黄腻。此证为外感邪热与内湿相合,蕴郁不解而为黄疸。为疏:茵陈30 g,大黄9 g,栀子9 g,凤尾草9 g,土茯苓12 g,草河车9 g。此方加减进退,共服8剂,黄疸退。(刘渡舟.伤寒论通俗讲话[M].上海:上海科学技术出版社,1980:96.)

3. 栀子柏皮汤证

【原文】

伤寒身黄发热,栀子蘖皮汤主之。(261)

栀子蘖皮汤方

肥栀子十五箇(擘)　甘草一两(炙)　黄蘖二两

上三味,以水四升,煮取一升半,去滓,分温再服。

【释义】

本条论述身黄发热的证治。本条述症简略,只举出身黄发热,当是热邪偏重,应伴有心烦、口渴、苔黄等热症。证属湿热郁蒸发黄,热重于湿,治以栀子柏皮汤清泄湿热而退黄。

【方解】

本方由栀子、炙甘草、黄柏组成。栀子苦寒,清热利湿;黄柏苦寒,清热燥湿。二药过于苦寒,故用炙甘草甘缓和中,保护脾胃。

4. 麻黄连轺赤小豆汤证

【原文】

伤寒瘀热在里,身必黄,麻黄连轺①赤小豆汤主之。(262)

麻黄连轺赤小豆汤方

麻黄二两(去节)　连轺二两(连翘根是)　杏仁四十箇(去皮尖)　赤小豆一升　大枣十二枚(擘)　生梓白皮一升(切)　生姜二两(切)　甘草二两(炙)

上八味,以潦水②一斗,先煮麻黄再沸,去上沫,内诸药,煮取三升,去滓,分温三服,半日服尽。

【词解】

① 连轺(yáo):即连翘根。今多代用以连翘。

② 潦(lǎo)水:指地面积存的雨水。

【释义】

本条论述阳黄兼表的证治。"瘀热在里"四字,说明本证仍然属于湿热郁遏于里的发黄证。只是治有麻黄、杏仁、生姜等解表药,所以一般认为当有发热、恶寒、无汗、身痒等表证,属阳黄兼表之证。故治以麻黄连轺赤小豆汤清热除湿退黄兼以解表。

【方解】

本方由麻黄、连轺、杏仁、赤小豆、大枣、生梓白皮、生姜、炙甘草组成。方用麻黄、杏仁、生姜辛温宣发,解表散邪;连轺、赤小豆、生梓白皮苦寒清热,除湿退黄;炙甘草、大枣甘平和中。本方梓白皮一般药房不备,可代以桑白皮。

【析疑】

对于本证的病机,还有一种认识,认为不能因为用了麻黄、连翘、生姜等表药,就印定是阳黄兼表证。《素问·汤液醪醴论》对于水湿证就有"开鬼门"之治法,仲景于《金匮要略》中就善于运用麻黄等解表药治疗水饮证。所以本证应是阳黄偏表证,即湿热偏结于肌表,用麻黄等开鬼门,散湿热,退黄疸。

【医案选录】

姬某,男性,45岁,干部,患慢性肾炎。诊其脉,大而数,视其舌黄而腻,问其起病原因,在 8 年前患皮肤湿疹,下肢多,鼠蹊部(注:即腹股沟)尤多,痒甚,时出时没,没时腰部有不适感,且微痛,久治不愈,做尿常规检查,蛋白(++++),红细胞25~30/HP,有管型,为慢性肾炎。中医辨证认为是湿疹之毒内陷所引起之肾脏病。中西医向以普通之肾炎法为治。历久无效,因根据病情,投予仲景麻黄连轺赤小豆汤以祛湿毒:麻黄6g,连轺12g,赤小豆24g,杏仁9g,甘草6g,桑白皮9g,大枣4枚(掰)。服4剂,未有汗,加麻黄量至9g,得微汗,服至10剂后,湿疹渐减,虽仍出,但出即落屑,而鼠蹊部基本不出,小便见清,易见汗,唯舌中心仍黄,脉数象减而大象依然。改用人参败毒散,服数剂后,湿疹基本消失,虽膝外侧有时出一两颗,搔之即破而消。化验尿蛋白(++),红细胞1~15/HP。(中国中医研究院.现代著名老中医名著重刊丛书·岳美中医案集[M].北京:人民卫生出版社,2005:21.)

(三) 阳明虚寒证

【原文】

陽明中風,口苦咽乾,腹滿微喘,發熱惡寒,脈浮而緊,若下之,則腹滿小便難也。(189)

【释义】

本条论述阳明中风的主要脉症及治禁。阳明中风是指感受外邪,逐渐化热化燥,而尚未至阳明热盛或里实结聚的证候。发热恶寒,脉浮而紧,为太阳表邪未罢;口苦咽干,是邪气渐已化热,津液被伤;腹满微喘,属阳明里实渐成气机壅滞。此时表邪未罢,里实未成,故不可攻下。若误用下法,则表邪内陷,而腹满更剧;津液损伤,则小便难也。

【原文】

陽明病,若能食,名中風;不能食,名中寒。(190)

【释义】

本条以能食、不能食辨阳明中风与中寒。阳热杀谷,胃主腐熟,故病入阳明,可根据能食与不能食,辨析胃阳之盛衰,判断中风与中寒。风邪属阳,阳明中风,胃气从阳化热,阳热化谷,故能食。寒邪属阴,阳明中寒,胃气从阴化寒,阴寒主静,不能化谷,故不能食。

理解本条,应知常达变。中风能食,中寒不能食,言其常也。若论其变,有胃阳亢盛,燥屎内结而不能食者(第215条);有中寒过盛,胃气衰败而反能食者(除中证)。

【原文】

陽明病,若中寒者,不能食,小便不利,手足濈然汗出,此欲作固瘕①,必大便初鞕後溏。所以然者,以胃中冷,水穀不別②故也。(191)

【词解】

① 固瘕:因胃中虚冷,水谷不消而结积的病患。其特征为大便初硬后溏。
② 水谷不别:大便中未消化食物与水液混杂在一起。

【释义】

本条辨阳明中寒欲作固瘕证。阳明中寒,除不能食外,本条又补充了小便不利与手足濈然汗出两症。中焦脾胃阳虚,不能正常转输津液下输膀胱,非但小便不利,反致水谷混杂于胃肠,形成大便初硬后溏的"固瘕"。故仲景自注其机制曰"所以然者,以胃中冷"。至于"手足濈然汗出",因四肢禀气于脾胃,脾胃阳虚,所主津液乘虚外溢,故其汗必冷湿。

阳明实证亦有不能食与手足濈然汗出，但彼为燥热，常与燥屎、腹满、潮热、谵语、舌苔黄燥、脉沉实等同见；此为虚寒，则与小便不利、大便初硬后溏、苔白、脉沉弱等并见。

【原文】

陽明病，不能食，攻其熱必噦。所以然者，胃中虛冷故也。以其人本虛，攻其熱必噦。(194)

陽明病，法多汗，反無汗，其身如蟲行皮中狀者，此以久虛故也。(196)

陽明病，反無汗，而小便利，二三日嘔而欬，手足厥者，必苦頭痛。若不欬不嘔，手足不厥者，頭不痛。(197)

【释义】

以上诸条论述阳明中寒的辨证与治禁。第194条指出不可一见"不能食"就认为是燥屎所致而行攻下，当知"胃中虚冷"也可致不能食。若误用寒凉攻下，更伤其阳，势必导致胃阳衰败，浊阴上逆，而有哕逆之变，如《素问·宝命全形论》所言："病深者，其声哕。"

第196条辨阳明病无汗身如虫行皮中状的机制。阳明阳气旺盛，蒸腾津液，本应多汗。阳明中寒则不然，阳气不足，蒸化无力，故反无汗，甚则出现身如虫行皮中状的症状。

第197条辨阳明中寒致水饮上逆之证。阳明中寒，阳虚无力蒸腾津液，故无汗。小便利，说明寒饮在中焦，而未影响膀胱之气化。"二三日"以下，是推论中焦寒饮所致之证候。寒饮上逆则呕；寒饮犯肺则咳；寒饮阻遏，阳失温煦，故手足厥冷；寒饮上犯清阳，则必苦头痛。若仅有胃中虚冷，无水饮上逆之患，则不咳、不呕、手足不厥，头也不痛。

【原文】

脈浮而遲，表熱裏寒，下利清穀者，四逆湯主之。(225)

【释义】

本条论述表热里寒的证治。脉浮主表热，脉迟主里寒。"下利清谷"乃里虚寒之证。此"表热"，即可为太阳表邪未罢，又可因虚阳外越，但不论哪种情况，皆宜"四逆汤主之"。阳明中寒，脾胃虚寒，腐熟不及，运化失职，则下利完谷不化。

阳明病之迟脉，见于寒热两证。阳明实证，燥屎内结，腑气壅滞，阻遏气血，脉来滞涩有力，是知此"迟"有涩滞不畅之意。阳明中寒脉迟，必脉来迟缓而无力。

【原文】

食穀欲嘔，屬陽明也，吳茱萸湯主之。得湯反劇者，屬上焦也。(243)

吳茱萸湯方

吳茱萸一升(洗)　人參三兩　生薑六兩(切)　大棗十二枚(擘)

上四味，以水七升，煮取二升，去滓，溫服七合，日三服。

【释义】

本条论述阳明中寒呕吐的证治。呕有寒热，其病在胃。热呕则其势急迫，寒呕则其势稍缓。本证食后泛泛欲呕，结合吴茱萸汤之治，其为寒呕无疑，乃阳明中寒，寒浊上逆所致。本证还应伴有不能食、舌淡苔白、脉迟等。

阳明寒呕，投以吴茱萸汤，原属对证，其呕当愈。今得汤"反剧"，其有两种可能：一是上焦有热，以热治热，气机上逆而呕吐加剧；二是寒浊凝聚胃口，在吴茱萸、生姜的辛散作用下，寒浊顺势上涌而出，亦是药物中病之兆。

【方解】

吴茱萸汤方中吴茱萸辛苦大热，温阳降浊；配以生姜散寒化饮，和胃降逆；人参、大枣温中补虚。四药配伍协同，功能温胃散寒，降逆止呕。

【医案选录】

徐某妻，40余岁，患头痛，时常发作，历四五年。因大便检查发现有血吸虫卵，接受锑剂治疗。仅两日，锑剂反应，头痛复发，呕吐甚剧，请余会诊。处方：横纹潞（潞党参）9 g，吴茱萸 6 g，生姜 9 g，大枣 3 枚。嘱每日服 1 剂，连服 3 日。服后，头痛呕吐停止，完成锑剂疗程。经过数月追访，据云服药以后，头痛已不再发。（俞长荣.伤寒论汇要分析[M].福州：福建科学技术出版社，1985：169.）

【原文】

陽明病，脈遲，食難用飽，飽則微煩頭眩，必小便難，此欲作穀癉①。雖下之，腹滿如故，所以然者，脈遲故也。(195)

【词解】

① 谷癉(dān)：癉同"疸"。因水谷之湿郁而发为黄疸。谷疸有湿热与寒湿之分，本证当属于后者，即所谓阴黄。

【释义】

本条论述阳明中寒欲作谷疸的证治及禁例。阳明病脉迟，当属中焦虚寒，脉必迟缓无力。阳明中寒证，不能进食过多，若强食过饱，脾胃无力运化，水谷郁于胃脘，则见微烦；清阳不升，则头眩；浊阴不降，故腹满；中焦阳气不能蒸化，水液不得正常输布，则小便难。此时若治疗不当，必因水谷湿邪内郁，久则将成谷疸之证。治当温运中阳、散寒除湿。若误用下法，则中阳衰败，寒湿愈甚，不仅腹满如故，甚至促使病情向更严重方向转化。

二、阳明病血分证

(一) 衄血证

【原文】

陽明病，口燥，但欲漱水，不欲嚥者，此必衄。(202)

脈浮發熱，口乾鼻燥，能食者則衄。(227)

【释义】

此 2 条论述阳明衄血证。第 202 条辨阳明热在血分的衄血证。阳明病，渴而能饮，是热在气分。今口燥而只频频漱水不欲咽，是热邪在血分的特征。因为营血属阴，其性濡润，血被热蒸，营气尚能敷布，所以口虽燥而但欲漱水不欲咽。血热妄行，热伤阳络，必致衄血。

第 227 条辨阳明血分热盛的衄血证。脉浮发热，是热在阳明血分。热邪随经上扰，故口干鼻燥。胃热杀谷，则能食。邪热迫于血分，血随经上逆，而为鼻衄。

(二) 下血证

【原文】

陽明病，下血讝語者，此爲熱入血室；但頭汗出者，刺期門，隨其實而瀉之，濈

然汗出则愈。(216)

【释义】

本条论述阳明病热入血室的证治。阳明之热,下陷血室,热邪迫血妄行,故下血;血热上扰神明,则谵语;血热熏蒸于上,故但头汗出。因血室隶属于肝脉,故刺期门以泻其实,使邪热从外宣泄,濈然汗出而解。太阳病篇有热入血室证三条,可与本条互参。

(三) 蓄血证

【原文】

陽明證,其人喜忘①者,必有畜血②。所以然者,本有久瘀血,故令喜忘。屎雖硬,大便反易,其色必黑者,宜抵當湯下之。(237)

【词解】

① 喜忘:喜作"善"字解。喜忘,即健忘。
② 畜血:畜同"蓄"。畜血,指瘀血停留。

【释义】

本条论述阳明蓄血的证治。阳明蓄血证,是阳明邪热与宿有的瘀血相结所致。喜忘为有瘀血主症之一,因心藏神,又主血,宿瘀与邪热相合,使神失所养,所以喜忘。正如《素问·调经论》云:"血并于下,气并于上,乱而喜忘。"若纯属阳明燥热,则大便秘结难下,今大便虽硬,而排出反易,且其色必黑,此为蓄血证。因血属阴,其性濡润,离经之血与燥粪相混,有助于大便排出,但便色多黑如胶漆,是为阳明蓄血之特征。宜用抵当汤破血逐瘀。

【医案选录】

宋某,女,18岁。于1970年8月患癫狂,目光异常,时而若有所思,时而若有所见,时而模仿戏剧人物,独自动作吟唱,入夜尤剧,妄言躁狂欲走,中西医多方治疗未效。病至半月,势渐重笃,卧床不起,饮食不进有数日,邀衣宸寰老医师诊视。脉之,六部数疾,尺滑有力,按之少腹上至脐旁坚硬急结。询其经事,家人回答,初得病时正值经期。大便周余未解,小便尚通,舌暗红干燥。乃曰:王氏《脉经》说尺滑滑,血气实,妇人经水不利……宜下祛瘀血。舌脉合参,属瘀热发狂,急宜泻热破瘀。疏抵当汤:桃仁25 g,大黄10 g,水蛭10 g,虻虫10 g。适缺虻虫,嘱先服下观察。翌日诊视,药后大便得通,证无进退。曰:证属瘀热发狂无疑,抵当何以不效?殆缺虻虫之故。仍用前方,亟令觅得虻虫。时值夏月,家人乃自捕虻虫20条合药。服后3小时许,果从前阴下瘀血紫黑,夹有血丝血块,大便亦解胶黑之屎。令以冰糖水饮之,沉沉睡去,嘱勿扰唤。翌晨,神情索食,唯觉困乏。疏方:生地、白薇、丹参、莲心、荷叶、琥珀调之。愈后询之,自言先因郁怒,经期复受惊恐,遂血阻不行,继乃发病。现已婚生子,未再复发。(高德.伤寒论方医案选编[M].长沙:湖南科学技术出版社,1981.)

【原文】

病人無表裏證,發熱七八日,雖脈浮數者,可下之。假令已下,脈數不解,合熱則消穀喜饑,至六七日不大便者,有瘀血,宜抵當湯。(257)

若脈數不解,而下不止,必協熱便膿血也。(258)

【释义】

第257条辨阳明腑实与有瘀血的证治。患者无表里证,是既无头痛、恶寒等太阳表证,又无腹满、谵语等阳明里证。发热七八日,虽脉浮数,然无表证,当是热盛于内蒸腾于外的征象,可用下法以泻其热。若下后脉浮已去而数不解,当是气分之热已去,血分之热不减。尽管六七日不大便,而且能食易饥,但此非阳明腑实,而是血瘀热结证,宜用抵当汤破血逐瘀。

第258条承上条言下后有便脓血的变证。下后脉数不解而下利不止,为热得下泄,迫血下行,灼伤阴络,而产生便脓血的变证,所以说"必协热便脓血也"。

第三节 阳明病兼证

一、阳明病兼表证

【原文】

陽明病,脈遲,汗出多,微惡寒者,表未解也,可發汗,宜桂枝湯。(234)

【释义】

本条论述阳明病兼太阳表虚证的证治。"阳明病,脉迟"提示属阳明病里实证;"汗出多,微恶寒者"提示尚兼见太阳表虚证。本病属表里同病而里实证不重,治宜先表后里,先宜桂枝汤解表。如表解后里证未除,则再治阳明里证。

【原文】

陽明病,脈浮,無汗而喘者,發汗則愈,宜麻黃湯。(235)

【释义】

本条论述阳明病兼太阳表实证的证治。"阳明病,脉浮,无汗而喘",提示本证虽属表里同病,但以太阳表实证为主,而阳明里证不重,故治宜先表后里,方用麻黄汤。"发汗则愈",提示本证发汗可达表解里自和之效。

二、阳明病兼里证

(一)无形热盛兼证

1. 白虎加人参汤证

【原文】

傷寒,若吐若下後,七八日不解,熱結在裏,表裏俱熱,時時惡風,大渴,舌上乾燥而煩,欲飲水數升者,白虎加人參湯主之。(168)

白虎加人參湯方

知母六兩 石膏一斤(碎) 甘草二兩(炙) 人參二兩 粳米六合

上五味,以水一斗,煮米熟湯成,去滓,溫服一升,日三服。此方立夏後,立秋前乃可服。立秋後不可服。正月二月三月尚凜冷,亦不可與服之,與之則嘔利而腹痛。諸亡血虛家亦不可與,得之則腹痛利者,但可溫之,當愈①。

傷寒無大熱,口燥渴,心煩,背微惡寒者,白虎加人參湯主之。(169)

傷寒脈浮,發熱無汗,其表不解,不可與白虎湯。渴欲飲水,無表證者,白虎加人參湯主之。(170)

若渴欲飲水,口乾舌燥者,白虎加人參湯主之。(222)

【词解】

① 此方立夏后……但可温之,当愈:《伤寒论》中其他有关白虎加人参汤条文的附方及《金匮要略》中白虎加人参汤后均无此62字,疑是后人所加。

【释义】

第168条、第169条、第222条三条论述阳明热炽津伤的证治。本证在阳明发热汗出的基础上,出现两组重要症候:一是里热炽盛、津伤气燥,致渴饮特甚,如口干舌燥、渴欲饮水、大渴欲饮水数升等;二是热结在里,阳不外达,致无大热,时时恶风,背微恶寒。阳明大热证而言"无大热",并见时时恶风寒,甚者出现手足厥冷(见厥阴病篇第350条),反映阳热盛极,格阴于外,真热假寒的病机,具有重要的辨证意义。于此示人对于阳明里热极盛之证尤当注意辨别寒热真假,若惑于假象,以热为寒,势必导致抱薪救火之危局。里热炽盛、津气两伤,故治以白虎加人参汤辛寒清热、益气生津。

第170条论述白虎汤的禁忌证及阳明热盛津伤的辨证要点。伤寒脉浮,发热无汗,是风寒在表,即使兼有内热,也当先解表后清热,或用大青龙汤、桂枝二越婢一汤发表清里,切不可径用白虎汤。一旦误用,则冰伏寒邪,产生变证。故仲景于此戒之曰"不可用白虎汤"。若表证已去,阳明里热伤津而渴欲饮水,则可用白虎加人参汤清热益气生津。渴欲饮水,乃阳明热盛津伤的辨证要点。

【方解】

见太阳病篇。

【析疑】

关于"时时恶风""背微恶寒"的机制还有另一种认识,即认为是汗出肌疏,卫失温煦,或不耐邪扰。若详细分析,阳明发热汗出的特点是热不为汗所衰,即里热不断外蒸,肌表汗出溅溅然,故此说不尽合乎医理。另外,汇通全书,综观第63条麻杏甘石汤证的"无大热"和第136条的大结胸证的"无大热",以及第350条白虎汤证的"脉滑而厥",可知凡大热证,最易热邪郁结,最怕也是热邪郁结。因为一旦邪热郁结,一则阳热难以外达,必内陷深伏而劫阴、动风、扰神,出现阴竭、抽搐及神昏重证;二则阳热内结,阳气不达,而出现恶风恶寒、厥逆等假寒之证,易致误辨误治。所以,仲景于此以无大热、恶风、恶寒,示人对于大热证尤当注意辨别寒热真假。

【医案选录】

案1 史某,男,16岁。消渴证,烦渴多饮,口舌干燥,神疲,消瘦,舌边尖红,苔黄燥,脉象洪数。辨证为肺胃热盛,津气两消之上消证。法宜清热生津,用白虎加人参汤加味:生石膏60 g,知母12 g,甘草4.5 g,人参9 g,粳米9 g,生地黄18 g,天花粉15 g,鲜石斛15 g,芦根三尺(鲜)30 g,上方服5剂后,烦渴减轻,后以原方(以党参、北沙参代人参)加减,服至50剂,消渴痊愈。(王琦.经方应用[M].银川:宁夏人民出版社,1981:244 - 245.)

案2 聂某,女,28岁,1988年7月15日初诊。患者头痛6年,由于夏季多发,今因剧烈运动后而诱发,头痛5日,前额痛甚,面红目赤,心中烦热,口舌干燥,渴欲饮冷,汗多,脉大无力。证属阳明气分热盛,气津两伤,实热循经上扰清窍而致。治以清热生津,益气养阴。方投白虎加人参汤:生石膏45 g(先下),肥知母12 g,生甘草6 g,北沙参12 g,粳米10 g,西洋参6 g(另煎兑入),进药3剂,诸症悉除。上方石膏减至15 g,台党参15 g代西洋参,继服3剂。随访半年,头痛未发。(王和天.经方治疗头痛验案举隅[J].北京中医学院学报,1991(3):52.)

2. 猪苓汤证

【原文】

若脈浮發熱,渴欲飲水,小便不利者,豬苓湯主之。(223)

豬苓湯方

豬苓(去皮)　茯苓　澤瀉　阿膠　滑石(碎)各一兩

上五味,以水四升,先煮四味,取二升,去滓,内阿膠烊消,温服七合,日三服。

陽明病,汗出多而渴者,不可與豬苓湯,以汗多胃中燥,豬苓湯復利其小便故也。(224)

【释义】

第223条论述阳明阴伤水热互结的证治。句首一"若"字,说明是承接第221条而来,也是设法御病之词,阐述阳明病误下后有余热留于胸膈者,亦有阴伤水热互结者。下后阳明余热犹存,故脉浮发热;热陷下焦,与水互结,气化失常,则小便不利;津不上承,兼下伤阴液,故渴欲饮水。用猪苓汤清热育阴利水。第221条、第222条、第223条三条彼此联系,互为一体,被称为"阳明清法三证",分别揭示了热在上、中、下三焦的治疗。

第224条紧承第223条论述猪苓汤禁例。阳明病里热炽盛,故汗出多;热盛津伤,则口渴。猪苓汤虽有清热滋阴之力,但其终究属于利水之剂,阳明为病,易于燥化,汗出多而津伤,若误用猪苓汤复利其小便,必致津液更伤,邪热愈炽,故特此强调"不可与猪苓汤"。

【方解】

猪苓汤中猪苓、茯苓淡渗利水;泽泻、滑石清热利水;独用阿胶,滋阴润燥。诸药共凑利水清热育阴之功。

【医案选录】

高某,女性,干部,患慢性肾盂肾炎,因体质较弱,抗病能力减退,长期反复发作,经久治不愈。发作时有高热、头痛、腰酸、腰痛、食欲不振,尿意窘迫,排尿少,有不快与疼痛感。尿检查:混有脓球、上皮细胞、红细胞、白细胞等。尿培养:有大肠杆菌。中医诊断:属淋病范畴。此为湿热侵及下焦。法宜清利下焦湿热。选张仲景《伤寒论》猪苓汤……即疏原方予服:猪苓12 g,茯苓12 g,滑石12 g,泽泻12 g,阿胶9 g(烊化兑服)。另嘱患者多进水分,使尿量每日保持在1 500 ml以上。此病多属正气已伤,邪仍实的虚实兼证类型,故嘱其于不发作时,服肾气丸类药物,以扶正而巩固疗效。(中国中医研究院.现代著名老中医名著重刊丛书·岳美中医案集[M].北京:人民卫生出版社,2005:18.)

(二) 有形实结兼证

1. 三急下证

【原文】

傷寒六七日,目中不了了①,睛不和②,無表裏證③,大便難,身微熱者,此爲實

也,急下之,宜大承氣湯。(252)

陽明病,發熱汗多者,急下之,宜大承氣湯。(253)

發汗不解,腹滿痛者,急下之,宜大承氣湯。(254)

【词解】

① 目中不了了:目睛昏蒙,视物不清,没有神采。
② 睛不和:目睛转动不灵活。
③ 无表里证:指外无发热恶寒等表证,内无潮热、谵语等里证。

【释义】

以上3条论述阳明急下证。除第252条指出"大便难"外,其他2条均省略了阳明实证的主要症候,而重点突出需"急下之"的特征症状。如第252条的"目中不了了,睛不和"说明阳热燔灼、阴液消亡、目睛失养的危急病机。第253条的"发热汗多"说明里热蒸腾、迫津外泄、不休不止、津涸在即的凶险证候。第254条的"腹满痛"说明燥热极盛、津液枯竭、无水舟停的潜在危险。势急病危,故用急下之法,以大承气汤釜底抽薪,急救其里阴。

阳明三急下证,叙症不同,但病机都体现了邪火燔灼、燎原莫制、津液枯竭、亡阴在即的一个"急"字,因此治法也都体现了一个"急"字。治宜急下,即所谓扬汤止沸,不如釜底抽薪,急下为手段,存阴是目的,此即后世所谓"急下存阴法"。

2. 麻子仁丸证

【原文】

趺陽脈①浮而濇,浮則胃氣強,濇則小便數,浮濇相搏,大便則鞕,其脾爲約,麻子仁丸主之。(247)

麻子仁丸方

麻子仁二升　芍藥半斤　枳實半斤(炙)　大黃一斤(去皮)　厚朴一尺(炙,去皮)　杏仁一斤(去皮尖,熬,別作脂)

上六味,蜜和丸如梧桐子大,飲服十丸,日三服。漸加,以知爲度。

【词解】

① 趺阳脉:即足背动脉,在冲阳穴处,属足阳明胃经。

【释义】

本条论述脾约的证治。趺阳脉在足阳明胃经冲阳穴处,趺阳脉可候脾胃之气的盛衰。趺阳脉浮,浮为阳脉,主胃热亢盛,所以说"浮则胃气强"。濇为阴脉,主脾阴亏虚。胃强脾弱,不能为胃行其津液,津液偏渗膀胱,故小便数;肠道失濡,则大便硬。此为脾约,治以麻子仁丸泻热润燥通便。

本证病机重点是胃强脾弱,脾转输津液的功能被胃热所约束,以致肠燥便秘,故称"脾约"。脾约证的临床特征,正如第244条所谓"小便数者,大便必硬,不更衣十日,无所苦也"。

【方解】

麻子仁丸由小承气汤加麻子仁、杏仁、芍药、蜂蜜和丸而成。方中重用火麻仁滋阴润肠通便为主药,杏仁能润肠降气以通便,芍药补养阴液,蜂蜜滋燥润肠。以上四药重在养阴滋燥,润肠通便,以治脾弱。大黄、枳实、厚朴,泻热通便,行气导滞,以治胃热。以蜜和丸,是取润下缓行之意。本方宜根据病情和疗效,灵活掌握用药多少,即饮服十丸,"渐加,以知为度"。

【医案选录】

一豪子郭氏,得伤寒数日,身热,头疼,恶风,大便不通,脐腹膨胀,易数医。一医欲用大承气,一医欲用大柴胡,一医欲用蜜导,病家相知,凡三五人,各主其说,纷然不定。最后请予至,问小便如何?病家云:小便频数。乃诊六脉,下及趺阳脉,浮且涩。予曰:脾约证也,此属太阳阳明。仲景云:太阳阳明者,脾约也。仲景又曰:趺阳脉浮而涩,浮则胃气强,涩则小便数,浮涩相搏,大便则硬。其脾为约者,大承气、大柴胡恐不当,仲景法中麻仁丸不可易也。主病亲戚尚尔纷纷。予曰:若不相信,恐别生他证,请辞,毋庸召我。坐有一人,乃弟也,逡巡曰:诸君不需纷争,既有仲景证法相当,不同此说何据?某虽愚昧,请终其说,诸医若何,各请叙述。众医默默,纷争始定。予以麻仁丸百粒,分三服,食顷间尽。是夕,大便通,中汗而解。(许叔微.伤寒九十论[M].北京:人民卫生出版社,1993:205.)

3. 蜜煎导、土瓜根导及猪胆汁导证

【原文】

陽明病,自汗出,若發汗,小便自利者,此爲津液內竭,雖鞕不可攻之,當須自欲大便,宜蜜煎導而通之。若土瓜根及大豬膽汁,皆可爲導①。(233)

蜜煎方

食蜜②七合

上一味,於銅器內,微火煎,當須凝如飴狀,攪之勿令焦著,欲可丸,併手捻作挺③,令頭銳,大如指,長二寸許,當熱時急作,冷則鞕。以內穀道④中,以手急抱,欲大便時乃去之。

土瓜根方(佚)

豬膽汁方

又大豬膽一枚,瀉汁,和少許法醋⑤,以灌穀道內,如一食頃⑥,當大便出宿食惡物,甚效。

【词解】

① 导:有因势利导之意。如津伤便秘者,用滑润类药纳入肛门,引起排便,叫作导法,属外治法。

② 食蜜:即蜂蜜。

③ 挺:量词,多用于条状物或长形物。同"梃"也。《南史·沈攸之传》:"赐攸之烛十挺。"

④ 谷道:即肛门。

⑤ 法醋:即食醋。

⑥ 一食顷:约吃一顿饭的时间。

【释义】

本条论述胃热不甚津伤便硬的证治。本自汗出,更用发汗,损伤津液;小便自利,津液更伤,致使津液亏虚,肠道失润,大便干燥难行。本证既非承气汤证燥热亢盛谵语、便硬、腹满痛,又非脾约证胃强脾弱,而是津液内竭所致的大便秘结,虽便意频繁而不得出。当因势利导,润导通便。蜜煎方或土瓜根方、猪胆汁方,均可酌情选用。

本条与承气汤证、麻子仁丸证，皆可见有大便秘结。承气汤证，属阳明腑实，燥热结实，便硬燥屎，伴有潮热、谵语、腹满痛等症，治以泻热攻下；麻子仁丸证，属胃强脾弱，故大便硬，伴小便数，不更衣十数日而无所苦，治以养阴滋燥，润肠通便；本证属误治伤津，肠燥便秘，便意频繁却欲出不能，当因其势而润导之。

【方解】

蜜煎方以蜂蜜滋阴润燥，制成栓剂纳入肛门中，润肠以通便。土瓜根苦寒无毒，捣汁灌肠，以润肠清热通便。猪胆汁苦寒润滑，与食醋混合灌肠，可清热润肠通便。

【医案选录】

案1　王某，女，12岁。前患伤寒发热二候，经治不愈。热退已10多日，但9日来未解大便，无腹胀满痛不适等。近两日来，日晡所小有潮热，略觉口渴，精神尚振，胃纳良好，睡眠安宁，舌质淡红，苔中心光剥，体温37.40℃，脉搏80次/分，脉形软弱，不耐重按，腹部柔软，加压不痛，右腹及脐左可扪及块状物，累累如贯珠20多枚。脉证互参，系热病之后，津液日亏，不能濡润大肠，故大便硬而不下。初用吴氏增液汤，作增水行舟之法，3剂后无效，继用润下法3剂，及蜜煎导法等，在服用中药同时，又用50%甘油30 ml灌肠，隔日1次，共2次。在灌肠后，均有腹部剧烈阵痛，约半小时方减，治疗8日，大便仍未通。因翻阅《伤寒论》有猪胆汁外导一法，即用大猪胆2枚，取汁盛碗中，隔汤炖透消毒，用时再加开水，以50%胆汁40 ml灌汤，灌后无腹痛，30分钟左右大便1次，下圆形结粪10块多，隔5小时许，又便出10多枚，及粪便甚多，腹中粪块消失而愈。（金文学.猪胆汁灌肠法治疗便秘二例[J].江苏中医，1965，(11)：36-37.）

案2　林某，女，49岁。因腹痛及呕吐10余次而入院。患者曾行阑尾切除术，并置烟卷引流10日之久，手术后两周出院。此次入院时检查：中度失水，腹部中度膨胀，鼓音，肠鸣音亢进，腹部有压痛，但腹肌无紧张。血红蛋白88 g/L，红细胞4.54×10^{12}/L，白细胞7.0×10^{9}/L，中性粒细胞80%，淋巴细胞16%，单核细胞3%。其他化验报告无异常。X线平片显示腹部小肠充气及有液平面。临床印象：部分肠梗阻，手术后粘连所致。入院即使用胆汁灌肠2次，以及一般支持疗法。灌肠后效果良好，症状逐渐消失，患者于6日后出院。（上海市立第十人民医院外科.一种简易有效的灌肠剂：胆汁灌肠[J].中医杂志，1957，(8)：431-433.）

第四节　阳明病疑似证

【原文】

陽明病，脇下鞕滿，不大便而嘔，舌上白胎者，可與小柴胡湯。上焦得通，津液得下，胃氣因和，身濈然汗出而解。（230）

【释义】

本条论述阳明病疑似证的辨证及小柴胡汤的作用机制。阳明病不大便，应当用承气汤。但硬满不在腹部而在胁下，舌苔不是黄燥而见白苔，更加呕逆，说明阳明燥热未盛，病偏少阳，故"可与小柴胡汤"。

小柴胡汤为和解少阳、调畅气机之剂,使上焦气机得以宣通,则胁下硬满可去;津液得下,胃肠得以滋润,则大便自调;胃气和降,则呕逆可除;三焦通畅,阳气宣达,可周身濈然汗出而病解。

附:备考原文

陽明病,初欲食,小便反不利,大便自調,其人骨節疼,翕翕如有熱狀,奄然發狂,濈然汗出而解者,此水不勝穀氣,與汗共并,脈緊則愈。(192)

陽明病,但頭眩,不惡寒,故能食而欬,其人咽必痛。若不欬者,咽不痛。(198)

陽明病,脈浮而緊者,必潮熱,發作有時。但浮者,必盜汗出。(201)

傷寒四五日,脈沉而喘滿,沉爲在裏,而反發其汗,津液越出,大便爲難,表虛裏實,久則讝語。(218)

若胃中虛冷,不能食者,飲水則噦。(226)

陽明病,發潮熱,大便溏,小便自可,胸脇滿不去者,與小柴胡湯。(229)

陽明中風,脈弦浮大而短氣,腹都滿,脇下及心痛,久按之氣不通,鼻乾不得汗,嗜臥,一身及目悉黃,小便難,有潮熱,時時噦,耳前後腫,刺之小差,外不解,病過十日,脈續浮者,與小柴湖湯。(231)

脈但浮,無餘證者,與麻黃湯;若不尿,腹滿加噦者,不治。(232)

病人煩熱,汗出則解,又如瘧狀,日晡所發熱者,屬陽明也。脈實者,宜下之;脈浮虛者,宜發汗。下之與大承氣湯,發汗宜桂枝湯。(240)

太陽病,寸緩關浮尺弱,其人發熱汗出,復惡寒,不嘔,但心下痞者,此以醫下之也。如其不下者,病人不惡寒而渴者,此轉屬陽明也。小便數者,大便必鞕,不更衣十日,無所苦也。渴欲飲水,少少與之,但以法救之。渴者,宜五苓散。(244)

脈陽微而汗出少者,爲自和也,汗出多者,爲太過。陽脈實,因發其汗,出多者,亦爲太過。太過者,爲陽絕於裏,亡津液,大便因鞕也。(245)

脈浮而芤,浮爲陽,芤爲陰,浮芤相搏,胃氣生熱,其陽則絕。(246)

第三章　辨少阳病脉证并治

导学

本章主要介绍少阳病本证及其兼变证的病因病机、临床表现、治疗方法及其治疗禁等。病入少阳，为邪由表入里的过渡阶段，病位在半表半里。本章揭示了外感疾病处于发展过渡阶段的辨证论治，具有重要的临床指导意义。

学习目标：重点掌握少阳病本证与兼变证的辨证论治。掌握少阳病提纲证；掌握小柴胡汤证、大柴胡汤证、柴胡桂枝汤证、柴胡加龙骨牡蛎汤证。熟悉柴胡加芒硝汤证、柴胡桂枝干姜汤证；熟悉小柴胡汤禁例。了解少阳病传变及预后；了解少阳病欲解时及机制；了解少阳病治禁。

概　说

少阳又称"一阳""稚阳""小阳"。少阳乃阳气初生，虽生机勃发，应春生之气，然初生者阳气必少，其气尚微，气血不足，抗病能力较弱。

少阳为枢，居半表半里之位，为人身阴阳气机升降出入开阖的枢纽。包括手少阳三焦、足少阳胆两经及三焦、胆两腑，并分别与手厥阴心包、足厥阴肝相表里。足少阳胆经之脉，起于目锐眦，上抵头角，下耳后，入耳中，至肩入缺盆，下胸贯膈，络肝属胆；手少阳三焦经之脉，起于小指次指之端，出臂上贯肘，上肩入缺盆，布膻中，散络心包，下膈属三焦。胆主气机，内寄相火，参与消化，协调情志，主决断。三焦主决渎而通调水道，名"中渎之腑"，又为水火气机运行之道路。手足少阳之经脉互相联系，胆腑功能疏泄正常，则枢机运转，三焦通畅，水火气机得以升降自如，使上焦如雾，中焦如沤，下焦如渎，各有所司。故《素问·阴阳离合》云："少阳为枢。"

少阳病是外感病发展过程中由表入里的中间阶段，主要是因少阳胆气失和而为邪气侵犯或邪气内生所引起的气机郁滞、胆火上炎的一系列病变。其病性属热，其病位在半表半里。

少阳病可由本经自受外邪或他经传入。本经自受外邪，多因素体虚弱，抗邪无力，邪犯少阳；他经传入，或因太阳失治误治，邪传少阳；或因三阴正气来复转出少阳。

少阳病以"口苦，咽干，目眩"为提纲证，反映少阳胆火内郁，郁火上炎，火气为病的特点。

少阳病本证有二：一是足少阳胆证，其中可见往来寒热、胸胁苦满、默默不欲饮食、心烦喜呕者；可见热入血室的寒热如疟、发作有时、胸胁下满者；均治以小柴胡汤。也可见到因少阳邪热内迫阳明的下利或兼呕者,治以黄芩汤或黄芩加半夏汤。一是手少阳三焦证,见胸胁满微结、小便不利、渴而不呕、但头汗出、往来寒热、心烦等;或见胸满烦惊、小便不利、谵语、一身尽重、不可转侧等,前者治以胡桂枝干姜汤,后者治以柴胡加龙骨牡蛎汤。

少阳位于表里之间,变化多端,邪易传变,病证多有兼挟,若邪犯少阳,表邪未解者,可见发热、微恶寒、肢节烦疼、微呕、心下支结等,宜和解少阳,兼以解表,方用柴胡桂枝汤;若邪郁少阳,兼阳明里实者,可见呕不止、心下急、郁郁微烦,或兼见潮热、大便硬等,宜和解少阳兼泻里实,据病情酌用大柴胡汤或柴胡加芒硝汤。

少阳病虽正气不足,抗邪无力,但邪亦不甚,只要处理得当,多能痊愈,预后良好。但因其病在阴阳进退的关键,若失治、误治,亦每多转变,或伤津化燥邪入阳明;或误下伤阳传入太阴;或表里相传而入厥阴;或误治邪陷,热与痰水相结而成结胸;或误治伤正,热与气相结而成痞证;或用吐下,耗伤气血,以致心失所养,胆气虚损,而出现心悸、烦、惊等。

第一节　少阳病纲要

一、少阳病提纲

【原文】

少陽之爲病,口苦,咽乾,目眩也。(263)

【释义】

本条论述少阳病提纲。口、咽、目均为清窍,居于上。火性炎上,邪犯少阳,胆火上扰清窍则三部俱病。少阳胆内藏精汁,上溢于口则口苦;津液灼伤则咽干;胆热内郁,火热循经上扰,必头目昏眩。

口苦、咽干、目眩三症充分反映了少阳病胆火上炎、灼伤津液、火气为病的特点,故将其作为少阳病的辨证提纲。正如柯韵伯《伤寒来苏集》中所述:"太阳主表,头项强痛为提纲,阳明主里,胃家实为提纲,少阳属半表半里之位,仲景特揭口苦、咽干、目眩为提纲,奇而至当也。盖口、咽、目三者,不可谓之表,又不可谓之里,是表之入里,里之出表处,所谓半表半里也。三者能开能合,开之所见,合之不见,恰合枢机之象。"

但少阳为病,尚有正邪分争,枢机不利,疏泄失职,胆木横逆,木邪犯土的病机,故本条应与第96条所述之往来寒热、胸胁苦满、默默不欲饮食、心烦喜呕等症互相合参,临床辨证方能比较全面。

二、少阳病分类及治禁

【原文】

少陽中風,兩耳無所聞,目赤,胸中滿而煩者,不可吐下,吐下則悸而驚。(264)

傷寒,脉弦細,頭痛發熱者,屬少陽。少陽不可發汗,發汗則譫語,此屬胃。胃

和则愈,胃不和,烦而悸。(265)

【释义】

此2条分别论述少阳中风证、少阳伤寒证的症状、治疗禁忌及误治后变证。第264条论述少阳中风证。因少阳主相火,风为阳邪,风火相煽,波及脉络。足少阳经脉起于目锐眦,走于耳中,下胸中,贯膈;手少阳之脉上耳后,入耳中,出耳前,止于目锐眦,其支者布胸中,络心包,下膈。风火循经上扰,清窍不利,故耳聋、目赤;风火之邪郁于少阳经脉,结于胸胁,经气不利,则胸中满而烦。可见本证是无形之风火,扰于少阳经脉所致,并无有形实邪。治疗应以和解枢机,清散风火为法,不可用吐下之法。若误认胸满而烦为实邪阻滞,而误用吐下之法,势必耗伤气血,以致胆气虚损,心神失养,而出现心悸、惊惕等症。

第265条论述少阳伤寒证。少阳伤寒为少阳自感寒邪而发病。邪犯少阳,正邪交争则发热;上扰清窍,则头痛。因三阳病皆有头痛发热,故仅凭头痛发热一症,难断病在何经。若兼脉浮,是病在太阳之表,治宜汗解;若兼脉大,是病在阳明之里,治宜清下;而本证是兼脉弦,弦属肝胆之脉,故为病在少阳。少阳病邪在半表半里,治宜和解,不可发汗。若误汗则津伤胃燥,燥热内传阳明,上扰心神则谵语。因谵语系胃热所致,故曰"此属胃"。误治变证有两种转归:若胃气和,热除津复,谵语自止;或胃热津伤,难以自和,阴血不足,心失所养,故出现烦而悸之症。

以上2条合参互补,说明少阳病应以和解为治疗大法,而禁用汗、吐、下三法。

三、少阳病传变

【原文】

伤寒六七日,无大热,其人躁烦者,此为阳去入阴①故也。(269)

伤寒三日,三阳为尽,三阴当受邪,其人反能食而不呕,此为三阴不受邪也。(270)

伤寒三日,少阳脉小者,欲已也。(271)

【词解】

① 阳去入阴:即去表入里之意。

【释义】

此3条论述以脉证为据判定外感病进一步传变或是向愈的方法。第269条论述表病入里之证。伤寒六七日,一候已过,按照传变规律,病情处于可愈或传变之期。患者身无大热,是指表无大热,乃邪热已入里,里热盛而外热较轻。又增躁烦,躁烦之症阴证阳证均可出现,若伴见口渴汗出、腹胀便秘、脉沉实等,则躁烦为邪入阳明,阳热亢盛,扰及心神所致;若伴有吐利、肢厥、脉微等,则为邪入阴经,阳衰阴盛,虚阳浮越之躁烦。但不论内传阳明还是邪陷三阴,均是表病入里,即"阳去入阴"。本条说明了表病传里之大体趋势,并提示病情是否发生传变以及传入何经,应以现有脉证为凭,医者应注意辨识。

第270条辨伤寒不传三阴之证。"伤寒三日"三阴是否受邪,不单需要参考发病日数,更重要的是取决于病邪之轻重、正气之强弱以及治疗当否等因素,临证应以脉证为据。如果患者表现能食不呕,说明正气相对较旺,脾胃气和,疾病没有发生传变,故曰"此为三阴不受邪也"。若传入三阴,患者食欲则会受到影响,太阴当见腹满而吐,食不下;少阴当见欲吐不吐,或吐利肢厥;厥阴当见饥而不欲食,食则吐蛔。本条患者食欲如常,且无三阴之证,说明疾病未传入三阴。本条总的精神是再次强调疾病是否发生传变,应以脉证为凭,不能拘于日数之说。

第271条辨少阳病欲愈的脉象。伤寒三日,邪入少阳,其脉当弦,今脉象为小。小脉是针对大脉而言,《素问·脉要精微论》曰:"大则病进。"《素问·离合真邪论》曰:"大则邪至,小则平。"说明脉小是脉象渐趋和平,少阳之邪渐退,其病欲愈。本条是以脉统证的笔法,以脉象揭示病机,判断预后。

四、少阳病愈期

【原文】

少陽病欲解時,從寅至辰上①。(272)

【词解】

① 从寅至辰上:指寅、卯、辰三个时辰。即从3时至9时。

【释义】

本条论少阳病欲解的时间。少阳属木,配四时则旺于春,配一日则旺于寅、卯、辰,即凌晨3时至上午9时。寅、卯、辰时为阳气生发之时,值此三时,少阳气旺,得自然界阳气之助,抗邪有力,故其病易解。但欲解时仅是促进少阳病好转或痊愈的有利条件之一,并非决定因素,也并不等于其病必解,不可过于拘泥。

第二节 少阳病本证

一、足少阳胆证

(一) 小柴胡汤证

1. 小柴胡汤证

【原文】

傷寒五六日,中風,往來寒熱①,胸脇苦滿②,嘿嘿③不欲飲食,心煩喜嘔,或胸中煩而不嘔,或渴,或腹中痛,或脇下痞鞕,或心下悸、小便不利,或不渴、身有微熱,或欬者,小柴胡湯主之。(96)

小柴胡湯方

柴胡半斤　黃芩三兩　人參三兩　半夏半升(洗)　甘草(炙)　生薑各三兩(切)　大棗十二枚(擘)

上七味,以水一斗二升,煮取六升,去滓,再煎取三升,温服一升,日三服。若胸中煩而不嘔者,去半夏、人參,加栝樓實一枚;若渴,去半夏,加人參合前成四兩半、栝樓根四兩;若腹中痛者,去黃芩,加芍藥三兩;若脇下痞鞕,去大棗,加牡蠣四兩;若心下悸、小便不利者,去黃芩,加茯苓四兩;若不渴,外有微熱者,去人參,加桂枝三兩,温覆微汗愈;若欬者,去人参、大棗、生薑,加五味子半升、乾姜二兩。

【词解】

① 往来寒热:即恶寒与发热交替出现。
② 胸胁苦满:苦,作动词用,即患者苦于胸胁满闷不适。
③ 嘿嘿:嘿,同默。即表情沉默,不欲言语。

【释义】

本条主要论述少阳病轻证、偏于半表之小柴胡汤证的主症、或然症及治法方药。太阳病伤寒或中风,约过五六日之后,邪入少阳,出现往来寒热,胸胁苦满,默默不欲饮食,心烦喜呕等症。少阳位于半表半里,主枢机,邪气方盛,少阳被郁,枢机不利,正邪分争,进退于表里之间,正胜则发热,邪胜则恶寒,邪正交争,互有胜负,故寒时不热,热时不寒,寒热交替,休作有时,称之为往来寒热。往来寒热是少阳病主要热型,也是少阳病主症之一,它既不同于太阳病的发热恶寒同时并见,也不同于阳明病的发热不恶寒,反恶热,此种热型为少阳病所独有。胸胁为少阳经与肝经的循行部位,邪犯少阳,肝胆经气不利,故胸胁苦满。肝胆气郁,疏泄失职,影响情志,故神情默默。胆火内郁,上扰心神,则心烦。胆邪犯脾,脾失健运,则不欲饮食。胆热犯胃,胃失和降,故喜呕。治当和解少阳,方用小柴胡汤,畅达气机,运转枢机,邪去病解。

少阳居于半表半里,外连于表,内连于里,故其病变可波及表里内外,上中下三焦。加之邪正交争,互有胜负,病势不定,变化多端,故少阳为病,可见众多的或然症:如邪郁胸胁,未犯胃腑,则胸中烦而不呕;邪热灼伤气津则口渴;若木郁气滞,横逆犯脾,脾络不和则腹中痛;若少阳经气郁结较重则胁下痞硬;邪犯少阳,三焦不利,气化失职,水气内停,则心下悸、小便不利;若部分表邪未解,津液未伤则不渴,身有微热;寒饮犯肺,肺寒气逆则咳。以上七症均为少阳病的或然症,在少阳枢机不利的基础上产生,故仍当以小柴胡汤为基础方加减化裁治之。

【方解】

小柴胡汤为和解少阳之主方。方中柴胡气质轻清,味苦微寒,升达疏透,宣散邪气;黄芩苦寒,气味较重,清泻邪热。柴胡为君,黄芩为臣,一则疏散半表之邪,一则清泻半里之热,即所谓和解半表半里。半夏、生姜性味辛温,调和脾胃,降逆止呕。人参、炙甘草、大枣甘温益气,扶正达邪,并使中土健旺,不受胆木克伐。诸药相辅相成,寒温并用,攻补兼施,升降协调,调达上下,宣通内外,和畅气机,枢转少阳,故为和解之主方。本方用去滓再煎之法,可使诸药气味醇和,更好地发挥和解作用。

或然症加减,体现了临证化裁,灵活用药:胸中烦而不呕,是邪热扰心,胃气尚和,故去甘壅之人参以免助邪,不呕故去半夏,加瓜蒌实以除热荡实,清心除烦;渴是木火内郁,邪热伤津,故去辛燥之半夏,加人参、天花粉以甘苦凉润、清热生津;腹中痛是土被木乘,脾络失和,故去苦寒之黄芩,加芍药以通脾络止腹痛;胁下痞硬,是邪气凝结较甚,去甘壅之大枣,加牡蛎以软坚散结;心下悸,小便不利,是三焦决渎失职,水饮内停,故去苦寒之黄芩,加茯苓以淡渗利水宁心;不渴,外有微热,是太阳表邪未除,故去壅补恋邪之人参,加桂枝以辛散表邪;咳者,为寒饮犯肺,肺寒气逆,故去甘温壅滞之人参、大枣与辛散耗气之生姜,加干姜温肺散寒化饮,五味子敛肺止咳降逆。

【医案选录】

吴某,男,30岁,1999年4月26日初诊。牙痛反复发作,加重2周。进食尤甚,得冷则减,遇热则痛,恶寒发热,口干口渴,心烦,便结,舌红,苔薄黄少津,脉弦数。体温38.2℃,左下齿第6磨牙牙龈周围红肿、外侧有脓点,左面额部肿大,压痛,微红赤。证属邪热郁结少阳,欲传阳明。治从和解少阳,兼清阳明防传变。处方:柴胡、生姜、生甘草各10 g,黄芩12 g,半夏8 g,党参6 g,大枣4枚,石膏45 g(先煎)。每日1剂,水煎分2次服。服1剂,疼痛大减,体温下降,续服3剂,肿消而愈。(戴安海.小柴胡汤新用[J].新中医.2002,34(4):70.)

【原文】

血弱氣盡,腠理開,邪氣因入,與正氣相搏,結於脇下。正邪分爭,往來寒熱,休作有時,嘿嘿不欲飲食。藏府相連,其痛必下,邪高痛下,故使嘔也,小柴胡湯主之。服柴胡湯已,渴者,屬陽明,以法治之。(97)

【释义】

本条承接上条而来,两条相互发挥,本条着重阐述病邪直接侵犯少阳的病理机制及转属阳明之证治。分四段来理解。

自"血弱气尽"至"结于胁下"为第一段。《素问·评热病论》云:"邪之所凑,其气必虚。"气血虚弱之人,营卫失和,卫气不固,腠理疏松,邪气乘虚直接侵入少阳,与正气相搏结于胁下。胁下为少阳所主部位,邪结胁下,经气不利,故见胸胁苦满。

自"正邪分争"至"默默不欲饮食"为第二段。少阳居于半表半里,邪居此地,邪正斗争,互有胜负,正胜则热,邪胜则寒,故往来寒热,休作有时;又因胆热内郁,疏泄不利,故神情默默;木不疏土,脾失健运,故不欲饮食。

自"脏腑相连"至"小柴胡汤主之"为第三段。"脏腑相连"指肝胆相连,脾胃相关,少阳受邪,脾胃多受影响。肝胆部位较高,脾胃部位在下,胆热内郁,疏泄失职,克犯脾土,以致脾络不和而出现腹痛,故云"邪高痛下";胆热犯胃,胃气上逆则呕逆。可见,本病之根本为邪结少阳,治宜和解,方用小柴胡汤。

自"服柴胡汤已"至"以法治之"为第四段。病在少阳,服用小柴胡汤后一般能使邪气外解则病愈。若服后反见渴甚者,为邪气深入,化热化燥,转属阳明。从"属阳明"判断,当伴有阳明病的其他症状,治疗亦当从阳明论治,以清下二法为主。

【原文】

本太陽病不解,轉入少陽者,脇下鞕滿,乾嘔不能食,往來寒熱,尚未吐下。脉沉緊者,與小柴胡湯。(266)

【释义】

本条论述太阳转入少阳的脉证与治法。"本太阳病不解",非太阳病不解,是说邪由太阳转入少阳。胁下硬满、干呕、不能食、往来寒热,与第96条述症相同。所不同者,是"脉沉紧",脉沉是相对太阳脉浮而言,表示病已去表而转入少阳。脉紧,虽非少阳主脉,然弦之甚者类似紧,表示邪结较甚。脉症合参,病在少阳无疑。正如徐灵胎《伤寒论类方》所云:"此为传经之邪也。以上皆少阳本证。未吐下,不经误治也。少阳已渐入里,故不浮而沉,紧则弦之甚者,亦少阳本脉。"病属少阳,当治以和解枢机,故与小柴胡汤。

【原文】

傷寒四五日,身熱惡風,頸項強,脇下滿,手足溫而渴者,小柴胡湯主之。(99)

【释义】

本条为三阳证见,治从少阳的证治。身热恶风,颈项强,属太阳表证;胁下满,属半表半里之少阳证;手足温而渴属阳明里证。三阳证见,以小柴胡汤和解为治,可使枢机运转而表里上下宣通畅达,则三阳之邪均可得解。

【析疑】

本条亦有认为其属少阳兼太阳病未罢的证治。辨证要点在于"手足温而渴",手足温为里热尚轻,渴是小柴胡汤的兼症。因太阳与阳明阳气较多,病则手足热;少阴与厥阴阳气虚少,病则手足寒。唯独少阳阳气较少,太阴阳虚不甚,介于两阳与两阴之间,所以少阳病与太阴病均有手足温。但参考原文第228条,阳明病热势不太盛者亦可见手足温,且渴为阳明病里热实证之特征,故当以三阳证见治从少阳以和解为主解释之更合适。

【原文】

伤寒,阳脉涩,阴脉弦,法当腹中急痛,先与小建中汤。不差者,小柴胡汤主之。(100)

【释义】

本条论述少阳兼里虚寒证,治用先补后和之法。"阳脉涩,阴脉弦",是以脉象言病机。阳脉涩,"涩"示不足,说明阳气虚少;阴脉弦,"弦"示有余,说明阴寒较盛。《素问·痹论》云:"痛者,寒气多也。有寒,故痛也。"故"腹中急痛",首先应考虑是中焦虚寒。当先与小建中汤温建中焦,祛寒止痛。同时寓有补土御木之法,扶正祛邪之义。若服汤后不差者,当从脉"弦"而辨,属少阳为病,木邪乘土,继用小柴胡汤和解少阳。

【析疑】

本条之阳脉阴脉有不同认识,一说为浮沉取脉法,即浮取为阳脉,沉取为阴脉。一说为部位分阴阳,即以关为界,关前为阳脉,关后为阴脉。本条宜结合涩弦之强弱,阐述阴阳寒热以及少阳之病机。

【原文】

伤寒中风,有柴胡证,但见一证便是,不必悉具。凡柴胡汤病证而下之,若柴胡证不罢者,复与柴胡汤,必蒸蒸而振,却复发热汗出而解。(101)

【释义】

本条论述柴胡汤的使用原则及误下后服柴胡汤的机转。可分两段理解:自"伤寒中风"至"不必悉具"为第一段,论述了柴胡汤的使用原则。不论伤寒或是中风,只要见到能反映病传少阳,枢机不利,正邪分争这一少阳病基本病机的一部分主症,即可应用小柴胡汤,不必待诸症悉备,以免贻误病情。"一证"指第263、第96诸条中所述的主症之一,即口苦、咽干、目眩、往来寒热、胸胁苦满、默默不欲饮食、心烦喜呕等。少阳主枢,为"游部",病位涉及广泛,病症变化多端,故仲景在此提示,临证之时,宜抓主症,查证审因,"不必悉具"。

自"凡柴胡汤病证而下之"至"却复发热汗出而解"为第二段,论述误下后柴胡汤证仍在,复与柴胡汤战汗而解的机转。少阳病禁汗、吐、下三法,而用下法,当属误治。若下之后柴胡证仍在者,则为邪气未陷,仍可再用柴胡汤。证虽未变,但毕竟经过误下,正气受损,服汤后正气得药力之助奋起抗邪,正邪交争剧烈,则见全身战栗恶寒,及至正胜邪却,则恶寒自罢,而复发热汗出而解。此种病解的机转过程,后世称之为"战汗"。

【析疑】

关于"但见一证"的涵义,注家多有分歧。如以成无己为代表认为指或然症;以程郊倩为代表的认为指口苦、咽干、目眩三症之一;以恽铁樵为代表的认为指往来寒热一症;以钱天来、汪苓友为代表的认为指往来寒热、胸胁苦满、默默不欲饮食、心烦喜呕、口苦、咽干、目眩中,但见一证便是。临证时当细心体会,把握少阳病的实质和特色。

【原文】

傷寒五六日,頭汗出,微惡寒,手足冷,心下滿,口不欲食,大便鞕,脉細者,此爲陽微結①,必有表,復有裏也。脉沉,亦在裏也,汗出爲陽微,假令純陰結②,不得復有外證,悉入在裏,此爲半在裏半在外也。脉雖沉緊,不得爲少陰病,所以然者,陰不得有汗,今頭汗出,故知非少陰也,可與小柴胡湯。設不了了者,得屎而解。(148)

【词解】

① 阳微结:因热结于里而大便秘结,叫作"阳结",热结的程度轻,叫作"阳微结"。

② 纯阴结:因脾肾阳虚、阴寒凝结所致的大便秘结,叫作"阴结"。没有兼夹证的阴结,叫作"纯阴结"。

【释义】

本条辨阳微结的脉证治法及与纯阴结的鉴别。可分三段理解:自"伤寒五六日"至"必有表,复有里也"为第一段,论阳微结的脉证。伤寒五六日,邪入少阳,阳郁不伸,产生"阳结"证候。阳气郁遏,不得宣发,郁蒸于上,则头汗出;邪未全入,尚有表证,故微恶寒;阳郁于里,不达四末,故见手足冷;热郁于里,胆气犯胃,气机郁滞,津液不下,故心下满,口不欲食,大便硬;阳气闭郁,邪气凝结,拘束脉道,故见脉细。此证既有微恶寒之表证,又有心下满、口不欲食、大便硬的里证。表证未解,热结尚浅,故称"阳微结"。

自"脉沉亦在里也"至"故知非少阴也"为第二段,辨析阳微结与少阴纯阴结的区别。因阳微结有脉细、手足冷、微恶寒等症,类似少阴病纯阴结,故应加以鉴别。其一,少阴病属脏气虚衰的里虚寒证,一般少阴纯阴结外无表证。而阳微结则是"为半在里半在外也",故有如发热恶寒等表证。其二,少阴病阴寒内盛,若非阳亡欲脱、虚阳外越,则不得有汗。本条阳微结是阳热内郁,热邪上蒸,而见头汗出。在这种情况下,脉虽沉紧,不得认为是少阴病。何况脉沉紧亦可见于少阳病。

自"可与小柴胡汤"至"得屎而解"为第三段,论阳微结的治法。因本证半在里半在外,是阳邪微结,枢机不利。故宜小柴胡汤,输转枢机,宣通内外,既能透达在外之表邪,又能清解在里之郁热,尚可调和胃肠通便。

2. 热入血室证

【原文】

婦人中風,發熱惡寒,經水適來,得之七八日,熱除而脉遲身涼,胸脇下滿,如結胸①狀,譫語者,此爲熱入血室②也,當刺期門③,隨其實而取之。(143)

婦人中風,七八日續得寒熱,發作有時,經水適斷者,此爲熱入血室。其血必結,故使如瘧狀,發作有時,小柴胡湯主之。(144)

婦人傷寒,發熱,經水適來,晝日明了,暮則譫語,如見鬼狀者,此爲熱入血室,無犯胃氣及上二焦④,必自愈。(145)

【词解】

① 结胸:病证名,是痰饮(水)等有形之邪与邪热结于胸膈,以胸脘部位疼痛为主要症状的

病证。

② 血室：指胞宫，即子宫。

③ 期门：肝之募穴，在乳中线上，乳头下二肋，当第6肋间隙取之。

④ 上二焦：指上焦与中焦。

【释义】

此3条讲了热入血室证的辨治。

第143条论热入血室证热随经陷的证治。妇人患太阳中风，在发热恶寒的同时，适逢行经，经过七八日，症由发热而转至热除身凉，脉由浮数而转至迟缓涩滞，脉症相参，似属邪衰病愈。但又出现胸胁下满与谵语诸症，则知此非热除邪衰病愈，而是表热乘经水下行，血室空虚之际而内陷，从而形成热入血室证。热随经陷，由表入里，内结血室，故热除身凉。血热相结，经脉瘀滞，血行不畅，故脉见迟滞。肝经环绕阴器，与血室相关甚密，血室之热，循经上扰，肝经不利，故胸胁下满。肝主语，热扰肝魂，肝魂迷乱，则发谵语。此证热在血室，实在肝经，语言错乱，法当急治，故刺期门，以泻肝热，此法简捷，使血室之热外有出路。

第144条论热入血室证血热互结的证治。妇人中风，当发热恶寒，若七八日后，发热恶寒变为发作有时的往来寒热，当为太阳转属少阳。若伴妇人经水适断，则为热入血室证无疑。因为血室与肝胆关系密切，热陷血室，血热互结，经血瘀滞，故经水适断。血室之热，循经上扰，胆气失和，枢机不利，故往来寒热。治当因势利导，主以小柴胡汤，枢转少阳，宣达血室之热。既为血结，若加牡丹皮、赤芍等凉血行瘀药，则效果更佳。

第145条论热入血室证热随经泄的处理方法。首先补述了谵语的特点，即昼日明了，暮则谵语，如见鬼状。肝藏血，血属阴，昼日阳气主外，热势向外，故神识尚清；夜间阳气内迫，血热加重，故暮则谵语。热入血室证，胸胁下满者，可刺期门；往来寒热者，与小柴胡汤。若热虽入血室，而尚未与血相结，经水不断，血仍下行，则热随血泄，邪有出路，故可不治自愈。此与太阳病的"衄乃解"、蓄血证的"血自下，下者愈"道理相同。所以原文云"必自愈"。至于"无犯胃气及上二焦"，则是揭示此证谵语非阳明病的胃热扰心与膈热扰神之谵语，病本不在上中二焦，故不可用吐下之法攻伐胃气。

【析疑】

(1) 注家对血室属何脏何腑主要有三种说法：肝脏说、冲脉说、子宫说。热入血室证在《伤寒论》中凡四见（第143条、第144条、第145条、第216条），由于第216条未冠"妇人"二字，有的注家以此为据，称男子亦有热入血室证，主张肝脏、冲脉说。然纵观全文不难发现，《伤寒论》热入血室证为外感病适逢妇人月经来潮而出现的变证。血室即子宫，为直接产生月经的器官，而肝脏、冲脉只是与月经有关而已。第216条虽未标明"妇人"，但也不能证明必包括男子。另外，《金匮要略》亦将相关内容放在"妇人杂病篇"可进一步佐证。

(2) 此证之"谵语"，多责之于心，以热扰心神为释。其实，这种认识是片面的。《内经》云"肝主语"，说明语言与肝相关。此证热入血室，血室与肝关系甚密，又女子以肝为先天，所以此证谵语，当责之于肝，是肝魂迷乱，语言失主所致。与阳明热证，上扰心神，热盛神昏之谵语，在病因、病机、脏腑、证候及治疗诸方面均有所别。

【医案选录】

案1　许叔微案：一妇患伤寒，寒热，夜则谵语，目中见鬼，狂躁不宁。其夫访予询其治法。予曰：若经水适来适断，恐是热入血室也。越日巫告曰：已作结胸之状矣。予为诊之曰：若相委信，急行小柴胡汤等必愈。前医不识，涵养至此，遂成结胸证，药不可及也。无已，则有一法，刺期门穴，或庶几愈。如教而得愈。(曹炳章.中国医学大成(二)·伤寒九十论[M].北京：中国中医药出版社,1997：23.)

案2　孟某,女,52岁,1982年11月22日初诊。感冒头痛,咳嗽乏力,鼻塞流涕达50余日,且时伴夜间寒热,项背不舒,耳鸣腰痛,口干心烦,寐中多梦,舌淡红,苔薄黄,脉沉弦,重按较虚。查阅病例,历经十余诊,服药达40余剂,且解表、理气、疏肝、养血诸法遍施。久久思之,竟方无从出。遂又详问病史,患者云近两年经水紊乱,其中10月底至11月初前后间隔6日,又连续阴道流血两次,量多,色暗,夹有血块,随之寒热诸症加重。猛然悟出：此为热入血室。遂与小柴胡汤加减：柴胡12 g,黄芩9 g,党参9 g,半夏9 g,生姜5 g,大枣4枚,当归10 g,白芍10 g。服3剂,寒热诸症即除,唯鼻流清涕,两目发胀。药已中的,原方续服6剂,延至两月之病,竟告痊愈。(姜建国.经方治验四则[J].黑龙江医药,1986,(1)：12.)

3. 小柴胡汤禁例

【原文】

得病六七日,脉遲浮弱,惡風寒,手足溫。醫二三下之,不能食,而脅下滿痛,面目及身黃,頸項強,小便難者,與柴胡湯,後必下重①。本渴飲水而嘔者,柴胡湯不中與也,食穀者噦②。(98)

【词解】

① 下重：指大便时肛门有重坠感。

② 哕：指呃逆。

【释义】

本条论述表病里虚误下后变证及中虚饮停证禁用小柴胡汤。可分两段理解：自"得病六七日"至"后必下重"为第一段,论述表病里虚误治致变证及中虚湿郁禁用小柴胡汤。得病六七日而见脉浮弱、恶寒,说明表证未解。但脉又见迟弱,提示里虚不足。三阴病中,手足温为太阴病所独有,可知本证乃脾阳素虚,感受风寒,表里同病,治宜温中解表,扶正祛邪。若医者不能详察病机,误以为实证,屡用攻下,诛伐太过,必致脾胃更虚,脾阳受损,寒湿内生。脾失健运,受纳无权,则不能食；土壅木郁,经气不利,则胁下满痛；寒湿内郁,脾色外现,则面目及身黄；脾失转输,水饮内停,则小便难；表证未解,邪郁经脉,故颈项强。应治以温中散寒、除湿退黄。若误将不能食、胁下满痛断为少阳病,而投以小柴胡汤,则致苦寒伤中,脾气虚弱更增,并中气下陷,而见泄利下重之症。

自"本渴饮水而呕者"至"食谷者哕"为第二段。论述脾虚失运、寒饮内停者禁用小柴胡汤。文中"本渴饮水而呕者"并非承上文,而是另指中虚停饮证。脾虚失运,寒饮内停,气不化津,津不上承,则渴；水饮停留,胃气上逆,则呕。此与小柴胡汤证中因木火内郁、邪热犯胃所致之渴、呕机制不同。故治宜温阳化气,健脾利水。若将本证误为小柴胡汤证,妄投小柴胡汤,必致胃气衰败,而见食谷者哕。

(二) 黄芩汤证与黄芩加半夏生姜汤证

【原文】

太陽與少陽合病,自下利者,與黃芩湯；若嘔者,黃芩加半夏生薑湯主之。(172)

黃芩湯方

黃芩三兩　芍藥二兩　甘草二兩(炙)　大棗十二枚(擘)

上四味，以水一斗，煮取三升，去滓，温服一升，日再夜一服。

黄芩加半夏生薑湯方

黄芩三兩　芍藥二兩　甘草二兩(炙)　大棗十二枚(擘)　半夏半升(洗)　生薑一兩半(一方三兩，切)

上六味，以水一斗，煮取三升，去滓。温服一升，日再夜一服。

【释义】

本条主要论述太阳与少阳合病下利或呕吐的证治。太阳所主之肤表发热，同时少阳的胆火又内郁，故称太少合病。虽云合病，但病机以少阳为重点。是少阳郁火，内迫阳明，下趋大肠，故而下利。此属热利，当见大便黏秽，腹痛后重，肛门灼热，发热口苦，烦渴尿赤，舌红苔黄，脉象弦数等脉症。邪气内迫下趋，不宜柴胡之升提；胆火下注热利，只宜黄芩之内清，故治以黄芩汤清热坚阴止利。若兼呕吐，乃胃气上逆，再加半夏、生姜降逆和胃止呕。

【方解】

方中黄芩苦寒，清泻胆火，燥湿止利；芍药酸苦微寒，调血敛阴，缓急止痛；甘草、大枣，益气养血，调补正气。兼呕吐者，加半夏、生姜，降逆止呕。二方的服法均为"日再夜一服"，强调昼夜兼用，使药力持久。

【医案选录】

骆某，男，39岁。因饮食不节腹痛便泄，小便赤涩，心中烦热，排泄之便，热气灼肛，脉象沉滑，舌燥少津。余以协热下利治之，与加味黄芩汤。处方：黄芩10 g，芍药15 g，泽泻10 g，滑石10 g，枳壳10 g。服3剂，小便清长，大便泄亦减轻，后以清热导滞之剂调理而愈。协热下利是热季常见之症状，重时常伴有呕吐。然在病情剧烈的情况下，与伤寒太阳病从症状上很难区别……然此证的鉴别不但在脉象上要分清虚实，而在大小便的颜色臭味上，应作其具体的分析，方不致为病情所蒙混。(邢锡波.伤寒论临床实验录[M].天津科学技术出版社，1984：162.)

二、手少阳三焦证

(一) 柴胡桂枝干姜汤证

【原文】

傷寒五六日，已發汗而復下之，胸脇滿微結，小便不利，渴而不嘔，但頭汗出，往來寒熱，心煩者，此爲未解也，柴胡桂枝乾薑湯主之。(147)

柴胡桂枝乾姜湯方

柴胡半斤　桂枝三兩(去皮)　乾薑二兩　栝樓根四兩　黄芩三兩　牡蠣二兩(熬)　甘草二兩(炙)

上七味，以水一斗二升，煮取六升，去滓，再煎取三升，温服一升，日三服，初服微煩，復服汗出便愈。

【释义】

本条论述少阳病兼水饮内结的证治。伤寒五六日，经用汗下，病由太阳转入少阳，故见往来寒热、胸胁满、心烦等症。除此以外，尚有胸胁微结、小便不利、渴而不呕、但头汗出等水饮为患之症。因少阳包括手少阳三焦，三焦为水道，少阳枢机不利，三焦决渎失职，致水饮内停。水饮结于胸胁，则胸胁满微结；水道不利，气化失职，则小便不利；水停气郁，津难上奉，则口渴；胃气尚和，故不呕；水饮与阳热郁结，不能外达而上蒸，则头汗出。诸症合参，本证为少阳病兼水饮内结。治宜和解枢机、温化水饮，方用柴胡桂枝干姜汤。

【方解】

柴胡桂枝干姜汤即小柴胡汤去半夏、人参、生姜、大枣加桂枝、干姜、瓜蒌根、牡蛎而成。柴胡、黄芩合用，清解少阳之热；因不呕，故去半夏、生姜；水饮内结，三焦壅滞，故去人参、大枣之甘补；方中瓜蒌根、牡蛎化痰开结；桂枝、干姜温化水饮；甘草调和诸药。本方寒温并用，攻补兼施，为和解枢机，宣化水饮之剂。

方后注云，"初服微烦"者，是正气得药力之助，与邪相争，气机一时尚未畅通之象；"复服汗出愈"是续服药后，枢机通利，郁阳得伸，三焦畅达，周身汗出，邪祛病解之象。

【医案选录】

尼某，女，32岁，工人，1992年10月30日诊。咳嗽气急，胸痛吐痰，伴发热2个月。虽经抗感染西药及内服中药十枣汤、控涎丹等治疗，收效欠佳。刻诊：咳嗽，气短，胸痛，发热，舌黯红、苔薄黄，脉濡细。查：右肺前第3肋、背部第7肋以下叩诊浊音，浊音区语颤降低，呼吸音减弱，心律齐，各瓣膜未闻及杂音。胸部透视：右侧胸膜炎、心影向左移位。诊为渗出性胸膜炎，投柴胡桂枝干姜汤加味。处方：柴胡、黄芩各10 g，桂枝9 g，干姜5 g，牡蛎24 g，炙甘草6 g，丹参20 g，天花粉、丝瓜络各12 g，党参15 g。守上方增损出入调治一个半月，诸症消失，胸透复查：右侧胸膜肥厚，伴少许积液。(辛文华.柴胡桂枝干姜汤新用[J].新中医，1994，(8)：57.)

（二）柴胡加龙骨牡蛎汤证

【原文】

傷寒八九日，下之，胸滿煩驚，小便不利，讝語，一身盡重，不可轉側者，柴胡加龍骨牡蠣湯主之。(107)

柴胡加龍骨牡蠣湯方

柴胡四兩　龍骨　黃芩　生薑(切)　鉛丹　人參　桂枝(去皮)　茯苓各一兩半　半夏二合半(洗)　大黃二兩　牡蠣一兩半(熬)　大棗六枚(擘)

上十二味，以水八升，煮取四升，內大黃，切如碁子①，更煮一兩沸，去滓，溫服一升。本云，柴胡湯，今加龍骨等。

【词解】

① 碁(qí)子：汉代棋子，今有出土文物可见，小者3～5 cm³，大者约20 cm³。

【释义】

本条论述少阳内郁，弥漫三焦，虚实夹杂的证治。伤寒八九日，误用下法，邪气内陷。邪入少阳，枢机不利，胆热内郁，则胸满；胆火上炎，胃热上蒸，心神被扰，胆气不宁，肝魂不安，轻则心烦，重则惊惕、谵语；少阳枢机不运，三焦决渎失职，膀胱气化不行，则小便不利；阳气郁于半表半里，三焦气机壅滞，经脉之气不利，则一身尽重而不可转侧。本证烦惊谵语是重点，故治宜和解少阳，通阳泄热，重镇安魂，方用柴胡加龙骨牡蛎汤。

【方解】

柴胡加龙骨牡蛎汤是由小柴胡汤去甘草，加龙骨、牡蛎、桂枝、茯苓、铅丹、大黄而成。因邪入少阳，故以小柴胡汤以和解少阳，调畅枢机。加桂枝温阳化气、通达郁阳；加大黄泻热和胃；加龙骨、牡蛎、铅丹重镇安魂；加茯苓淡渗利水，宁心安神；去甘草，免其甘缓留邪。诸药相合，寒温同用，攻补兼施，肝胆调和，热祛魂安。

方中铅丹有毒，临床较少运用，一般以代赭石、生铁落等品代替。

【医案选录】

案1　彭某，男，50岁，1997年8月6日初诊。反复感冒3年，屡服中西药无效，伴乏力，头昏，动则汗多，口苦无味，烦躁不安，胸胁微胀，常叹息失眠，多梦，舌淡，苔白，脉弦细。证为表里俱病，虚实互见。治以和解少阳，扶正祛邪。方用柴胡加龙骨牡蛎汤加减。处方：党参、龙骨、牡蛎各30 g，半夏、桂枝、黄芩、白芍、柴胡各10 g，大枣15 g，炙甘草6 g，生姜3片。3剂，每日1剂，水煎服。嘱忌生冷，调节情志。复诊：乏力、头昏减轻，汗出微，精神、食欲皆佳，口苦除，余症均减，方已中病，效不更方。继服5剂而愈，随访2年未复发。（杨剑横.柴胡加龙骨牡蛎汤新用[J].新中医，2000，32（8）：57.）

案2　杨某，女，37岁。主诉声音嘶哑5个月。5个月前因青霉素过敏休克，经抢救好转，唯有不能出声。曾于某精神病院诊为神经症、癔症性失语，迭进中、西药无效。患者性情抑郁，精神恍惚，发音低微，无法听清，胆怯易惊，异物恐惧感，手足筋挛，大便秘结，4日一行，舌淡红边有齿痕，苔薄白，脉沉细右关偏弦。证属痰蒙清窍，神机出入痹阻。处方：柴胡、法半夏、桂枝、黄芩各6 g，党参、茯苓、大黄、石菖蒲各10 g，细辛、甘草各3 g，龙骨、牡蛎各15 g，生姜3 g，大枣4枚。服药3剂，发音转亮，大便已通。效不更方，重用龙骨、牡蛎各30 g，加黄芪15 g，继服10剂，诸恙悉除。（黄增峰.柴胡加龙骨牡蛎汤治疗疑难病证举隅[J].新中医，1996，（1）：44.）

第三节　少阳病兼证

一、柴胡桂枝汤证

【原文】

傷寒六七日，發熱微惡寒，支節煩疼①，微嘔，心下支結②，外證未去者，柴胡桂枝湯主之。（146）

柴胡桂枝湯方

桂枝一兩半（去皮）　黃芩一兩半　人參一兩半　甘草一兩（炙）　半夏二合半（洗）　芍藥一兩半　大棗六枚（擘）　生薑一兩半（切）　柴胡四兩

上九味，以水七升，煮取三升，去滓，温服一升。本云人參湯，作如桂枝法，加半夏、柴胡、黃芩，復如柴胡法。今用人參作半劑。

【词解】

① 支节烦疼：支，通肢。即四肢关节烦疼。

② 心下支结：支，支撑；结，结聚。心下支结，即患者自觉心下部有支撑满闷感。

【释义】

本条论述太阳少阳并病的证治。伤寒六七日,一般表证当愈,如不解则有传变。今发热,微恶寒,肢节烦疼,知太阳表证未罢;微呕,心下支结,是邪气进入少阳。本条连用两个"微"字,有辨证意义。微恶寒,说明表证已轻;微呕,说明初入少阳。太少并病,两病均轻,宜太少两解,故取小柴胡汤、桂枝汤各用半量合方,为柴胡桂枝汤。

【方解】

本方取小柴胡汤、桂枝汤各用半量,合剂而成。一则以桂枝汤,调和营卫,以解太阳未尽之邪;一则以小柴胡汤,和解枢机,以祛少阳初入之热。为太少表里双解之轻剂。

原本方后服法下有"本云:人参汤,作如桂枝法,加半夏、柴胡、黄芩;复如柴胡法,今用人参、作半剂"等29字,疑为衍文,宜删。

【医案选录】

患者,男,52岁,1993年5月22日初诊。寒热间作7日,频频进药,寒热不止。肌内注射氨基比林、奎宁等药,病仍未减。症见寒热交作,汗出不止,眩晕心烦,多寐多梦,口苦咽干,脘腹隐痛,嘈杂泛酸,恶心纳呆,苔白腻厚,脉细无力。处以柴胡桂枝汤加减:柴胡20 g,半夏12 g,黄芩10 g,桂枝6 g,白芍18 g,神曲12 g,煅牡蛎15 g,大枣6枚,炙甘草9 g。3剂病愈。(冯存良.柴胡桂枝汤治发热验案三则[J].浙江中医学院学报,1998,22(2):24.)

二、柴胡加芒硝汤证

【原文】

傷寒十三日不解,胸脇滿而嘔,日晡所發潮熱,已而微利,此本柴胡證,下之以不得利,今反利者,知醫以丸藥下之,此非其治也。潮熱者,實也,先宜服小柴胡湯以解外,後以柴胡加芒消湯主之。(104)

柴胡加芒消湯方

柴胡二兩十六銖　黃芩一兩　人參一兩　甘草一兩(炙)　生薑一兩(切)　半夏二十銖(本云五枚,洗)　大棗四枚(擘)　芒消二兩

上八味,以水四升,煮取二升,去滓,內芒消,更煮微沸,分溫再服,不解更作。

臣億等謹按,《金匱玉函》方中無芒消。別一方云:以水七升,下芒消二合,大黃四兩,桑螵蛸五枚,煮取一升半,服五合,微下即愈。本云:柴胡再服,以解其外,餘二升加芒消、大黃、桑螵蛸也。

【释义】

本条论述少阳病兼里实误下后的证治。可分三段理解:自"伤寒十三日不解"至"已而微利"为第一段,主要论伤寒之邪多日不解,内传少阳、阳明。胸胁满而呕,为邪传少阳;日晡所发潮热,为邪入阳明,合为少阳兼阳明里实之证。既有"潮热",多大便结硬,今反见下利,是为反常,须探究其原因。

自"此本柴胡证"至"此非其治也"为第二段,论述证见微利的原因。医家误用丸药攻下,是导致"微利"的根本原因。何谓丸药?据推理是巴豆一类泻下药物做成的、汉代一些医家喜用的、专门用于通便的丸药。此类丸药虽能通便,但难清燥热,且易发生变证。故仲景称之为"此非其治也"。

自"潮热者,实也"至"后以柴胡加芒硝汤主之"为第三段,讨论误治后的治法。此证虽经误治,但病证未除,潮热未罢,仍为少阳兼阳明里实之证。治疗宜分两步走,先用小柴胡汤和解少阳,畅达枢机,透达表里;若燥实较甚,服汤不愈者,再用柴胡加芒硝汤和解少阳,兼泻热去实。

【方解】

本方药味组成是以小柴胡汤加芒硝,其剂量仅为小柴胡汤原量之1/3。小柴胡汤和解少阳,芒硝泻热去实。因药量较轻,可称为和解泻热之轻剂。

【医案选录】

郑某,女,29岁。患者因月经来潮忽然中止,初起发热恶寒,继即寒热往来,傍晚发热更甚,并自言乱语,天亮时出汗,汗后热退,又复恶寒。神倦,目赤,咽干,口苦,目眩,胸胁苦满,心烦喜呕,不欲饮食,9日不大便。经某医疗室血液检查:疟原虫阳性,诊为疟疾。按抗疟治疗无效。追询病史,据云:结婚多年,未曾生育,月经不正常,一般都是推迟,3~4个月来潮一次,经期甚短、量少,继即恶寒发热,虽经服药治疗,但未能根治……苔白,脉象弦数。处方:柴胡、黄芩、半夏、党参、生姜各9g,炙甘草6g,大枣6枚,芒硝9g(另冲),加清水2杯,煎取八分杯,一次服。当日上午10时服药,下午4时许通下燥屎,所有症状消除。嘱常服当归流浸膏,月经恢复正常。至今4年未见复发,并生育2个女孩。(陈全忠.热入血室[J].福建中医药,1964,(1):43.)

三、大柴胡汤证

【原文】

太陽病,過經十餘日,反二三下之,後四五日,柴胡證仍在者,先與小柴胡。嘔不止,心下急①,鬱鬱微煩者,爲未解也,與大柴胡湯,下之則愈。(103)

大柴胡湯方

柴胡半斤　黄芩三兩　芍藥三兩　半夏半升(洗)　生薑五兩(切)　枳實四枚(炙)　大棗十二枚(擘)

上七味,以水一斗二升,煮取六升,去滓,再煎,温服一升,日三服。一方加大黄二兩。若不加,恐不爲大柴胡湯。

【词解】

① 心下急:心下,指胃脘部。急,有窘迫之势。心下急是指胃脘部有拘急不快或疼痛的感觉。

【释义】

本条论述少阳病兼里实的证治。过经十余日,病入少阳,反二三下之,是为误治。所幸正气尚旺,邪未内陷,故柴胡证仍在,先与小柴胡汤以和解少阳。此与第149条"伤寒五六日,呕而发热者,柴胡汤证俱,而以他药下之,柴胡证仍在者,复与柴胡汤",及第101条"凡柴胡汤病证而下之,若柴胡证不罢者,复与柴胡汤"同义。"柴胡证仍在"诊断明确,"先与小柴胡汤"治疗得当。但服药后病不但未解,反而加重,喜呕变为"呕不止",胸胁苦满变为"心下急"。说明病重而药轻,是邪结较重,偏于半里,当属少阳重证。小柴胡汤不效,故用大柴胡汤,和解少阳,开结泻热。

【方解】

本方为小柴胡汤去人参、炙甘草加大黄、芍药、枳实而成。减少扶正之力,增强祛邪之功。在小柴胡汤和解少阳的基础上,加枳实行气分之结,加芍药破血分之结,加大黄泻热开结,可见大柴胡汤更突出祛邪开结的作用。

本证当与柴胡加芒硝汤证鉴别：两证均为少阳病兼里实证，大柴胡汤治少阳邪结偏于半里证，病位主在"心下"；柴胡加芒硝汤治少阳兼阳明燥热证，病位主在大肠。大柴胡汤其破结之力较大，柴胡加芒硝汤其泻热之功较大。

【医案选录】

原某，男，60岁。自觉头晕，半身无力，渐见口眼歪斜，左半身瘫痪，语言不利，面赤，心烦而呕，大便3日未行，诊断为脑血管意外。诊见舌苔黄厚而燥，脉弦滑有力。证属少阳相火兼阳明腑热上冲。处方：柴胡5g，枳实、白芍各12g，黄芩、半夏、大黄各9g，生姜6g，大枣5枚。水煎服。3剂后大便得下，头晕面赤，语言不利等症悉除，继用补气养血调理而愈。（郑宣伦.大柴胡汤临床治验[J].河南中医，1986，(2)：37.）

附：备考原文

傷寒發熱，汗出不解，心中痞鞕，嘔吐而下利者，大柴胡湯主之。(165)

若已吐下發汗溫針，讝語，柴胡湯證罷，此爲壞病，知犯何逆，以法治之。(267)

三陽合病，脉浮大，上關上，但欲眠睡，目合則汗。(268)

第四章　辨太阴病脉证并治

导学

本章为六经病篇中内容最少的一个篇章。主要介绍太阴病本证中太阴病表证与太阴病里证的病因病机、临床表现、治疗方法等。

学习目标：掌握太阴病提纲证主症及病机；掌握太阴病本证的病机、治法及代表方。了解太阴病传变、预后；了解太阴病欲解时及机制。

概　说

太阴为三阴之始，其阴气较多。太阴包括手、足太阴二经和肺、脾二脏。足太阴脾经起于足大趾内侧端，上行沿小腿内侧，交厥阴经之前，沿大腿内前侧上行，入腹，属脾络胃。由于经络相互络属的关系，使足太阴脾与足阳明胃互为表里。脾胃二者关系密切，同居中焦，以膜相连，互为表里，功能上亦相互配合，合称为后天之本。脾胃为人体气机升降之枢纽，二者一燥一湿，一升一降，脾胃各项功能协调，则清阳得升，浊阴得降，燥湿相济，升降协调，以共同完成受纳、运化、吸收和输布水谷的功能。

太阴病为三阴病的初始阶段，是以脾阳虚衰、运化失职、寒湿内盛为主要病理变化的疾病。病由三阳转入太阴，标志着邪气由六腑向五脏发展。太阴病多属脾虚寒湿证，其临床表现有腹满时痛、食不下、呕吐、自利不渴等症，反映了太阴病脾阳虚衰，寒湿内盛，升降失常的基本病机。

太阴病的成因有二：一是脾阳素虚，外邪直接侵犯中焦，或忧思伤脾，或饮食劳倦所伤，使脾胃虚弱，运化失职而发病；二是三阳病失治误治，损伤脾阳，而转为太阴病。

太阴病本证的虚寒证，当以"温之"为法，即温中祛寒，健脾燥湿，用理中丸、四逆汤之类方剂治疗。而气滞络瘀证，证见腹满时痛或大实痛者，则宜通阳益脾，活络止痛，用桂枝加芍药汤或桂枝加大黄汤治疗。

太阴病若兼表证，里虚不重，以表证为主，脉见浮者，可用桂枝汤温经通阳，调和营卫。太阴病变证，出现寒湿发黄者，则"于寒湿中求之"，以温阳散寒，除湿退黄为法。

太阴病在三阴病中病情较轻，证候较简单，治疗及时恰当，预后良好。

太阴病的转归主要有以下三个方面：一是经过恰当治疗或自身阳气恢复，其病得愈。二是太阴之邪入腑，由太阴而转出阳明。三是太阴病由于失治误治，病邪内传，脾阳更虚，或太阳病日久不愈，转入少阴或厥阴。

第一节 太阴病纲要

一、太阴病提纲

【原文】

太陰之爲病，腹滿而吐，食不下，自利益甚，時腹自痛。若下之，必胸下結鞕①。(273)

【词解】

① 胸下结鞕：胸下，胃脘部。胸下结鞕，指胃脘部痞结胀硬。

【释义】

本条论述太阴病提纲证及治禁。太阴病为脾阳虚衰，寒湿内盛之患。脾失健运，寒湿内阻，气机不畅，故见腹满。清阳不升，寒湿下注，则见自利益甚；中焦阳虚，寒凝湿聚，脾络不和，故时腹自痛。脾胃升降失职，浊阴上逆，则呕吐。脾胃虚弱，运化失职，故食不下。治疗当以温中散寒，健脾燥湿为主。若将腹满、呕吐、不欲食、腹痛误认为阳明里实证而妄行攻下，必使中阳更伤，寒凝气滞结于胃脘，导致胸下结硬。提示太阴病当禁下。

本条所述诸症，反映了中阳不足，脾胃虚弱，寒湿内盛，升降失常的太阴病本质，为太阴病的典型脉症，故为太阴病提纲。

二、太阴病传变

【原文】

傷寒脉浮而緩，手足自温者，繫在太陰；太陰當發身黃，若小便自利者，不能發黃；至七八日，雖暴煩下利日十餘行，必自止，以脾家實①，腐穢②當去故也。(278)

【词解】

① 脾家实：实，此指正气充实。脾家实即脾阳恢复之意。
② 腐秽：指肠中腐败秽浊之物。

【释义】

论述太阴病的动态变化及转归。本条应与阳明病篇第 187 条合参，第 187 条是从阳明病的角度，论"系在太阴"的情况下，若脾阳恢复，病邪可从阳明燥化，变为阳明病。本条重在提示太阴病自愈的表现及机制。病至七八日，骤然发生烦扰不安，乃正复邪祛，正邪剧争的反应。继而下利日十余行，急迫而甚，乃脾阳来复，清阳能升，浊阴得降，正胜邪去，肠中宿积的腐秽积滞向排出的表现。腐秽尽去，其下利必自止。可见烦、利俱是正气恢复、抗邪外出、疾病向愈的佳兆。

【析疑】

太阴脾虚有寒的下利与正胜邪却的暴烦、下利，症虽有近似之处，但病机却迥然不同：太阴虚寒下利为脾虚气陷、运化无力、寒湿下注，表现为下利溏薄，自利益甚。若病情加重，则下利不能自止,同时伴有手足不温,神疲畏寒,苔腻不化等症。太阴阳复下利则是脾阳恢复,正胜邪却,疾病向愈,诸症随下利而愈,并见手足温和,食欲转佳,精神慧爽,苔腻渐消。临床当从整体出发,综合病情进行辨证。

【原文】

太陰中風,四肢煩疼,陽微陰濇而長者,爲欲愈。(274)

【释义】

本条论述太阴中风欲愈的脉证特点。太阴中风是脾阳素虚,寒湿内停,复感外邪所致。脾主四肢,里湿与风邪相搏于四肢,四肢气血运行不畅,故四肢烦疼。此证较轻,经过治疗或阳气自复可以转愈,并可通过脉象进行预测。太阴外受风邪,应当脉浮,寸部脉由浮到微(小),说明风邪已轻,外邪将除;尺部脉涩,乃脾虚湿滞,脉行不畅,但由涩转长,表示脾阳渐旺,正气来复,里湿得化,故为欲愈之脉。

三、太阴病愈期

【原文】

太陰病欲解時,從亥至丑上①。(275)

【词解】

① 从亥至丑上:指亥、子、丑三个时辰。即从21时至次日3时之前。

【释义】

本条论太阴病欲解的时间。按阴阳消长规律,阴尽则阳生,太阴为阴中之至阴,阴极于亥,阳生于子,至丑时阳气渐增。足太阴脾之气旺于亥、子、丑时,此时脾气来复,阳气渐增,正胜邪却,则疾病有欲解之机。治疗太阴病应抓住此有利时机,采用温阳健脾的方法,扶助正气,祛除病邪,促进早日康复。

第二节 太阴病本证

一、虚寒证

【原文】

自利不渴者,屬太陰,以其臟有寒①故也,當溫之,宜服四逆輩②。(277)

【词解】

① 脏有寒:指脾脏虚寒。
② 四逆辈:辈,作"类"字解。四逆辈,指理中汤、四逆汤一类方剂。

【释义】

本条论述太阴病里虚寒证的主症、病机及治法、方药。自利为太阴里寒证主症,以"自利益甚"为特点。口不渴,体现了太阴主湿的气化为病特点。"脏有寒"概括了脾虚寒湿内盛的病机特点。

"当温之"为其治疗大法,即温中散寒,健脾燥湿。文中未列具体方药,而曰"宜服四逆辈",即四逆汤、理中汤一类的方剂。临证可视病情的虚寒程度,轻者单纯脾胃虚寒宜理中汤(丸),重者由脾及肾,伴肾阳虚者,宜四逆汤。

【析疑】

本条为何只说"宜服四逆辈",而不提出具体方药?概因肾阳生化脾土,中焦虚寒下利与下焦虚寒下利常常紧密相连。中焦下利严重到一定程度,由脾阳虚而发展到肾阳虚时,则会形成下焦下利。中焦虚寒下利可用理中汤(丸);若利久不愈,发展到下焦虚寒下利时,就必须用四逆汤来治疗。仲景在此概括指出"服四逆辈",示人要根据病情的变化,选用温脾或脾肾双温的方药。后世医家用附子理中丸治疗脾肾阳虚的下利,就是据此而来。

【医案选录】

曹生初病伤寒,六七日,腹满而吐,食不下,身温,手足热,自利,腹中痛,呕,恶心。医者谓之阳多,尚疑其手足热,恐热蓄于胃中吐呕,或见吐利而为霍乱,请予诊。其脉细而沉。质之曰:太阴证也。太阴之为病,腹满而吐,食不下,自利益甚,时腹自痛。予止以理中丸,用仲景云"如鸡子黄大"。昼夜投五六枚。继以五积散,数日愈。(许叔微.许叔微论著三种·伤寒九十论·太阴证二十三[M].上海:商务印书馆,1956:11.)

二、气滞络瘀证

【原文】

本太陽病,醫反下之,因爾腹滿時痛①者,屬太陰也,桂枝加芍藥湯主之;大實痛②者,桂枝加大黄湯主之。(279)

桂枝加芍藥湯方

桂枝三兩(去皮)　芍藥六兩　甘草二兩(炙)　大棗十二枚(擘)　生薑三兩(切)

上五味,以水七升,煮取三升,去滓,温分三服。本云桂枝湯,今加芍藥。

桂枝加大黄湯方

桂枝三兩(去皮)　大黄二兩　芍藥六兩　生薑三兩(切)　甘草二兩(炙)　大棗十二枚(擘)

上六味,以水七升,煮取三升,去滓,温服一升,日三服。

太陰爲病,脉弱,其人續自便利③,設當行大黄芍藥者,宜減之,以其人胃氣弱,易動故也。(280)

【词解】

① 腹满时痛:指腹满疼痛,时轻时重,时作时止。

② 大实痛:痛而拒按。

③ 续自便利:不因攻下而连续不断地下利。

【释义】

第279条论述太阳病误下后邪陷太阴致太阴腹痛的证治。太阳病表邪不解,当用汗法解表,今不当下而误下,故曰"反"。误下伤脾,脾失运化,气机壅滞,则腹满;邪陷脾络,脾主大腹,气血不和,络脉瘀阻拘急，则腹痛阵作。因病位在脾，故曰"属太阴也"。然此虽属太阴，却与太阴病里虚证不同，彼为脾阳不足，寒湿内盛所致，故除见腹满时痛外，更见食不下、呕吐、下利等，当以温中散寒、健脾除湿治疗。而本证仅见腹满时痛，余症不显，为脾伤气血，阴阳不和，气滞络瘀，经脉拘急所致，故治以通阳益脾，活络止痛，调和气血，方用桂枝加芍药汤。

"大实痛"为腹痛剧烈，持续不减，痛而拒按，病势较"腹满时痛"为重，然是证腹痛虽剧，却无潮热、谵语等阳明热征，乃属邪陷于脾，血瘀阻滞较甚，经脉闭阻不通所致，故在上方基础上加大黄二两，为桂枝加大黄汤，宣通中阳，兼以活血逐瘀，通络止痛。

第280条紧承上条补述脏虚络实者当慎用攻伐之品。太阴为病，脾阳虚弱，一般而言，当脉见虚弱，"其人续自便利"即大便稀溏不成形之谓。虽然尚未见脏虚诸症，但具备脏虚体质，属脾虚络实。本条提示，似这种脾络瘀阻，以腹痛为主的太阴病，需用大黄、芍药苦泄破瘀血，通脾络时，当减少用量，以防更伤脾脏，由络病转为脏病，使病情加重。所谓"易动故也"，就是强调的这种副作用。本条的意义在于，应根据患者的体质处方用药，治疗经络勿忘脏腑。

【方解】

桂枝加芍药汤是由桂枝汤原方倍用芍药组成，虽只有一味药量不同，方义却有很大差别。本方重用芍药活血和络，脾络通则腹痛止，为治疗腹痛的常用药。桂枝温阳通络，生姜温阳散寒，甘草、大枣补脾和中，缓急止痛。

桂枝加大黄汤即桂枝加芍药汤再加大黄组成。《本草经》指出"大黄下瘀血……破癥瘕积聚"。方中加入大黄的作用为活血破瘀，助芍药通络止痛，以治脾络瘀滞重证。

【析疑】

(1) 关于本证是否兼有表邪不解：认为本证不兼表邪的根据是本条为表证误下后出现了腹满时痛，病位已去表入阴，故仲景明言"属太阴也"。况且桂枝汤加芍药后，重用芍药六两，服药后又不温覆啜粥，显无解表之力，此说见于李克绍《伤寒论语释》、五版教材《伤寒论讲义》等。认为本证兼有表证的理由，一是本证由太阳病误下而成，二是两方皆为桂枝汤加味，此说见于柯韵伯《伤寒来苏集》、方有执《伤寒论条辨》、南京中医学院伤寒教研组《伤寒论译释》等。其实就本证而言，太阳病误下，腹满时痛，病属太阴。至于表证之有无，似不必拘执。若无表证者，自宜以上治法；若有轻微之表证，仍可酌情使用。

(2) 关于"大实痛"是在实在阳明还是在太阴，是阳实还是阴实：主阳实之说者，如柯韵伯《伤寒来苏集·桂枝加大黄汤》条下云："大实痛是太阳转属阳明而胃实。"郭子光《伤寒论汤证新编》认为桂枝加大黄汤证属于太阴阳明并病。持阴实观点者，如程郊倩曰："阴实而非阳实。"许宏亦言："乃脾实也。"李克绍在《伤寒解惑论》中指出："胃家实是胃肠中有粪便滞留，脾家实是胃肠之膜的络脉气血壅滞，二者显然有别。"力主此证乃实在太阴血分，脾络不通所致。其后李培生主编的五版《伤寒论讲义》首次将这一观点写入全国统编教材。

本证见于误下之后，第280条提出"续自便利"，亦有"当行大黄芍药者"，只需减量则可。《本草经》中大黄的功用首言"下瘀血"，仲景更有桃核承气汤、抵当汤、大黄甘遂汤等方用大黄祛瘀通络，可知大黄为血分药，不可以大黄为通下阳明腑实专药。综上所述，以阴实之说更为合理。提示太阴病固然以虚证为主，但也有实证，临证当须明辨。

【医案选录】

王某，男，46岁。患菌痢，初时经治已减轻，后又复发，缠绵不愈，变成慢性菌痢。每日少则三四次，多则五六次，排便甚急，不及如厕，则污衣裤，然登厕后又排便不爽，下重难通，大便状不成形，有红白黏液。据患者告诉：下痢之前,则觉有一物往肠子里下坠,这时就必排便,急不可耐,伴有腹痛肠鸣等症。脉象沉弦而滑,舌红苔白。观其所服之方,寒必芩连,热必姜附,补如参术,涩如梅诃,尝之殆遍,迄无所效。辨证：此乃脾胃阴阳不和,肝气郁而乘之之证。治法：调和脾胃阴阳,并于土中平木。处方：桂枝9g,白芍18g,炙甘草9g,生姜9g,大枣2枚。服2剂,下痢减至一两次,照方又服2剂而痊愈。(周凤梧.桂枝汤证治及其加减应用[J].山东中医学院学报,1977,(1)：27.)

第三节 太阴病兼证

【原文】

太陰病,脉浮者,可發汗,宜桂枝湯。(276)

【释义】

本条论述太阴病表证的证治。本条冠以太阴病,当有太阴脾虚之机,脉当缓弱,今脉反浮,说明病机向外,里虚不甚,当从表施治。本证既用桂枝汤治疗,以方测证,除脉浮外,当伴其它表证症状。全面分析,当知本证为素体脾阳不足,复感风寒之邪而患病,为太阴病表证。治用桂枝汤和脾胃以达营卫,扶正祛邪。

【析疑】

关于本条之证主要有两种观点：一种认为是太阴兼表证,以汪苓友、程郊倩、《医宗金鉴》、山田正珍等为代表,如汪苓友在《伤寒论辨证广注·辨太阴病脉证并治法》中曰："此条太阴病,当是太阳经传来者,夫曰太阴病,当见腹满等候,诊其脉不沉细而浮,则知太阳经风邪犹未解也,故宜桂枝汤以汗解之。"另一种认为是太阴病本身的表证,以方有执、高学山、程知等为代表,如高学山在《伤寒尚论辨似·太阴经》中曰："此条言太阴脉浮,明明浮为太阴之浮,非浮出太阳之谓,见太阴脉浮之表证,亦可以桂枝汤解太阴之表耳。"临床素体脾阳虚之太阴体质者,感受风寒外邪后,可以形成太阴病表证,故以第二种观点更为妥当。

第四节 太阴病变证

【原文】

傷寒發汗已,身目爲黃,所以然者,以寒濕在裏不解故也,以爲不可下也,於寒濕中求之。(259)

【释义】

本条论述寒湿发黄的证治及禁例。寒湿发黄亦即阴黄,多由脾胃虚寒,寒湿中阻,郁而发黄。寒湿属阴邪,其性沉滞,故黄色晦暗。治当温中散寒除湿以退黄,即"于寒湿中求之"之意。因为寒湿内停发黄,下后再伤阳气,所以"以爲不可下也"。

【析疑】

发黄一证皆由脾虚湿盛而成,《金匮要略·黄疸病》云:"脾色必黄,瘀热以行。"发黄有湿热和寒湿两种,湿热者阳黄,寒湿者阴黄,本条发黄为寒湿发黄即阴黄。因伤寒汗不得法,脾阳不足,运化失司,寒湿内停,而发黄疸。

第五章　辨少阴病脉证并治

导学

本章主要介绍少阴病提纲、寒化证、热化证的证治，以及兼证、疑似证的辨证治疗。病至少阴，阴阳水火俱损，其临床表现形式非阳虚即阴虚，非虚火上炎，即阴寒内盛。

学习目标：掌握少阴病的诊断；掌握少阴寒化证的发病原因及治疗原则。熟悉少阴病寒化证类证的治疗；熟悉少阴病疑似证的辨证。了解少阴病预后和转归。因少阴病阴阳水火俱虚，其预后全在阳气的存亡，阳气存则生，阳气亡则死；在疾病的后期，阳气与阴津的存亡至关重要。

概　说

少阴包括手少阴和足少阴两经，属心、肾两脏。心主火，主血脉，又与精神、意识活动有关，为神明之主。肾主水，主藏精，真阳真阴(水火)寄寓其中，为先天之本。在正常生理情况下，心火下交于肾，使肾脏温暖而化气；同时肾水上腾于心，使心火不致偏亢。这样水升火降，相互协调，彼此制约，心肾相交，以保持人体正常的生理活动。

少阴病的成因有二：一是素体少阴心肾不足，病邪直犯少阴而发病；二是其他经疾病误治、失治，邪气入里，损伤心肾而发病。

病入少阴，损及心肾，阳气虚衰，阴血不足，全身抗病能力明显下降，故少阴病常为外感疾病过程中的危重阶段，属于全身性虚衰证，故其提纲脉症为"脉微细，但欲寐"。

由于少阴为真阴真阳之脏，病及少阴，其病理表现多为阴盛阳虚或阴虚阳亢，故邪气既可从阴化寒，又可从阳化热。故少阴病本证有寒化证和热化热两类证型。

寒化证是由心肾阳虚，邪从寒化，阴寒内盛，以无热恶寒、下利清谷、四肢厥逆、精神萎靡、小便清白、脉沉微细、舌淡苔白等为主要脉症。若阴寒之邪太盛，逼迫虚阳浮越于外，还可出现面赤、汗出、躁扰不宁、反不恶寒等真寒假热现象。

热化证多由心肾精血不足，虚热内生，邪从热化，以致肾阴虚于下，心火亢于上。临床以心烦不得眠、口燥咽痛、舌红少苔、脉细数等为主要脉症。

少阴病治法，寒化证以回阳救逆为主，代表方为四逆汤；热化证以滋阴降火为主，代表方为黄连阿胶汤。发汗与攻下,均属禁忌。另外,少阴表证,治宜温经发汗,如麻黄附子细辛汤之类。少阴咽痛,分别治以清热、养阴、涤痰、通阳诸法。

邪入少阴,多伤阳气,所以少阴病的预后,取决于阳气的存亡,一般是阳回者生,阳衰者重,阳亡者死。

第一节 少阴病纲要

一、少阴病提纲

【原文】

少陰之爲病,脈微細,但欲寐①也。(281)

【词解】

① 但欲寐:指似睡非睡、精神萎靡、体力疲惫的衰竭状态。

【释义】

本条为少阴病提纲证。少阴属心肾两脏,心主血,推动血行;肾主水,内潜真阴真阳。邪入少阴,损伤心肾之阴精阳气,致心肾两虚。若阳气虚弱,无力鼓动血行,则脉微弱无力;若精血亏耗,脉道不充,则脉体纤细。无论阳气虚衰,或精血不足,均可导致心神失养,出现"但欲寐"状态。本条从脉象到症状,揭示了少阴病整体性、全身性的衰竭本质。

少阴病正气衰竭的但欲寐,与太阳病和少阳病邪去神恬的嗜卧,及阳明病高热神昏的嗜卧,都迥然不同。

【析疑】

对于本条的认识,有的医家认为单纯属少阴寒化证的提纲,因为寒化证是少阴病的主要证型。另外一些医家则认为反映了少阴阳虚和阴虚两个方面,而少阴病本来就有阳虚寒化证与阴虚热化证两大证型。其实,从心肾、阴阳、气血各个方面,从整体性的角度理解少阴病,后一种认识比较合理。

二、少阴病治禁

【原文】

少陰病,脈細沉數,病爲在裏,不可發汗。(285)

少陰病,脈微,不可發汗,亡陽①故也。陽已虚,尺脈弱濇者,復不可下之。(286)

【词解】

① 亡阳:使动句法,即使阳气外亡。

【释义】

第285条指出少阴病脉细沉数不可发汗。发汗是治疗表证的大法,少阴为里证虚证,自当禁用。脉沉为在里，里证不能发汗；脉细为阴虚，阴虚治宜滋阴，亦不能发汗，发汗则更伤阴津；脉数为有热，热邪在里，治宜清解，不可发汗，误发其汗，徒伤阴增热。所以说凡少阴病见脉沉、细、数者，不可发汗。

第286条指出少阴病脉微不可发汗。脉微为阳气大虚，发汗则导致阳气外脱。在阳气已虚的情况下，复见尺脉弱涩，属于阴血亦虚，此时不但不可发汗，亦不可攻下，若误用攻下则可导致阴阳两竭。

汗、下均为攻邪之法，无论阳虚、阴虚、阴阳两虚，乃至所有虚证，汗、下之法均不可滥用。

三、少阴病愈期

【原文】

少陰病欲解時，從子至寅上①。(291)

【词解】

① 从子至寅上：即子、丑、寅三个时辰，夜23时至次日凌晨5时。

【释义】

本条论少阴病的欲解时间。按照"重阳则阴，重阴则阳"的理论，子时为阴尽阳生之时，从丑至寅时，阳气渐长，少阴得天阳之助，阴阳得以平衡，而疾病可望向愈。

六经病均有欲解时，一般三阳病都在本经主气之时，得自然旺气而解。而三阴病不解于阴盛之时，而是解于从亥至卯的阴气渐退，阳气始生渐长之时，可知人生于天地之间，虽重在阴阳的平衡，但阳气在机体中仍占主导地位，故而三阳病解于阳气渐长至旺的寅至戌时，三阴病解于阴气盛极，阳气始生渐长的亥至卯时，是人体之阴阳与天时之阴阳的呼应，是内环境与外环境统一。

四、少阴病预后

(一) 阳回欲愈

【原文】

少陰病，脈緊，至七八日，自下利，脈暴微，手足反溫，脈緊反去者，爲欲解也。雖煩下利，必自愈。(287)

少陰病，下利，若利自止，惡寒而踡臥①，手足溫者，可治。(288)

少陰病，惡寒而踡，時自煩，欲去衣被者，可治。(289)

少陰中風，脈陽微陰浮者，爲欲愈。(290)

少陰病，吐利，手足不逆冷，反發熱者，不死。脈不至者，灸少陰②七壯。(292)

【词解】

① 踡卧：形容肢体蜷缩而卧的状态。
② 灸少阴：灸少阴经脉所循行的穴位。

【释义】

第287条论根据脉暴微、手足反温推测阳回自愈的辨证。少阴病脉紧，为阴寒内盛。病至七八日之后而见下利，脉由紧突然转变为微，从表面看，似乎应该是阳气进一步衰退，但手足反温，这是阳气来复的重要标志。并由此得知，脉由紧而暴微，是寒邪衰退之兆。仲景怕人误解，特意指出"脉紧反去者，为欲解也"。而且进一步强调"虽烦下利，必自愈"。本条以脉象前后变化的对比，来推测阴阳的消长,对于疾病预后的判断有着实际的指导意义,也反映了动态的辨证观。

第288条论根据利自止、手足温推测阳气的来复。少阴病下利,恶寒而踡卧,为阴盛阳虚的证候。若下利止,有阴液枯竭病情转剧和阳气来复病情转轻的两种可能,如果手足冷而转温,虽有"恶寒而踡卧",仍然是阴退阳复之征,预后良好,可以救治。可知,手足温是阳气回复最为重要的指征。

第289条论时自烦欲去衣被者为阳气来复。少阴病阳衰阴盛,阳气失于温煦,则恶寒身踡,必喜近衣被,且多静而不烦。今时时有烦热之感,欲揭去衣被,在精神好转、神志清醒的状态下,应该是阳气来复、阴寒渐退之征,故云"可治"。若是身踡神昏,伴随时自烦、欲去衣被,则往往是虚阳躁动之危象。为医者当脉症合参综合辨证才不致误诊。

第290条论少阴中风欲愈的脉象。本条脉之阴、阳是指尺脉和寸脉而言,寸脉为阳,尺脉为阴。少阴中风,脉当沉细,今反见寸微而尺浮,寸脉微为邪气微之征,尺脉浮是阳气复之兆,正胜而邪衰,故曰"为欲愈"。

第292条论阳复可治证及吐利后脉不至的治法。少阴病吐利,属阴盛阳衰之证,多伴见手足逆冷、脉微弱等。判断其预后,以阳气的存亡为依据。今见"手足不逆冷,反发热者",则表明阳气损伤不甚,所以断为"不死"。若"脉不至者",用艾灸少阴穴位七壮,温通阳气,使阳气通则脉自至。

以上5条根据脉症的变化,推断少阴病的预后。针对少阴病来讲,疾病预后的吉凶,全在阳气的存亡,阳气存则生,阳气亡则死。由脉紧到脉微;由手足逆冷到手足温;由下利到利止,由静到烦;由恶寒身踡到欲去衣被。这些脉症由阴到阳的变化,均预示着阳气的来复。但对于欲解、可治、欲愈、脉不至的症候,临证时不可坐失良机,应当积极配合治疗,或用灸法,或用药物。

(二) 阳亡不治

【原文】

少陰病,惡寒,身踡而利,手足逆冷者,不治。(295)

少陰病,吐利躁煩,四逆者,死。(296)

少陰病,下利止而頭眩,時時自冒者,死。(297)

少陰病,四逆,惡寒而身踡,脈不至,不煩而躁者,死。(298)

少陰病,六七日,息高①者,死。(299)

少陰病,脈微細沉,但欲臥,汗出不煩,自欲吐,至五六日自利,復煩躁不得臥寐者,死。(300)

【词解】

① 息高:息指呼吸,高指呼吸不能下达。息高即呼吸表浅,呼多吸少之意。

【释义】

第295条论纯阴无阳的危候。少阴病恶寒身踡,为阳气虚衰,失于温煦;下利为阳衰阴盛,火不生土;若见到手足逆冷者,阳气欲将败亡,为纯阴无阳之候,故曰"不治"。

第296条论少阴阳气脱绝的危候。少阴病,吐利为阴盛阳衰,火不生土,胃气上逆,脾气下陷所致。若病者沉静嗜卧,阴寒内盛而已,今病者神志模糊,躁动不安,为残阳外扰,神不守舍之征。若再伴见四肢逆冷,阳气已绝,故为死候。

第297条论阴竭于下、阳脱于上的危候。本条与第288条同是"下利止",但病机转归截然不同。第288条之"下利止"的辨证关键在于伴有"手足温",所以下利止是阳气来复,故曰可治。而本证之下利止,因阴竭无物可下,阴竭于下,阳无所依附而外越。故曰头眩,时时自冒者,死。

第298条论阳绝神亡的危候。少阴病,四逆,恶寒而身踡,为少阴阳衰阴盛;脉不至较脉微欲绝为甚,为真阳虚极,无力推动血脉运行。若见"不烦而躁",不仅无阳复之望,而且神气将亡,此为阳绝神亡,故断为死候。

第299条论肾气绝于下、肺气脱于上的危候。肺为气之主,肾为气之根。少阴病六七日而见息高者,是肾气绝于下,肺气脱于上的危候,故曰死。

第300条论阴阳离决的危候。脉微细沉,但欲卧,是少阴虚寒证的主要脉症。汗出,为阳气随汗外脱;不烦,为虚阳无力与邪抗争;自欲吐,为阳虚阴寒之邪上逆。病至五六日又见下利、烦躁不得卧寐,下利为阴竭于下,烦躁不得卧寐为阳气脱于上。此为阴阳离决之候,故曰"死"。

以上6条从不同的角度论述了阳气败亡之证。少阴病寒化证的病机为阳衰阴盛。其预后重在阳气的存亡,即"有阳则生,无阳则死"。

第二节 少阴病本证

一、少阴寒化证

(一) 四逆汤证

【原文】

少陰病,欲吐不吐①,心煩,但欲寐。五六日自利而渴者,屬少陰也,虛故引水自救。若小便色白②者,少陰病形悉具。小便白者,以下焦③虛有寒,不能制水,故令色白也。(282)

【词解】

① 欲吐不吐:指要吐而又无物吐出。

② 小便色白:指小便量多色淡,即小便清长。

③ 下焦:这里指肾脏。

【释义】

本条论少阴寒化的病机及辨证要点。少阴寒化证,总由下焦阳虚、阴寒内盛所致。肾阳虚衰,浊阴上逆,则欲吐;阴盛于下,虚阳上扰,则心烦;阳虚已甚,神疲不支,则但欲寐。至此少阴阳虚之证已初见端倪,若失治迁延,至五六日,脾肾阳虚,则必自利;少阴阴气本少,加之阳虚不能蒸化津液,故口渴。在但欲寐的基础上,出现自利而渴,少阴病的特征已显露,故云"属少阴也"。口渴又有虚寒与实热之别,因之又进而提出"小便色白",作为少阴阳虚寒盛之辨证依据。正如《素问·至真要大论》所云:"诸病水液,澄澈清冷,皆属于寒。"至此,少阴阳虚寒盛之象已确诊无疑,故以"少阴病形悉具"一语而总括之。并自注云:"小便白者,以下焦虚有寒,不能制水,故令色白也。"本证属典型的少阴寒化证,治宜回阳救逆,当用四逆汤。

本条对少阴虚寒证的辨证价值极高,以但欲寐、自利而渴、小便色白,点出少阴寒化证的辨证要点。同时,自利而渴与自利不渴相较,辨少阴虚寒下利与太阴虚寒下利;以心烦但欲寐与心烦不得卧相较,辨少阴寒化证与少阴热化证;以自利而渴小便白与自利而渴小便赤相较,辨少阴寒利证与厥阴热利证。总之,本条对临床辨证具有极重要的指导意义,故为少阴寒化证之辨证纲领。

【原文】

少陰病,脈沉者,急溫之,宜四逆湯。(323)

四逆湯方

甘草二兩(炙)　乾薑一兩半　附子一枚(生用,去皮,破八片)

上三味,以水三升,煮取一升二合,去滓,分溫再服。強人可大附子一枚,乾薑三兩。

【释义】

本条以脉代证,提示病涉少阴当急治。少阴病仅仅是脉沉,尚未至脉微或脉微欲绝,是少阴阳虚,但阳虚不甚。本条仅据脉沉,提出"急温之",重点是一个"急"字,寓有"既病防变",早期治疗之意。体现了"治未病"的思想。提示少阴为病,病涉心肾,一为君主之官,一为先天之本,非同小可,治之宜早。否则,等待四肢厥逆、下利清谷、脉微欲绝等亡阳证俱现,再"急温之",恐怕为时已晚也。

【方解】

本方主治少阴病寒化证,因四肢厥逆为寒化证的主症,故名四逆汤。《素问·至真要大论》云:"寒者热之。"大辛大热之药莫过姜附,附子生用,辛温大热,功专祛寒,兼以温肾;干姜辛温,功专散寒,兼以暖脾。生附子与干姜相伍,一则其温热之性大增,正所谓"附子无干姜不热"之意。二则附子之性走与干姜之性守相互制约,防止药性偏激。炙甘草甘温,既能健运中阳之气,又能助姜附以回阳,尚可缓附子的毒性。《医宗金鉴》指出:"甘草得姜附,鼓肾阳,温中寒,有水中煖土之功,姜附得甘草,通关节,走四肢,有逐阴回阳之力,肾阳鼓,寒阴消,则阳气外达,而脉升手足温矣。"

本方有两大特色:一则附子生用祛寒;二则温肾兼以顾脾。仲景用附子,分生、炮两种。一般温阳多炮用,如真武汤、附子汤等;回阳多生用,如四逆汤类方。

【医案选录】

罗谦甫治省掾曹德裕男妇,二月初,病伤寒八九日,请罗治之,脉得沉细而微,四肢逆冷,自利腹痛,目不欲开,两手常抱腋下,神昏嗜卧,口舌干燥……遂以四逆汤五两,加人参一两,生姜十余片,连须葱白9茎,水5大盏,同煎至3盏,去滓,分3服,一日服之。至夜利止,手足温,翌日大汗而解,继以理中汤数服而愈。(江瓘.名医类案[M].北京:人民卫生出版社,1983:10.)

【原文】

少陰病,飲食入口則吐,心中溫溫①欲吐,復不能吐。始得之,手足寒,脈弦遲者,此胸中實,不可下也,當吐之。若膈上有寒飲,乾嘔者,不可吐也,當溫之,宜四逆湯。(324)

【词解】

① 温(yùn)温:温同"愠",心中自觉蕴结不适。

【释义】

本条论述少阴病膈上有寒饮与胸中实邪的辨证。内容分为三段:从"少阴病"至"复不能吐"为第一段,论述两证相同的临床表现。饮食入口则吐,心中温温欲吐,复不能吐,与第282条的"欲吐不吐"表现及病机类同,是少阴阴寒上逆的证候,然欲吐不吐之症,不仅见于少阴寒逆,亦可见于胸中实邪结聚诸证。

从"始得之"至"当吐之"为第二段,论述胸中邪结的表现和治法。病初起,即见手足冷,而脉象弦迟,则一般不是少阴寒化证,而是邪阻胸中的实证。由于痰食之邪阻滞胸膈,正气向上祛邪,故饮食入口则吐,不进食时,心中亦蕴结不适而上泛欲吐,然而实邪阻滞不行,故复不能吐。胸中阳气被实邪所阻,不得布于四末,故手足寒。邪结阳郁,故脉象弦迟,必按之有力。实邪在上,不可攻下,治当因势利导,"其高者,因而越之。"所以"当吐之"。

从"若膈上有寒饮"至"宜四逆汤"为第三段,论述少阴寒饮的治法。少阴阳虚失于气化,寒饮内生而上逆,导致膈上有寒饮而干呕。寒饮虽在膈上,其源实在于肾,因此,切不可误诊为胸中实邪而用吐法,治宜四逆汤温运脾肾以化寒饮。阳复饮去,诸症自愈。

痰食阻滞为实,寒饮留膈为虚,实则宜吐,虚则宜温。若属痰实之邪阻于胸中,法不可下,但用吐法,一吐而阳气得通,吐法便是温法。而寒饮停于膈上,法不可吐,急用温法,饮得温而化散,温法即是吐法。

(二) 通脉四逆汤证

【原文】

少陰病,下利清穀,裏寒外熱,手足厥逆,脈微欲絕,身反不惡寒,其人面色赤,或腹痛,或乾嘔,或咽痛,或利止脈不出者,通脈四逆湯主之。(317)

通脈四逆湯方

甘草二兩(炙) 附子大者一枚(生用,去皮,破八片) 乾薑三兩(強人可四兩)

上三味,以水三升,煮取一升二合,去滓,分溫再服。其脈即出者愈。面色赤者,加葱九莖;腹中痛者,去葱,加芍藥二兩;嘔者,加生薑二兩;咽痛者,去芍藥,加桔梗一兩;利止脈不出者,去桔梗,加人參二兩。病皆與方相應者,乃服之。

【释义】

本条论述少阴寒化重证的辨治。少阴为病,下利清谷,手足厥逆,恶寒蜷卧,小便色白,脉沉或微,属于一般性少阴寒化证,用四逆汤治疗即可。若脉微欲绝,则是阴寒内盛、阳气大虚所致,属于少阴寒化重证。寒邪内盛,脾肾阳虚,故下利清谷;寒邪凝滞,阳虚失温,故手足厥逆;阳气大虚,阴寒极盛,气血衰微,脉络闭阻,故脉微欲绝。阴盛格阳,虚阳被格于外,故身反不恶寒;虚阳被格于上,故面色赤。此即所谓"里寒外热",即内真寒而外假热,阴盛于内,格阳于外的"格阳证"。寒化重证,四逆汤方小力薄,故增大其药量,以通脉四逆汤破阴回阳,宣通内外。方名"通脉"二字,就是针对"脉微欲绝"而设的。

少阴寒化重证,往往具有以下或然症:阳气虚衰,寒凝脾络,则腹痛;寒气犯胃,胃气上逆,则干呕;虚阳循经上浮,郁于咽嗌,则咽痛;阳虚气不化津,下利多津耗气脱,元气大虚,故利虽止而脉不出。

【方解】

通脉四逆汤与四逆汤药味相同,而用量有异。加重姜附用量,驱寒回阳之力更强,寒去则阳回,阳回则脉通,所以方名通脉四逆汤,以区别于四逆汤。

若面色赤,加葱白,取其宣通阳气,以返上越之阳;腹中痛,加芍药,通脾络,止腹痛;干呕,加生姜,和胃降逆以止呕;咽痛,加桔梗,利咽开结而止痛;利止脉不出,加人参,益气而生津,固脱而复脉。方后提出"病皆与方相应者,乃服之",示人处方选药必须符合病机,兼症不同,又当随症加减,才能收到预期效果。

【医案选录】

喻嘉言医案:徐国桢,伤寒六七日,身热目赤,索水到前,复置不饮,异常大躁,将门牖洞启,身卧地上,辗转不快,更求入井。一医急以承气与服。喻诊其脉,洪大无伦,重按无力。乃曰,是为阳虚欲脱,外显假热,内有真寒,观其得水不欲咽,而尚可用大黄、芒硝乎?夫天气燠蒸,必有大雨,此证顷刻一身大汗,不可救矣。即以附子、干姜各五钱,人参三钱,甘草二钱,煎成冷服,服后寒战,嘎齿有声,以重绵和头复之,缩手不肯与诊,阳微之状始著,再与前药一剂,微汗,热退而安。(俞震.古今医案按[M].上海:上海科学技术出版社,1959:12.)

(三) 白通汤证、白通加猪胆汁汤证

【原文】

少陰病,下利,白通湯主之。(314)

白通湯方

葱白四莖 乾薑一兩 附子一枚(生,去皮,破八片)

上三味,以水三升,煮取一升,去滓,分温再服。

少陰病,下利脈微者,與白通湯。利不止,厥逆無脈,乾嘔,煩者,白通加豬膽汁湯主之。服湯脈暴出①者死,微續②者生。(315)

白通加豬膽汁湯方

葱白四莖 乾薑一兩 附子一枚(生,去皮,破八片) 人尿五合 豬膽汁一合

上五味,以水三升,煮取一升,去滓,内膽汁、人尿,和令相得,分温再服。若無膽,亦可用。

【词解】

① 脉暴出:脉搏陡然浮出。

② 微续:脉搏慢慢浮起,逐渐跳动有力。

【释义】

以上两条论述少阴虚阳下陷下利证的证治。第314条仅提"下利",以方测证可知,此下利是肾阳虚衰、虚阳下陷、关门不固所致的、伴有下坠滑脱性质的下利,兼见有恶寒蜷卧、手足厥逆、脉微细或沉微等。治宜在回阳救逆的基础上,通阳举陷以治利。

第315条承上条论述服热药发生格拒的证治及预后。原文可分为三段:从"少阴病"至"与白通汤"为第一段,是在上条的基础上补充白通汤证的脉象特点。最为重要的是,为"与白通汤"后出现的脉症做铺垫。

从"利不止"至"白通加猪胆汁汤主之"为第二段,这是本条的核心内容,论述白通加猪胆汁汤证。白通汤证服用白通汤,方药是对证的,但却出现反常现象,下利仍然不止,脉微发展为无脉,甚至出现四肢厥逆。问题的关键在于"干呕烦者",由此得知,服下白通汤后,必胃脘绞乱难受,烦闷呕吐。究其所因,为阴寒太盛,热药不纳,格拒于上。遵《素问·至真要大论》中"甚者从之"之旨,反佐

以取之,方用白通加猪胆汁汤。所谓"下嗌之后,冷体既消,热性便发",使其气相从,而无格拒之患。

"服汤脉暴出者死,微续者生"为第三段,论述服白通加猪胆汁汤后的转归。病至格拒药物,若非寒邪盛极不致如此。因此,即使服下白通加猪胆汁汤,也很难保证其阳回病愈。必须根据其脉象判断其预后。药后脉忽然暴出,是虚阳将绝,得辛热之散,发越而亡脱,故预后多死;药后脉微续渐出者,为阳气渐渐回复,生机得以延续,故预后良好。

【方解】

白通汤方以四逆汤减干姜附子用量,去甘草之缓,加葱白组成。小量附子干姜,取其既能温中土之阳以通上下,又不致过于辛散而发越已虚之阳。关键是葱白,方名"白通",其"白"字就是指葱白,其"通"字就是指通阳。用葱白善于宣通阳气的特点,启下焦之虚阳上承,下利自然痊愈。

在上方基础上加人尿、猪胆汁即成白通加猪胆汁汤。方用以白通汤破阴回阳,宣通上下;加人尿、猪胆汁之咸苦性寒,引阳入阴,使热药不被寒邪所格拒,以利于发挥回阳救逆作用。此外,人尿、猪胆汁皆属血肉有情之品,于此下利阴伤之时,尚有补津血、增阴液之效。

【医案选录】

患者,女,76岁,素来体弱,各脏器检查无异常发现。2003年11月19日来就诊时,主症为心烦、失眠、畏寒、四肢冷,两颧及眼睑周围潮红微暗,言语低微,喜静懒言,脉微,诊为上热下寒证,处以黄连汤,共服8剂,并逐剂增加姜桂比例、减少黄连比例,效果不显。11月27日复诊时,症状同前,并叙及入冬以来尤甚,一到夜间,心胸烦懑欲死,猛然忆起"烦躁欲死"四字,不正是《伤寒论》少阴病戴阳证吗?冬季少阴寒水当令,久病阳虚之体,与外界寒令相合,不正是阴寒兴盛之时吗?此证应为少阴病内有久寒,格阳于上之证,处以白通汤1剂:附子10 g,干姜10 g,葱白3寸长4节,水煎服。次日患者复诊,精神大好,复诊再开2剂,1周后随访,语音增强,面红已消,心烦胸闷、失眠诸症皆失,御寒力增强,已能从事家务劳动。(蔡元龙.白通汤治疗少阴戴阳证2例[J].中国社区医师,2005,(10):38.)

(四) 真武汤证

【原文】

少陰病,二三日不已,至四五日,腹痛,小便不利,四肢沉重疼痛,自下利者,此爲有水氣。其人或欬,或小便利,或下利,或嘔者,真武湯主之。(316)

真武湯方

茯苓三兩　芍藥三兩　白朮二兩　生薑三兩(切)　附子一枚(炮,去皮,破八片)

上五味,以水八升,煮取三升,去滓,溫服七合,日三服。若欬者,加五味子半升、細辛一兩、乾薑一兩;若小便利者,去茯苓;若下利者,去芍藥,加乾薑二兩;若嘔者,去附子,加生薑,足前爲半斤。

【释义】

本条论述少阴阳虚水泛的证治。足少阴肾为水脏,故称"水之下源"。少阴病二三日不已,至四五日,邪气递深,肾阳日衰,阳虚寒盛,水气不化,泛溢为患。水泛上焦,水寒犯肺,肺气上逆,则见咳嗽;水泛中焦,脾胃气阻,升降反作,则见腹痛、呕吐、下利;水停下焦,津不化气,则见小便不利;水泛肌表,浸淫肢体,则见四肢沉重、疼痛。可见水饮内停,随气机升降,内而脏腑,外而四肢,上、中、下三焦无处不到,见症多端。但总属肾阳亏虚水气泛滥,宜用真武汤温阳镇水。

【方解】

真武汤用炮附子温阳化气,功在下焦,使水有所主;白术燥湿健脾,功在中焦,使水有所制;生姜宣发肺气,功在上焦,使水有所散。茯苓淡渗利水,佐白术健脾,是于制水中有利水之用;芍药活血络而利小便,是于利水之中有活血之法。全方从三脏二腑着眼,俾三焦脏腑之水、肌腠表里之水,皆可毕一役而去之,故真武汤为治水名方。

或然症加减:若咳者,是水寒犯肺,加干姜、细辛以散水寒,加五味子以敛肺气;小便利者,去茯苓之淡渗;下利甚者,是阴盛阳衰,水走肠间,不需芍药泄络搜水,前文有"设当行大黄、芍药者,宜减之",故去芍药,加干姜以温里;水寒犯胃而呕者,可加重生姜,以和胃降逆散饮。原方去附子,附子为本方主药,似不宜去。

【析疑】

太阳病篇第82条与本条两者虽然同用真武汤,但其病因不同,而病理也存在较大差异。肾藏真阴真阳,为一身元气之根本。肾主水液,是人体水液代谢的主要器官,肾中的阴阳之气,是肾水代谢的基础和动力,而肾水又是肾中阴阳之气的源泉,肾中阴阳的不足,必然导致肾水的代谢失常,而肾水的不足和潴留,也必定影响肾阴肾阳功能的发挥。但肾阴肾阳的不足,有轻重的不同;肾水的代谢失常,也有或多或少的区别。若肾阳先虚且轻而病程短,肾水代谢尚未至潴留,则多表现为阳虚;若肾阳久虚且重,肾水代谢失常,则多表现为水停。总以无形之阳虚先见,有形之水停后现。

"阳加于阴谓之汗",汗出过多既可伤阴,亦可伤阳。第82条是太阳病过汗,汗多损伤了阳气,失却"精则养神,柔则养筋"的功能,故出现头眩、身𥆧动,振振欲擗地;其里阳虽虚,然表邪未去,故仲景说"仍"发热;其心悸一症,既有阳虚失于鼓动,又提示肾阳虚不能镇水气,致使水气凌心。但毕竟阳虚轻、病程短,只是无形之水气凌心,尚不至于有形之水饮泛滥。

本条的真武汤证,则是病程较长,阳气久虚,水饮停滞。外则留滞于皮肤肌肉筋脉,致其失于温煦,经气不畅,而见四肢沉重疼痛。内则阳虚寒滞,脏腑失温,致腹痛。水饮上干肺气而咳,中伤胃气而呕,停滞下焦则下利、小便不利并见。可见其表里内外,上、中、下三焦皆受其害,与第82条的自是不同。

然而在治疗时,仲景用同一方,第82条真武汤证是过汗伤阳,阳气易伤而难复,水湿易停而难消,在肾阳损伤之初,即早补阳气,杜绝水患,犹未雨绸缪,防患于未然之意。若以真武汤重在"治水"言,则第82条所列病证用真武汤是为"防汛",温阳以加固堤坝,利水以疏浚渠道,重在温阳以防水气泛滥。本条所列病证用真武汤则是"抗涝",利水以排除浸渍,温阳以修复渠坝,重在利水以治内涝。

【医案选录】

李某,男,32岁。患头痛病,每在夜间发作,疼痛剧烈,必以拳击头始能缓解。血压正常,心肺正常。西医检查未明确诊断,头痛不耐烦时,只好服止痛药片。问如何得病?答:夏天开车苦热,休息时先痛饮冰冻汽水或啤酒,每日无间,至秋即觉头痛。问头痛外尚有何症?答:两目视物有时黑花缭乱。望面色黧黑,舌淡质嫩,苔水滑,脉沉弦而缓。此证乃阳虚水泛上蔽清阳所致,以其色脉之诊可以确定。为疏:附子四钱,生姜四钱,桂枝二钱,茯苓八钱,白术三钱,炙甘草二钱,白芍三钱。其服6剂获安,继用服苓桂术甘汤4剂巩固疗效而愈。(刘渡舟.伤寒挈要[M].北京:人民卫生出版社,1983:8.)

(五) 附子汤证

【原文】

少阴病,得之一二日,口中和①,其背恶寒者,当灸之,附子汤主之。(304)

附子汤方

附子二枚(炮,去皮,破八片) 茯苓三两 人参二两 白术四两 芍药三两

上五味,以水八升,煮取三升,去滓,温服一升,日三服。

少阴病,身体痛,手足寒,骨节痛,脉沉者,附子汤主之。(305)

【词解】

① 口中和:指口中不苦、不燥、不渴。

【释义】

以上两条论述少阴阳虚寒湿身痛的证治。虽然第304条与第305条并排而论,但重点是第305条。本证的病理机制在于阳气虚弱,寒湿弥漫。由于阳气不足,鼓动无力,加之湿性重浊,所以其脉沉;四肢为诸阳之本,一则寒湿之气弥漫阻遏,二则虚弱之阳难以温煦,故手足寒;阳气虚衰,不能温养筋骨肌肉,寒湿之气,留滞肌肉骨节之间,故见身体痛,骨节痛。治疗以附子汤以温经驱寒,除湿止痛。

第304条提出阳虚寒湿证的辨证要点与治疗方法。背为督脉循行部位,阳虚而寒湿凝滞,督脉先受影响,故背恶寒。此症可作为第305条"身体痛,手足寒,骨节疼,脉沉者"的补充。在服附子汤的同时,还可兼用灸法,一般认为可灸大椎、关元、气海等穴。灸法与汤药并进,可以增加疗效。

"背恶寒"两见于《伤寒论》中,一见于阳明病,一见于少阴病。阳明病背恶寒的机制是燥热内结,阳不外达,见于白虎加人参汤证。少阴病背恶寒的机制是寒湿阻遏,阳虚失温,见于附子汤证。辨证的关键之一是口渴与否,白虎加人参汤证必口燥渴,附子汤证则"口中和"。可见第304条的"口中和"就是针对"背恶寒"说的,同时也是联系阳明病的"背恶寒"而说的。

【方解】

附子汤重用炮附子,温经胜湿,驱寒镇痛;与人参相伍,温补以壮元阳,与白术、茯苓相伍,健脾以除寒湿;芍药"除血痹""利小便",能够泄孙络之水湿,通经脉之血痹,从而加强止痛的效果。

附子汤证与真武汤证,同属肾阳虚兼水湿之邪为患。但附子汤证是寒湿之邪凝滞于筋肉骨节之间,以身体痛、骨节痛为主;真武汤证为水气之邪浸渍于三焦上下内外,以腹痛、小便不利、四肢沉重疼痛、下利为主。两方的药味大部分相同,皆用附子、白术、茯苓、芍药。所不同处,附子汤白术、附子倍用,并伍人参,重在补阳气,散湿气,湿散则痛止;真武汤附子、白术半量,更佐生姜重在温散水饮,水散则阳复。前者以扶正为主,正气复则邪气散;后者以祛邪为主,邪气去则正气复。

【医案选录】

刘某,男,62岁,2001年11月26日初诊。于本月20日午后下河捕鱼1小时余,当晚睡中即感全身疼痛,四肢关节酸痛,辗转不宁。次日即去镇卫生院治疗,诊为外感风寒,给予正柴胡饮颗粒冲剂治疗5日不效。全身肌肉骨节酸痛,四肢厥冷,腰冷如冰,食欲不振,大便略溏,小便清长,舌质淡,苔白腻,脉沉细。证属阳气虚衰,寒湿内侵。治宜温经扶阳,祛寒除湿。用附子汤。炮附子30 g(开水先煎1小时),茯苓、党参、白芍各30 g,白术40 g。每日1剂。连服7剂后,全身肌肉及骨节酸痛基本消失,四肢转温,腰已不冷,食欲增进,大便成形,舌质淡红,苔薄白,脉缓。方证合拍,病趋痊愈,续服前方5剂以巩固疗效而收全功。(顾勇刚,顾文忠.附子汤异病同治验案二则[J].实用中医

药杂志,2005,(1): 49.)

(六) 桃花汤证

【原文】

少陰病,下利便膿血者,桃花湯主之。(306)

桃花湯方

赤石脂一斤(一半全用,一半篩末)　乾薑一兩　粳米一升

上三味,以水七升,煮米令熟,去滓,溫服七合,內赤石脂末方寸匕,日三服。若一服愈,餘勿服。

【释义】

第306条论述虚寒下利便脓血的证治,直接揭出主症主治。下利便脓血,有寒热之别。少阴的下利便脓血,多为脾肾阳衰,络脉不固,统摄无权,大肠滑脱所致。临床所见应是脓血杂下,白多红少,或纯下白冻,既无里急后重之感,又无臭秽之气,兼见腹痛绵绵,喜温喜按,口淡不渴,舌淡苔滑等明显的寒盛阳虚之象。证属脾肾阳虚,寒湿凝滞,滑脱不禁,治宜桃花汤温涩固脱。

【方解】

桃花汤以赤石脂涩肠固脱为主药,辅以干姜温中阳,佐以粳米益脾胃。三药合用,可提高涩肠固脱的功效。本方最大的特色是,赤石脂一半生药入煎,一半为末冲服。关键在于研末冲服,直接留着肠壁,取其温涩之性,在局部发挥收敛止血、修复肠膜的作用,可谓用药之巧。

【医案选录】

胡某,男,68岁。患下利脓血,已1年有余。时好时坏,起初不甚介意。最近以来,每日利七八次,肛门似无约束,如厕稍迟,即便裤里,不得已,只好在痰盂里大便,其脉迟缓无力,舌质淡嫩,辨为脾肾虚寒,下焦滑脱之利。为疏: 赤石脂二两(一两研末冲服,1两煎服),炮姜三钱,粳米一大撮,煨肉蔻三钱,服3剂而效,5剂而下利止。又嘱服用四神丸,治有月余而病愈。(刘渡舟.伤寒挈要[M].北京: 人民卫生出版社,1983: 8.)

二、少阴热化证

(一) 黄连阿胶汤证

【原文】

少陰病,得之二三日以上,心中煩,不得臥[①],黃連阿膠湯主之。(303)

黃連阿膠湯方

黃連四兩　黃芩二兩　芍藥二兩　雞子黃二枚　阿膠三兩(一云三挺)。

上五味,以水六升,先煮三物,取二升,去滓,內膠烊盡,小冷,內雞子黃,攪令相得,溫服七合,日三服。

【词解】

① 不得卧: 指失眠。

【释义】

本条论述少阴病阴虚火旺的证治。少阴心肾素体阴虚,复感外邪,容易热化,形成热化证。心属火,肾属水。肾水不足,不能上济心阴,而致心火独亢于上,即所谓心肾不交,水火不济。临床表

现是"心中烦,不得卧"。除了心烦失眠外,当伴有咽干口渴、舌红少苔、脉细数等脉症。治宜泻心火、滋肾阴、交通心肾。

本证与栀子豉汤证之虚烦不得眠不同,栀子豉汤证为无形邪热扰于胸膈,病在气分,阴液未伤,多见舌苔薄黄,治以清宣郁热;本证为阴虚火旺,心肾不交,多见舌红赤少苔,治以育阴清热。

【方解】

黄连阿胶汤方中分别以黄连与阿胶代表方药功能的两个方面,黄连为主,配伍黄芩,清心火、除烦热;阿胶为主,配伍芍药、鸡子黄,滋肾阴、降心火。前者以祛邪为主,后者以扶正为主。共成泻心火、滋肾水、交通心肾、扶正祛邪之剂。

【医案选录】

张某,男,25岁。心烦少寐,尤以入夜为甚。自觉居室狭小,憋闷不堪,心烦意乱,常于室外奔走。脉数舌红,舌尖部红如草莓。此乃心火燔烧而肾水不能承其上,以致阴阳不交,心肾不能相通,形成火上水下不相既济之证,为疏:黄连阿胶汤加竹叶、龙骨、牡蛎,服1剂则心烦减轻,再1剂即可入睡。(刘渡舟.伤寒论通俗讲话[M].上海:上海科学技术出版社,1980:26.)

(二) 猪苓汤证

【原文】

少陰病,下利六七日,欬而嘔渴,心煩不得眠者,豬苓湯主之。(319)

【释义】

本条论述阴虚水热互结的证治。少阴病下利,当有寒热之分,本条下利,伴有心烦,不得眠,则当属少阴热化之证。水气为患,流动不居,偏渗于大肠,则下利;水气上逆射肺,则咳;水气上逆犯胃,则呕;水气内停而津不能上布,则渴;阴虚有热,上扰神明,则心烦不得眠。结合第223条"脉浮发热,渴欲饮水,小便不利者,猪苓汤主之",知本条当具有小便不利症。本条叙证与阳明病猪苓汤证虽有不同,但其病机相同,故都可以用猪苓汤清热滋阴利水。

本证的心烦不得眠,虽与黄连阿胶汤相似,但黄连阿胶汤证以肾水不足,心火独亢为主;本证虽有阴虚阳亢,但以水气不利为主,故心烦不得眠与下利、咳而呕渴等水气运化失常的病症同时出现。

本证之下利、咳、呕、小便不利,与第316条真武汤证虽然均属于水气运行失常。但本证之病机尚兼阴虚有热,故伴有心烦不得眠、小便黄赤短少等热化症;真武汤证因阳虚寒盛所致,伴有腹痛、四肢沉重疼痛、小便清长色白等寒化症。只要抓住两证之病机,结合其兼症,是不难鉴别的。

【方解】

见阳明病篇。

【析疑】

关于猪苓汤证,少阴病篇与阳明病篇所论述内容的侧重点不同,导致的病因也有所不同,但阴虚有热、水气不利的病机是相同的,因此都可以选用猪苓汤清热滋阴利水。不管病症如何,只要病机相同,治法亦相同;虽然病症相同,但病机不同,其治法亦不相同。此即异病同治、同病异治。

【医案选录】

赵某,女,64岁。3年前曾患慢性肾盂肾炎。5日前曾腰部酸痛,小便混浊如米泔水,有时夹有小血块,服西药不见好转。现仍腰酸腿软,尿频不痛,尿液混浊乳白,易沉淀,杂有小血块,头昏耳鸣,五心烦热,口干欲饮,饮不解渴,舌质晦暗而红,苔薄黄而腻,脉沉细而数。综上脉症,断为肾阴亏虚,阴虚有热,水气内停之证。拟滋阴、清热、利水法,宗猪苓汤。处方:猪苓30 g,茯苓30 g,泽泻30 g,滑石30 g,阿胶30 g(烊化,冲),3剂。药后诸症大见好转,复诊3次,共服上方18剂而愈。(张长恩.猪苓汤证探究[J].北京中医杂志,1990,(5):41.)

第三节 少阴病兼证

一、少阴兼表证

【原文】

少陰病,始得之,反發熱,脈沉者,麻黃細辛附子湯主之。(301)

麻黃細辛附子湯方

麻黃二兩(去節) 細辛二兩 附子一枚(炮,去皮,破八片)

上三味,以水一斗,先煮麻黃,減二升,去上沫,內諸藥,煮取三升,去滓,溫服一升,日三服。

少陰病,得之二三日,麻黃附子甘草湯微發汗,以二三日無證①,故微發汗也。(302)

麻黃附子甘草湯方

麻黃二兩(去節) 甘草二兩(炙) 附子一枚(炮,去皮,破八片)

上三味,以水七升,先煮麻黃一兩沸,去上沫,內諸藥,煮取三升,去滓,溫服一升,日三服。

【词解】

① 无证:《金匮玉函经》作"无里证",指无少阴虚寒所见的恶寒踡卧、四肢逆冷、下利清谷、脉微欲绝等脉症。

【释义】

第301条论少阴阳虚兼表的证治。少阴病多为里虚寒证,本不当有发热,故称反发热。病始得之而见发热者,为外邪束表,卫阳被遏。然病在表,脉应见浮,今见脉沉,可知兼有少阴里虚。证属少阴阳虚兼表,治宜温经解表,方用麻黄细辛附子汤。

第302条承上条而来,继续补述少阴阳虚兼表证轻证的证治。与"始得之"相较,本证"得之二三日",病情相对较久,但病势已经缓和,故不似第301条症重。病至二三日,仍无恶寒踡卧、四肢逆冷、下利清谷、脉微欲绝等里证出现,表明寒邪仍在肤表,少阴之里虚也未再发展,邪减症轻,故其治疗以微发汗为法。无里证,既是本条的辨证要点,也同样是第301条的辨证要点,如果有里证出现,表里同病,则应依照表里先后虚实的治疗原则,先行温里,而不可表里同治。

【方解】

麻黄细辛附子汤方中麻黄辛温,解表散寒;炮附子大热,温阳祛寒;细辛气味辛温雄烈,既能走表,又能入里,走表助麻黄以解表,走里助附子以温经。三药相伍,散寒解表以退热,温经助阳以祛寒;温阳更助解表,表散不伤阳气。

麻黄附子甘草汤即麻黄细辛附子汤去细辛加炙甘草而成。因病情较久,病势较缓,故去掉辛温走窜的细辛,代之以平和甘缓的甘草,以温里解表而微汗。

【医案选录】

某患,男,45岁,1992年12月10日初诊。主诉:左臀部疼痛引及下肢酸麻、胀痛、沉重,4日前劳累后席地而坐,后遂觉左侧臀部疼痛不适,遂引及下肢酸麻、胀痛、沉重、步履艰难,活动受限。诊为:干性坐骨神经痛(梨状肌损伤综合征)。症见:左下肢发凉,舌质淡,苔薄白,脉沉弦有力。此症属阴寒之邪客于经脉,经气痹阻。药用麻黄5 g,附子10 g,细辛5 g,白芍15 g,炙甘草20 g,水煎,每服150 ml,日3服。3剂后臀部疼痛大减,下肢麻木酸楚沉重明显好转。效不更方继服上方3剂,1周后诸证悉退而病愈。(兰宏江.经方临证举隅[J].实用中医内科杂志,2007,(3):26.)

二、少阴三急下

【原文】

少陰病,得之二三日,口燥咽乾者,急下之,宜大承氣湯。(320)

少陰病,自利清水,色純青,心下必痛,口乾燥者,可下之,宜大承氣湯。(321)

少陰病六七日,腹脹,不大便者,急下之,宜大承氣湯。(322)

【释义】

以上3条论述少阴急下证的证治。第320条以"口燥咽干"为重点。感受外邪"二三日"即出现口燥咽干,知患者素体肾阴亏虚,具有体质性发病的因素。邪从本而化,火热内炽,进一步损伤阴液,口燥咽干提示肾水有告竭之危,故须急下之。本证肯定具备阳明燥结的脉症,如腹胀满、不大便、潮热等。为了突出肾水枯竭的病机特点,所以只是强调了"口燥咽干"一症,而省略了阳明燥热的脉症。

第321条论燥屎内结,迫液下泄,火炽津枯者,治当急下。自利清水,色纯青,指所下为黑色臭秽污水,是燥屎结聚肠间,逼迫津液下泄,所谓热结旁流即此。燥屎内结,脐气壅滞,故心下必痛;燥热内炽,灼伤真阴,则口干燥。本来阳明燥热,结为燥屎,阴液损伤的程度就已经十分严重,而又"自利清水",说明阴液仍然不断下泄,必然损及肾阴。本证不但病情重,而且病势急,元阴枯竭迫在眉睫。如不急下,有亡阴而死之虞,所以当须急下。文中"可下之"三字,《金匮玉函经》及《注解伤寒论》作"急下之",结合上下文分析,当以"急下之"为是。

第322条论燥屎内结,肠腑阻滞,土实水竭者,治当急下。少阴病六七日,病程较长。此时腹胀者,多是阴液枯竭,燥屎内结,肠道闭阻。当此无水舟停危险之时,只有急下之,才能挽救肾水,防止疾病进一步发展。

上述3条合称"少阴三急下证",既体现了既病防变、未病先防的治未病思想,又体现了泄阳明以救少阴辨证论治的整体观。

【析疑】

对于少阴三急下证有不同的认识,有认为属于阳明病,有认为属于少阴病。若联系前面的阳明三急下证,就会体会出仲景在少阴病篇又重复设立急下证的用心。阳明急下证,是从阳明燥热的角度,阐述燥热容易伤阴,阳明病之危就在于阴竭,以及泻燥热以救阴液的治疗思想。而少阴急下证,又是从少阴肾水的角度,阐述燥热虽在阳明,病久必伤肾水,少阴病之危不但危在亡阳,还有危在亡阴的情况,以及泄阳明以救少阴的治疗思想。可见,是阳明病还是少阴病并不重要,重要的是充分理解仲景的良苦用心和设立少阴急下证的意义。

第四节 少阴病变证

一、热移膀胱证

【原文】

少陰病,八九日,一身手足盡熱者,以熱在膀胱,必便血也。(293)

【释义】

本条论少阴病热移膀胱血分的病势推断。少阴包括心肾水火两脏,病至少阴,阴阳水火俱损,既可从寒而化,亦可从热而化。病至少阴八九日邪不得解,若见到"一身手足尽热",知疾病是从热而化。肾与膀胱相表里,少阴虚火炽盛,移热于膀胱,形成膀胱热证,即文中指出"以热在膀胱"。膀胱为太阳之腑,主一身之表,热邪循膀胱经外燔,故一身手足尽热,若热邪内迫血分,伤及血络,迫血妄行,则出现"便血"。

二、伤津动血证

【原文】

少陰病,欬而下利,讝語者,被火氣劫①故也,小便必難,以強責少陰汗也。(284)

【词解】

① 被火气劫:劫,作逼迫解。被火气劫,指被火邪所伤。

【释义】

本条论少阴病火劫伤阴的变证。"咳而下利",多为水气病,有寒化、热化之别。阳虚水泛者,治宜真武汤,阴虚水热互结者,治宜猪苓汤,皆不当汗。若以火法强行发汗,火盛津伤,火邪上扰心神则谵语;汗出津伤,无津下输膀胱则小便必难。"以强责少阴汗也"一句,概括了"谵语""小便必难"的发生原因。

【原文】

少陰病,但厥無汗,而強發之,必動其血,未知從何道出,或從口鼻,或從目出者,是名下厥上竭①,爲難治。(294)

【词解】

① 下厥上竭:下厥指阳衰于下,上竭指阴竭于上。

【释义】

本条论少阴病因强发汗而致动血的变证。"但厥"多因阳气虚衰;无汗则为阴津亏虚。病至少阴,气血阴阳俱虚,本不可发汗。若强发其汗,不但伤其阳,亦能伤其阴,扰动营血,血动妄行循窍道而出,或从口鼻而出,或从眼目而出,仓促之际,难以预料。故云"未知从何道出,或从口鼻,或从目出"。此因阳气衰于下,阴血竭于上所致,故"是名下厥上竭"。下厥当温之,血动妄行不可温,治上碍下,顾此失彼,故云"难治"。

第五节 少阴咽痛证

一、猪肤汤证

【原文】

少陰病,下利咽痛,胸滿心煩,豬膚湯主之。(310)

豬膚湯方

豬膚①一斤

上一味,以水一斗,煮取五升,去滓,加白蜜一升,白粉②五合,熬香,和令相得③,温分六服。

【词解】

① 猪肤:即刮去内脂及外垢的猪皮。

② 白粉:即米粉,亦作小麦粉。

③ 和令相得:即调和均匀。

【释义】

本条论述少阴阴虚咽痛的证治。病至少阴,心肾水火俱损,下利则加重阴津的损伤。肾水不足,邪从热化,虚火循少阴经脉上扰则咽痛,此咽喉部红肿不太明显,痛势也不剧烈,不同于风热实证之咽部红肿热痛。虚火上炎,经气不利则胸满;扰及心神则心烦。证以阴虚火邪上扰为主,故不应用苦寒之品,而宜用滋阴润燥的猪肤汤。

【方解】

猪肤汤以猪肤为君药,甘寒性凉,滋肾水,润肺燥,而清降少阴浮游之虚火;白蜜甘寒润肺补脾,清上炎之火而润咽喉;白米粉甘平补脾,调中而止利。该方诸药皆为药食之品,按原方要求煎煮,堪称一首滋肾润肺,补脾益胃的食疗方。正如柯韵伯所说:"猪为水畜,而津液在肤,君其肤以除上浮之虚火,佐白蜜白粉之甘,泻心润肺而和脾,滋化源,培母气,水升火降,上热自除而下利自止矣。"

【医案选录】

李某,女,22岁。擅唱歌,经常演出。忽声音嘶哑,咽喉干痛,屡服麦冬、胖大海等药不效。舌红,脉细,辨为肺肾阴亏、虚火上扰、"金破不鸣"之证。授以猪肤汤法,令其调鸡子白,徐徐呷服。尽一剂而嗓音亮,喉痛除。(刘渡舟.伤寒论通俗讲话[M].上海:上海科学技术出版社,1980:30.)

二、甘草汤证、桔梗汤证

【原文】

少陰病二三日,咽痛者,可與甘草湯。不差,與桔梗湯。(311)

甘草湯方

甘草二兩

上一味,以水三升,煮取一升半,去滓,溫服七合,日二服。

桔梗湯方

桔梗一兩　甘草二兩

上二味,以水三升,煮取一升,去滓,溫分再服。

【释义】

本条论客热咽痛的证治。本条述证简单,当以方测证。咽痛者,治以甘草汤,以生甘草清热解毒,甘缓止痛,知其咽痛乃由邪热客于咽喉所致,仅为轻微红肿疼痛。若服用甘草汤咽痛不除者,为客热咽痛之重证,可再加桔梗开肺利咽。本方有两大特色:一是甘草汤为《伤寒论》药味最少的方剂,二是甘草汤与桔梗汤是仲景113方中唯独用生甘草的方剂。

【方解】

方中生甘草清热解毒,利咽止痛,轻度红肿的咽痛服之则愈。若服后咽痛不除者,佐以桔梗,辛开散结,利咽止痛。桔梗汤,后世又名甘桔汤,为治疗咽喉疼痛的基本方。

三、苦酒汤证

【原文】

少陰病,咽中傷,生瘡①,不能語言,聲不出者,苦酒湯主之。(312)

苦酒湯方

半夏十四枚(洗,破如棗核)　雞子一枚(去黃,內上苦酒②,著雞子殼中)

上二味,內半夏著苦酒中,以雞子殼置刀環③中,安火上,令三沸,去滓,少少含嚥之。不差,更作三劑。

【词解】

① 生疮:指咽喉部发生溃疡。

② 苦酒:即醋。

③ 刀环:即刀柄一端之圆环,便于放置蛋壳。今可用铁丝作带柄圆环以置蛋壳。

【释义】

本条论少阴病咽中伤生疮的证治。咽部受到疮伤,出现局部溃疡,疼痛较剧,波及会厌,因疼痛而难于语言,甚者不能发出声音。此因痰火郁结所致,故治宜清热涤痰、敛疮消肿之苦酒汤。

【方解】

方中半夏辛燥涤痰散结;鸡子白甘寒清润利咽;苦酒味酸苦,消疮肿,敛疮面。半夏得鸡子白,有利窍通声之功,无燥津涸液之弊;半夏得苦酒,辛开苦泄,能加强劫涎敛疮的作用。全方共成涤痰消肿,敛疮止痛之剂。

本方服法强调"少少含咽之",可使药物直接作用于咽喉患处,有利于对咽喉局部疮面的治疗,以提高疗效。

【医案选录】

严某,男,石匠。咽中痛,声喑,吞咽困难,脉象两寸独浮虚。诊断:少阴之经,循咽喉,系舌本。

阴火上炎而致咽痛。处方：苦酒汤。取鸡子白清火润肺，半夏破结散邪，合苦酒酸以散瘀解毒。仅服 1 剂，痛止，声开。(游建熙.医案四则[J].广东中医,1962,(7):36.)

四、半夏散及汤证

【原文】

少陰病，咽中痛，半夏散及湯主之。(313)

半夏散及湯方

半夏(洗) 桂枝(去皮) 甘草(炙)

上三味，等分。各別擣篩已，合治之，白飲和服方寸匕，日三服。若不能散服者，以水一升，煎七沸，内散兩方寸匕，更煮三沸，下火令小冷，少少嚥之。半夏有毒，不當散服。

【释义】

本条论少阴客寒咽痛的证治。本条叙证简单，仅提"咽痛"一症，当以方测证。方由半夏、桂枝、甘草三味组成。若无风寒，不需用桂枝；若无痰阻，不需用半夏。今半夏、桂枝、甘草同用，知此咽痛，因寒邪痰浊客阻咽喉所致。咽虽痛，但不红肿，苔白而滑润，同时伴有恶寒、气逆、痰涎多等症。治宜通阳散寒，涤痰开结，方用半夏散及汤。

【方解】

半夏散及汤用半夏涤痰开结，桂枝通阳祛寒，甘草缓急止痛，白饮和服，取其保胃存津。方名半夏散及汤，指既可为散，亦可作汤服用。若咽部疼痛较甚，难以下咽者，可将散剂加水煎煮后，稍放一会，少少含咽之，使药物能持续作用于咽部，以增强药效。

第六节　少阴病疑似证

一、吴茱萸汤证

【原文】

少陰病，吐利，手足逆冷，煩躁欲死者，吳茱萸湯主之。(309)

【释义】

本条论中阳不足、寒浊中阻的证治。"吐利，手足逆冷"，类似少阴寒化证，其实为寒邪犯胃，胃失和降，浊阴上逆为呕，清阳下趋为利。阳气虚弱失于温煦，寒浊中阻阳不外达，均可致手足逆冷。可知，手足逆冷虽然是少阴病的常见症，但是中阳虚衰亦可见到。若伴见"烦躁欲死"，更知非属少阴病，因少阴病属于阳衰阴盛证，《经》云："阴静阳躁。"本条"烦躁欲死"是辨证之关键，"烦躁欲死"标志着阴邪虽盛，而阳气尚能与邪相争。同时也往往是胃脘绞乱、吐利交作、患者极度难受的一种反应。与少阴亡阳证卧床不起、虚阳躁动、神识不清的躁烦，有着本质的区别。正如成无己所云："吐利手足厥冷，则阴寒气盛，烦躁欲死者，阳气内争，与吴茱萸汤，助阳散寒。"(《注解伤寒论·辨少

阴病脉证并治》）

本条与阳明篇第243条"食谷欲呕者,属阳明也,吴茱萸汤主之"皆为中寒气逆,均以呕吐为主症,二者同中有异。阳明病篇的吴茱萸汤证是论述阳明本证,所以点出呕吐主症即可,当然也有与阳明胃家实对举的意思。而本条的吴茱萸汤证是作为疑似证设立的,所以举出"吐利手足逆冷"这样的少阴寒化证的疑似症,甚至举出"烦躁欲死"这样的少阴亡阳证的疑似症。将这种疑似少阴病却非少阴病的证候,列于少阴病篇,目的在于与少阴寒化证相鉴别。

【方解】

参见阳明病篇。

【析疑】

对于本条有两种认识,一种认为属于少阴病本证,因为条文以"少阴病"冠首,只是伴见"烦躁欲死",说明正气尚能与阴邪抗争,故不用四逆汤,而治以吴茱萸汤。其实,这种说法不太妥当。冠以"少阴病"的,不一定是少阴病,注家早有定论。关键是如果真属少阴病,烦躁欲死又是虚阳躁动的话,用四逆汤尚恐救治不及,怎敢妄用吴茱萸汤。况且疑似证鉴别,又是仲景善用的辨证方法。因此,将本证视为疑似证是比较合理的。

【医案选录】

运某,女,25岁,工人。1976年4月16日来诊。间断性呕吐1年余,缘于1年前开始呕吐,最初症状较轻,自己和家人却以为饮食不当所致,未予治疗。但呕吐日益加重,方始求医,某医院诊断为神经性呕吐。经中西医多方治疗,症状不见好转。证见:每每饭后即吐,特点为一口一口吐少量食物和清水。吐出物淡而无味,吐前无恶心,也不痛苦。食欲尚可,二便正常,一般情况尚好,但伴有周身无力。脉沉,舌淡苔白。辨证:属脾胃虚寒,寒气客于胃,久恋不去,升降失司,故胃气上逆而吐。治以温中补脾,降逆止呕。处方:吴茱萸9g,太子参15g,生姜9g,大枣5个,半夏15g,茯苓15g。上方服3剂症除,原方再服2剂以巩固疗效。1年后随访,一直未发作。(张俊杰.吴茱萸汤加味治疗神经性呕吐[J].新中医,1978,(1):31.)

二、四逆散证

【原文】

少陰病,四逆,其人或欬,或悸,或小便不利,或腹中痛,或泄利下重①者,四逆散主之。(318)

四逆散方

甘草(炙) 枳實(破,水漬,炙乾) 柴胡 芍藥

上四味,各十分,擣篩,白飲和服方寸匕,日三服。欬者,加五味子、乾薑各五分,并主下利;悸者,加桂枝五分;小便不利者,加茯苓五分;腹中痛者,加附子一枚,炮令坼②;泄利下重者,先以水五升,煮薤白三升,煮取三升,去滓,以散三方寸匕内湯中,煮取一升半,分溫再服。

【词解】

① 泄利下重:指泄泻或痢疾兼有后重。

② 坼(chè):碎裂之意。

【释义】

本条论阳郁致厥的证治。本条虽以少阴病冠首,但不属于少阴病,少阴病属于阴阳俱虚证,其表现形式非阳虚即阴虚,非虚火上炎即阴寒内盛。以少阴病冠首的目的意在辨证,阳衰阴盛则手足逆冷,而手足逆冷并非皆属于阳衰阴盛。少阴寒化之四逆,因阳衰阴盛所致,常伴有恶寒蜷卧、下利清谷、脉微等虚寒脉症,当用四逆汤治疗。本条之四逆,因肝气郁结,气机不利,阳气内郁,不能外达四肢所致,不会伴有虚寒症状。治疗当以四逆散调畅气机,透达郁阳,则四逆痊愈。

"其人或咳,或悸,或小便不利,或腹中痛,或泄利下重",皆为或然症,因于饮邪留滞、阳气郁遏、气机不畅。若兼肺寒气逆,则为咳;兼心阳不足,则为悸;兼气化失职,则小便不利;兼阳虚中寒,则腹中痛;兼中寒气滞,则泄利下重。

【方解】

四逆散用柴胡疏肝理气,透达郁阳;枳实行气破滞;芍药苦泄通络;甘草和中缓急。四味相合,使气机调畅,郁阳得伸,而四逆得除。方名"四逆",显然有与"四逆汤"相对比的意味。

或然症加减:若咳者,加五味子、干姜,温肺敛气止咳;若悸者,加桂枝,温心阳益心神而定悸;若小便不利者,加茯苓,淡渗利水;若腹中痛者,加炮附子,温肾散寒止痛;若泄利下重者,加薤白,行气滞而下重泄利并除。或然证加减法,或温阳散寒以利水,或淡渗之法以利水。

【析疑】

由于本条以"少阴病"贯首,历代注家难以跳出"少阴病"的范畴,有的注家虽知四逆散一般而言并非治疗少阴病之方,但拘于"少阴病"之名,或囫囵作注,或旁顾言他。以至舒氏有"何用四逆散,不通之至"之论。所以理解为疑似证比较合理,也符合《伤寒论》惯用疑似证鉴别的规律。均以"四逆"为主症,均以"四逆"为方名,但病机一为阳虚,一为阳郁;病位一在少阴(肾),一在厥阴(肝),这就有了鉴别的必要。

【医案选录】

龚某,女,83岁。发热5日,头昏痛,口干苦,渴饮,大便3日未行,小溲色红而短,昨晚昏眩不能起床,四肢冰冷。体温38.3℃,苔白厚,脉弦有力。

按:厥逆一证属阳虚不能达于四肢者为多,本证口干苦而渴,小便红,脉弦有力,与阳虚之厥显然有别。系……病邪内入已深,郁结已甚,故作四肢厥冷。年事虽高,仍须解郁泄热,使邪去正复,厥逆自回。方用四逆散加味:柴胡6g,白芍6g,枳实6g,甘草6g,甘菊12g,黄芩9g。翌晨来诊,体温已正常(36.8℃),昨日大便2次,一宿安睡,今晨精神舒畅,续服上方1剂而愈。(张成和.四逆散及其临床运用[J].广东医学,1965,(2):35.)

附:备考原文

病人脈陰陽俱緊,反汗出者,亡陽也,此屬少陰,法當咽痛而復吐利。(283)

少陰病,二三日至四五日,腹痛,小便不利,下利不止,便膿血者,桃花湯主之。(307)

少陰病,下利便膿血者,可刺。(308)

少陰病,下利,脈微濇,嘔而汗者,必數更衣,反少者,當溫其上,灸之。(325)

第六章 辨厥阴病脉证并治

导学

本章主要介绍：脏腑经络范畴厥阴病与阴阳学说范畴厥阴病两大类病证。脏腑经络范畴厥阴病包括厥阴肝热乘犯所致胃热脾寒证、厥阴肝寒证、厥阴肝热证。阴阳学说范畴厥阴病包括：厥热胜复证、厥证证治。另外还介绍了呕、哕、下利证证治。

学习目标：掌握厥阴病提纲证的主症、病机；掌握当归四逆汤、当归四逆加吴茱萸生姜汤、白头翁汤证及吴茱萸汤证的病机及证治；掌握厥证的病理与特征；掌握乌梅丸证的病机及证治。熟悉厥阴病的疑似证及厥阴病转出少阳的机制及证治。了解厥阴病愈期、厥阴病热厥轻证的辨证、厥阴病厥热胜复的表现及机制、阳回欲愈及阳亡不治的指征。

概　说

"厥阴"包括两个不同的系统，其一是基于厥阴所属脏腑、经络及其生理功能而言，包括足厥阴肝、手厥阴心包在内；其二是本于阴阳学说立论，厥阴即尽阴，是阴之尽头之意，所谓"厥者，尽也"，概指阴阳之间互为交通、阴极阳复这种如环无端相互连接、阴极阳生相互转化的特殊关系。

基于上述不同认识，对厥阴病内容的把握可依照下述两种不同的途径：从脏腑、经络及其生理功能失常的角度分析，所述厥阴病证应包括厥阴肝、心包所属脏腑、经络的病理变化在内，从《伤寒论》固有内容来看，又更多侧重于足厥阴肝经所属脏腑、经络病理改变及其诊治的描述，诸如肝邪乘犯脾胃、肝热下迫大肠、肝血不足复受寒凝等；若基于阴阳学说厥阴而论，则厥阴病证包含由阴阳失去正常交通而致阴阳阻隔的厥证及阴阳消长、阴极阳复而致的厥热胜复证。当然，上述两类病证并非互不相干，其间又存在相互联系，如由肝气郁滞或肝血不足复受寒邪凝滞导致阴阳阻隔的厥证，其性质又属于阴阳学说厥阴病范畴。

从厥阴病整篇分析，仲景在阐述上述两种不同内涵厥阴病诊治同时，还连类论及了多种类似病证的证治，如在阐述厥阴肝邪乘犯脾胃而致上热下寒证同时，并述肺热脾寒的麻黄升麻汤证及胃热脾寒的干姜黄芩黄连人参汤证；论述肝寒犯胃的呕哕证时，并述证属少阳枢机不利的小柴胡汤证及实邪壅滞、胃气上逆证等。应当明确，这些内容虽亦见诸厥阴病篇却非真正意义的厥阴病。相反，如从阴阳学说角度分析，则多种厥证或厥热胜复证尽管与心包、肝等病理无任何关联，亦应属于厥阴病的范畴,这也正是仲景将该部分内容列于厥阴病篇的缘由所在。

由于厥阴病内涵的多元复杂性,其发生、发展及转归亦自然未能一言以蔽之。若从脏腑经络范畴厥阴来看,《伤寒论》中所述厥阴病可由少阳胆邪内陷,或由邪入厥阴本经,或肝气自郁等致成,后世热闭心包、痰热内陷心包等则应是对《伤寒论》厥阴病病因病理理论的补充;至其病情发展,亦应包括肝气郁久致阳郁不达、气郁化火耗夺阴血及寒凝血结成瘀、阳虚至极而致外散等不同转归。若从阴阳学说范畴厥阴分析,则一切能导致阴阳阻隔或形成厥热胜复的原因都是厥阴病的成因,其转归既包括热盛不止化为痈脓证及阴盛阳亡的虚寒死证,亦包括阴阳阻隔未得通达而致的阴阳离决证,其预后视其证情不同而各异。

第一节　厥阴病纲要

一、厥阴病提纲

【原文】

厥陰之爲病,消渴,氣上撞心①,心中疼熱②,饑而不欲食,食則吐蚘。下之利不止。(326)

【词解】

① 气上撞心:心,指心胸部位。气上撞心,即患者自觉有气上冲心胸部位。

② 心中疼热:自觉心胸或胃脘部疼痛,伴有灼热感。

【释义】

本条论述厥阴病提纲证。反映了厥阴阴尽阳生、阴阳转化的病变特点。厥阴之脏为肝,内寄相火,藏血而主疏泄。若邪入厥阴,一方面能导致相火炽盛,横逆上冲;另一方面可乘犯脾土,出现脾虚肠寒,结果发生上热下寒证。肝火炽盛,耗灼津液,可见消渴;肝失疏泄,气郁化火,横逆上冲,可见气上撞心,心中疼热;肝火犯胃,热则消谷,故嘈杂似饥;土为木乘,运化失职,故不欲食。火炽于上而不能下达,加之肝气上逆,所以膈上虽然有热,而膈下已隐伏无形之寒。若强与食,脾胃不能受纳运化,往往可将食物吐出。若患者胃肠道素有蛔虫,脾虚肠寒则蛔虫不安,蛔虫避寒就温而趋向肠上,往往可随吐而出。

若以火为实,妄用攻下,必更伤下阳,使脾肠虚寒加重,导致清阳不升,下利不止。下利不止是预测性的症状,提出这一预测的目的,是揭示下寒的病机。心中疼热,并非实热,误用下法,就会上热未除,下寒又起。此属厥阴上热下寒证,治宜清上温下。

【析疑】

关于消渴:消渴一症,顾名思义是指渴饮如消,即口渴尤甚,饮水量大,饮不解渴似随饮随消。前太阳篇蓄水证之消渴,其病机为气化失常,水饮内停,津不上承。具有渴不欲饮,或少量热饮,或水入则吐,舌淡苔白等特点。厥阴提纲证之消渴,阴阳气俱不足,加之相火亢盛,灼伤阴津所致。正如张卿子所言:"尝见厥阴消渴数证,舌尽红赤,厥冷脉微,渴甚,服白虎、黄连等汤,皆不救。"此两证之消渴,一为寒,一为热;一为水气,一为阴虚。仲景于《伤寒论》列出两条"消渴"症,对比鉴别之意尽在其中。

关于吐蛔:学习本条要理解众多症状之中,"食则吐蛔"仅是提供参考的症状,是有蛔则吐,无蛔则不吐,是有这种可能性,而不是必吐。

二、厥阴病愈期

【原文】

厥陰病欲解時,從丑至卯上①。(328)

【词解】

① 从丑至卯上:指丑、寅、卯三个时辰,即半夜1时至早晨7时。

【释义】

本条论厥阴病欲解时。丑、寅、卯三个时辰,在子时阴极之后,阴尽则阳生,借助自然界阳气生发之机,既可扶助厥阴之阳气祛除寒邪,又可借助其升发之性使郁闭之相火得以外发,由阴出阳,由里达表。因此厥阴病欲解之时,常在丑、寅、卯时,即午夜后1时至早晨7时。

厥阴与少阳相表里,太阳初升,由少阳所主,丑至卯时,仅处少阳阳升前一时辰,厥阴中见少阳,故可得少阳阳气之助而病欲解也。

三、厥阴病预后

(一)阳回欲愈

【原文】

厥陰中風,脈微浮爲欲愈,不浮爲未愈。(327)

厥陰病,渴欲飲水者,少少與之愈。(329)

下利,有微熱而渴,脈弱者,今自愈。(360)

下利脈數,有微熱汗出,今自愈。設復緊,爲未解。(361)

下利,寸脈反浮數,尺中自澀者,必清膿血①。(363)

下利,脈數而渴者,今自愈。設不差,必清膿血,以有熱故也。(367)

下利脈沉弦者,下重也,脈大者,爲未止;脈微弱數者,爲欲自止,雖發熱不死。(365)

【词解】

① 清脓血:大便脓血。

【释义】

以上诸条论述了厥阴病阳回欲愈及阳复太过的辨证。病在三阴,均以有阳为贵。凡病,阴阳自和者,必自愈。厥阴病阳气回复,虽多有阳回欲愈之机转,但也有阳复太过发生变证之可能。

第327条论厥阴中风之预后,可依脉辨证,脉由沉略微转浮,说明风火有外出之机,故"为欲愈"。不浮,说明肝热仍然内郁,故"为未愈"。

第329条论厥阴病阳复出现渴欲饮水者,不必处理,少少饮水使津液渐复,自可痊愈。若大量饮水,初复之阳难以化之,反致水气病证。

第360条言下利本为阴寒内盛,若微热口渴,则说明阳气来复。脉弱提示阴寒渐去而阳气渐复,故称"今自愈"。

第361条言辨脉象的动态变化可推测预后。下利寒盛,脉象必紧,今脉由紧转数,恶寒转为微热,说明阳气来复,故为自愈。假设脉又由数转紧,则属寒邪复盛,其病未解。

第363条提示辨脉象的部位变化也可推测预后。在下利证发生发展过程中,若见寸脉浮数,尺脉涩滞,寸脉主阳,尺脉主阴,则表明阳复太过,热灼阴血。阴血已伤,大多发生便脓血之变证。

第367条言脉数而渴,本为阳复,若持续不解,亦为阳复太过,也多见利下脓血之症。

第365条言下利见脉微弱而数者,预后良好。反之,脉见沉弦,必里急后重;脉见实大,为邪气盛实,临证不可不知。

【析疑】

关于第360条"脉弱"之机制,医家有不同认识。汪苓友言:"脉弱者,知邪热衰也。"认为是邪气退,但却认为是热邪衰退。钱天来言:"脉弱者,方见其里气本然之虚。"认为是里虚。程郊倩折中两说,认为脉弱既示邪气退,又示正气虚,称脉弱"知邪已退而经气虚耳"。

上述观点从不同角度阐发了脉弱的含义,集中在邪正两个方面。言邪者,均论邪退,但有寒热两面当分明;言正者,或为阳气复,或为正气虚。若从正气虚来理解脉弱,似与"今自愈"不符。因正气虚则自愈可能性很少。此条脉弱应与少阴病第287条阳回的"脉紧……脉暴微……必自愈"联系来读,并用相对的恒动变化观来分析,原文虽未似第287条明言"脉紧",但须知寒盛下利之脉当紧。

本条以症(微热口渴)示阳气复,以脉弱示邪气退,症与脉分别代表病机转化的两个方面。

(二) 阳亡不治

【原文】

傷寒六七日,脈微,手足厥冷,煩躁,灸厥陰,厥不還者,死。(343)

傷寒發熱,下利厥逆,躁不得臥者,死。(344)

傷寒發熱,下利至甚,厥不止者,死。(345)

傷寒六七日不利,便發熱而利,其人汗出不止者,死。有陰無陽故也。(346)

下利,手足厥冷,無脈者,灸之不溫,若脈不還,反微喘者,死。少陰負趺陽①者,爲順也。(362)

下利後脈絶,手足厥冷,晬時脈還,手足溫者生,脈不還者死。(368)

傷寒下利,日十餘行,脈反實②者,死。(369)

【词解】

① 少阴负趺阳:少阴指太溪脉,趺阳指冲阳脉。少阴负趺阳,即太溪脉小于冲阳脉。

② 脉反实:搏指坚劲,毫无柔和之象,是脉无胃气,真脏脉见。

【释义】

以上诸条论述了厥阴病阳亡不治的辨证。

厥阴处于阴气衰少并向阳之转化阶段,此时少阳初生,阴气最少,阴阳之气均处于较低水平。当两阴交尽,一阳初生难以恢复或不可能恢复正常时,便有死证发生之可能。凡厥阴病阳虚而见厥利者,多以厥之是否能回、脉之是否能还,作为判断阳气可以恢复的重要指征,若厥回无望或脉不能还,大多断为死证。

厥阴为病,肝阳衰微,阴寒内盛,脉微、厥冷,烦躁不安,急灸厥阴,若厥仍不还,则是肝阳已绝,即为死证;若厥利并见,并且无脉,病证危重。急灸厥阴,手足仍厥,脉气不还,反增微喘,则属肾气下绝,肺气上脱,故为死候。急灸之后,寸口脉虽不还,而趺阳脉气尚在,则可表明胃气犹存,仍有一线生机。

厥阴阳衰,下利、厥逆、躁扰不宁,必是孤阳外亡,心神浮越,故可断为死候;下利至甚,阴液下竭,厥亦不止者,必是阴液下竭,虚阳外亡,故亦可断为死候;下利之后,脉微欲绝,手足厥冷,多为利下太甚,气血暴脱,阳气闭绝,若经昼夜观察救治,脉还无望,厥逆不回,则为阳气垂绝,生机无望之死候。但若手足转温,则尚有生机;病由无利发展为下利,且见发热汗出不止,必是孤阳外亡,有阴无阳之死候。

此外,虚寒下利,日十余行,阳气下脱,病情严重,脉必沉微。反见脉实,是脉证相逆。其"实"必坚劲搏指,属无胃气的真脏脉,故亦当断为死候。

第二节 脏腑经络范畴厥阴病

一、本证

(一) 寒热错杂证

【原文】

伤寒,脉微而厥,至七八日肤冷,其人躁无暂安时者,此爲臟厥①,非蚘厥②也。蚘厥者,其人當吐蚘,令病者静③而復時煩者,此爲臟寒④,蚘上入其膈,故煩,須臾復止,得食而嘔,又煩者,蚘聞食臭出,其人常自吐蚘。蚘厥者,烏梅丸主之。又主久利。(338)

烏梅丸方

烏梅三百枚　細辛六兩　乾薑十兩　黄連十六兩　當歸四兩　附子六兩(炮,去皮)　蜀椒四兩(出汗)　桂枝六兩(去皮)　人參六兩　黄檗六兩

上十味,異搗篩,合治之,以苦酒漬烏梅一宿,去核,蒸之五斗米下,飯熟搗成泥,和藥令相得,内臼中,與蜜杵二千下,丸如梧桐子大,先食飲服十丸,日三服,稍加至二十丸。禁生冷、滑物、臭食等。

【词解】

① 脏厥:内脏阳气衰微而致的四肢厥逆。
② 蛔厥:蛔虫扰动,阴阳气不相顺接而致的四肢厥逆。
③ 令病者静:《金匮玉函经》作"今病者静"。
④ 脏寒:此指脾肠虚寒。

【释义】

本条论述脏厥与蛔厥的区别及蛔厥的辨治。采用与脏厥相对比的方式,先从脏厥谈起,脏厥

属阳衰寒厥,具有以下三个特点:其一,厥逆程度严重,冷可过肘膝,甚则通体皆冷。其二,必见脉微,甚则脉微欲绝。其三,阴盛格阳,虚阳躁动,神气浮越而出现无暂安时,必嗜卧神迷,反映了真阳大虚、脏气垂绝的寒厥危候。

然后与脏厥相比较讨论蛔厥,蛔厥乃因蛔虫窜扰,阴阳气不相顺接所致,而非阳气虚衰。也有三个特点:其一,厥逆程度较脏厥为轻,一般不会冷过肘膝,更不会通体皆冷;其二,有吐蛔病史(常自吐蛔);其三,不躁而烦,且时静时烦,得食而呕,有阵发性的发病特点。蛔性喜温恶寒,蛔扰不安,证明膈胃有热,脾肠有寒,蛔窜上扰,气血逆乱,故其厥与烦均有阵发性的特点。厥逆,因于蛔虫扰动。蛔扰,又因于上热下寒,故治疗清上温下以治本,安蛔止厥以治标,乌梅丸是其主方。

关于脏厥的治法,因脏厥为阳衰阴盛,真阳将绝,治疗当以大剂回阳,如四逆汤、通脉四逆汤等,亦可配合灸法,温经散寒,急救垂危之阳,争取一线生机。

【方解】

乌梅丸组方思路有二:一为针对上热下寒的病机;一为针对蛔虫得酸则静、得苦则下、得辛则伏的特性。方中药物可分为四部分:重用乌梅,且用苦酒浸泡,以酸制蛔,为方中主药;蜀椒、桂枝、干姜、附子、细辛,辛以制蛔,又可兼温下寒;黄连、黄柏,苦以驱蛔,又可兼清上热;当归、人参、白蜜、米粉,用以调补气血。如此清上热、温下寒、调气血、安蛔虫,厥逆自然得愈。本方后世奉为治蛔虫之祖方。

仲景指出本方"又主久利"意义重大,是提示我们切不可将乌梅丸视为治蛔专剂,而是应该拓展思路,全方位的理解和运用乌梅丸。久利为慢性长期泄利,凡慢性、反复发作性疾病,病机一般比较复杂,不但可出现气血双虚,且易致阴阳紊乱,寒热错杂。乌梅丸中,乌梅味酸,即滋补阴液,又酸敛固脱;热性药蜀椒、桂枝、干姜、附子、细辛,温阳散寒以止利;寒性药黄连、黄柏,清热厚肠以止利;当归、人参,气血双补,扶正祛邪。全方清、温、补、涩诸功俱全,且剂型为丸,尤善治慢性之疾,故为治疗久利之良方。

【医案选录】

案1 刘某,女,11岁,1976年2月15日诊。母述:患儿半年前,于校读书,突然昏仆,经治3日,更见烦躁,面色少华,不热不渴,每逢进餐,抽搐即发,头晕烦躁,但饭后无恙,犹如常人。辨证:患儿抽搐仅见进餐之时,与痫证抽搐发无定时显然有别。遵仲景"蛔上入其膈即烦,须臾复止"明示,断为蛔厥抽搐。因"蛔虫喜温而恶寒"当热食之气入胃,"蛔闻食臭出",动扰膈中,故烦躁头晕。又因患儿素体不足,脾胃失运,化源不足,气血虚少,筋骨肌肉失养,故面色少华,肢动头摇,四肢厥冷。治则:温中安蛔,益气补虚。方药:乌梅丸全方一料,依法为丸,早晚各服6g。效果:服药2日后,进餐时抽搐由五六次减为二三次。五日后进餐时未见抽搐。7日后复诊,蛔即得安,驱蛔为要,即用驱虫净100 mg,连服2日,药后排出蛔虫30余条。即以参苓白术散调理半个月,访5年未见复发。(刘德成.乌梅丸的临床应用[J].四川中医,1985,(2):11.)

案2 吕某,女,38岁,已婚,1992年4月12日初诊。经前腹痛已10余年。曾多方医治,疗效不佳。每于经前7日左右始少腹胀痛,痛时较剧,伴恶心呕吐,嗳气,经来后稍减,经量少,质清稀,夹血块,口干而苦,心烦不寐,胸胁不舒,腰膝酸软,下腹坠胀,四肢不温,大便溏薄,舌暗苔白,脉沉弦。证属气血不和,阴阳失调,寒热错杂。治宜调气血和阴阳,乌梅丸加减。处方:乌梅、党参各15 g,干姜、附子、黄柏、细辛、川椒各6 g,吴茱萸、肉桂、黄连各3 g,当归、延胡索各10 g,3剂,日1剂,水煎服,腹痛减轻。续服7剂,诸症皆减,再服乌梅丸2个月,诸症悉除,随访2年未复发。(何红权.乌梅丸新用[J].新中医,1995,(11):50.)

(二) 寒证

1. 当归四逆汤证

【原文】

手足厥寒,脉细欲绝者,当归四逆汤主之。(351)

当归四逆汤方

当归三两　桂枝三两(去皮)　芍药三两　细辛三两　甘草二两(炙)　通草二两　大枣二十五枚(擘,一法十二枚)

上七味,以水八升,煮取三升,去滓,温服一升,日三服。

【释义】

本条论述厥阴血虚寒凝致厥的证治。"脉细欲绝"揭示其病机,亦为辨证的关键,细脉主血虚,故本证病机为平素肝血虚少,复感寒邪,寒凝经脉,血行不畅,四末失于温养,而致手足厥寒。

少阴阳虚寒厥以下利清谷、畏寒蜷卧等脾肾阳衰的表现为主,其手足厥逆必兼脉微欲绝,且手足寒凉的程度严重,治疗当用四逆汤类回阳救逆;本证手足厥寒则见脉细欲绝,一般无下利亡阳,而兼有面色苍白、头晕等血虚表现,说明病在经脉血分,虽阳虚但不甚,手足寒凉程度较轻。故不用姜附类温热燥烈之品温脏回阳,而用当归四逆汤温通肝经,养血散寒。

【方解】

本方的配伍特点是温阳与散寒并用,养血与通脉兼施,温而不燥,补而不滞。方中当归甘温,补肝养血以行血;桂枝辛温,温经散寒,温通血脉,共为君药。细辛温经散寒,助桂枝温通血脉;白芍养血和营,助当归补益营血,共为臣药。通草通经脉,以畅血行;大枣、甘草,益气健脾养血,共为佐药。重用大枣,既合当归、芍药以补营血,又防桂枝、细辛燥烈太过,伤及阴血。甘草兼调药性而为使药。全方有温阳、养血、通络三大功效,为治疗血虚寒凝之良方。

【医案选录】

李某,男,1966年初夏初诊。自诉:头目不适,似痛非痛,有如物蒙,毫不清爽,已近1年。自带病历一厚本,若菊花、天麻、钩藤、黄芩、决明子、荆芥、防风、羌活、独活等清热散风药物,几乎用遍,俱无效果。患者舌红苔少。考虑是血虚头痛,为拟四物汤加蔓荆子一方。3剂。复诊:自述服上方第1剂后,曾经一阵头目清爽,但瞬间即逝。接服二三剂,竟全然无效。仔细诊察,无意中发现,时近仲夏,患者两手却较一般人为凉。再细察脉搏也有细象。因想《伤寒论》中论厥证,肢冷脉细,为阳虚血少,属于当归四逆汤证。此患者舌红苔少,也是血少之证,论中虽未言及本方能治头痛,也不妨根据脉症试服一下。即给予本方原方3剂。三诊:果然症状基本消失。为了巩固疗效,又给予3剂。患者说,已能恢复工作。(李克绍.伤寒解惑论[M].济南:山东科学技术出版社,1978:126.)

2. 当归四逆加吴茱萸生姜汤证

【原文】

若其人内有久寒①者,宜当归四逆加吴茱萸生姜汤。(352)

当归四逆加吴茱萸生姜汤方

当归三两　芍药三两　甘草二两(炙)　通草二两　桂枝三两(去皮)　细辛三两　生姜半斤(切)　吴茱萸二升　大枣二十五枚(擘)

上九味,以水六升,清酒六升和,煮取五升,去滓。温分五服。(一方,水酒各四升)。

【词解】

① 久寒：脏腑陈寒痼冷。

【释义】

本条承接上条，进一步论血虚寒厥兼脏腑久寒的证治。所谓"久寒"当指肝胃脏腑素有的陈寒痼冷，典型者见有腹痛、便溏、纳呆、呕恶等症状表现。患者不仅有血虚寒凝经脉，而且寒邪沉积脏腑，治疗应在当归四逆汤的基础上，再加吴茱萸、生姜，温肝祛寒，和胃止呕，以收经病脏病同治、新病久病兼顾之效。

若兼有肝胃脏腑之陈寒痼冷，则用当归四逆加吴茱萸生姜汤。方用当归四逆汤养血通脉，外散经脉之寒，再加吴茱萸、生姜内散肝胃之寒。吴茱萸以温散见长，《本草便读》记载："其辛苦而温，芳香而燥，本为肝之主药，以善入脾胃者，以脾喜香燥，胃喜降下也。其性下气最速，极能宣散郁结，故治肝气郁滞，寒浊下踞，以腹痛疝痛等疾，或病邪下行极而上，乃为呕吐，吞酸，胸满诸上病，均可治之。"生姜辛散，偏于宣通，两者相伍，以走厥阴经脏，散其久滞陈寒。用清酒煎药者，取酒性温通，又善行血，以助药力，更增通阳散寒之力。

既名四逆，又治久寒，为何方中不加姜附而用吴茱萸、生姜？因厥阴风木之脏，内寄相火，姜附辛热，易燥扰阴气。而吴茱萸、生姜宣泄苦降，温中下气，散寒而不燥伤阴血。且姜附大辛大热，入肾而温肾中之阳；吴茱萸、生姜苦降直入厥阴。从药性入手，分经投治，使各自发挥优势，加味用药精严如是，自可药到病除。

【医案选录】

朱某，女，1959年3月11日来诊。自述于1958年12月发现两手发紧、麻木、厥冷、抽搐、发绀。3个月前两手指尖发白，继而青紫麻木，放入热水中则刺痛，诊断"雷诺现象"，经中西医药及针刺治疗均未效。至12月份右手示指末梢指锤发现瘀血青紫小点，逐渐扩大如豆粒，日久不消，最后破溃，溃后日久，稍见分泌物，创面青紫，现已2个月，经外敷药物治疗不效。诊其两脉细弱，舌尖红、两侧有白腻苔，双手置冷水中经5分钟后指锤变暗，10分钟后指锤即现发绀，15分钟后发绀更加明显，尤以中指为甚。余无其他阳性体征，投仲景当归四逆汤以通阳和营。方用：当归9 g，细辛3 g，木通1.5 g，白芍6 g，炙甘草4.5 g，桂枝6 g，大枣5枚，服药3剂。1月28日，手指遇冷则青紫如前，唯左脉现紧象。遂与当归四逆加吴茱萸生姜汤，即前方加吴茱萸4.5 g，生姜6 g。同时针刺手足相应部位出血。2月9日，前方共服16剂，指锤发紫大为减退，右手示指创口愈合，舌两侧之苔渐退，脉稍见有力。3月6日，前方又服16剂，手锤发紫大为减退，脉已渐大；舌两侧白腻苔已不甚明显。唯于晨起口干，右侧腹痛，原方当归、芍药各加3 g。又服6剂，停药观察。于1962年12月13日追访，云入冬后又犯，手指坏疽未发。(陈可冀.岳美中医案集[M].北京：人民卫生出版社，1980：136.)

3. 吴茱萸汤证

【原文】

乾嘔吐涎沫，頭痛者，吳茱萸湯主之。(378)

【释义】

本条论述肝胃虚寒、浊阴上逆的证治。厥阴内寒则疏泄失司，肝寒犯胃则胃寒生浊，浊阴上逆故干呕、吐涎沫。肝脉与督脉会于巅顶，寒侵肝脉，肝寒循经上逆，气血不通，则巅顶作痛。法当温肝暖胃，降浊止痛，方用吴茱萸汤。

《伤寒论》三阴三阳病中，三阳病和厥阴病均有头痛，此与三阳经脉和厥阴经脉上走于头密切相关。太阳病头痛为头项痛，其脉浮；阳明头痛为前额痛，其脉大；少阳头痛为偏头痛，其脉弦细；厥阴头痛为巅顶痛,常与干呕、吐涎沫并见。

《伤寒论》中论述吴茱萸汤证共计三条:一为阳明病"食谷欲呕"(第243条)论述阳明中寒证,提示阳明病不仅限于实热证,突出体现了双向辨证思维;二为少阴病"吐利,手足逆冷,烦躁欲死"(第309条)从少阴病疑似证角度,提出少阴寒化危证的鉴别诊断与治疗;三为本条"干呕,吐涎沫,头痛"阐述厥阴本证之一,并可与厥阴热证相类比,揭示厥阴肝病中,寒有上逆(呕吐)、热有下注(热利)的逆向病机与证型。三条所论症状有别,所处病篇不同。但病均在肝胃,其阴寒内盛、浊阴上逆的病机一致,故均用吴茱萸汤主治,同时也体现了异病同治的思想。

【方解】
见阳明病篇。

【医案选录】
案1 李男,59岁,农民,1973年5月4日初诊。患者年近六旬,身体颇健,素有吐清涎史。若逢气候变迁,头痛骤发,而以巅顶为甚。前医投以温药,稍有验。近年来因家事烦劳过度,头痛日益增剧,并经常咳嗽,吐痰涎,畏寒恶风,经中西药治疗未效。邀余诊治。症见精神困倦,胃纳欠佳,舌苔滑润,脉象细滑。根据头痛吐涎畏寒等症状辨证,是阳气不振,浊阴之邪,引动肝气上逆所致。遂治以温中补虚,降逆行痰,主以吴茱萸汤。处方:党参30g,吴茱萸9g,生姜15g,大枣8枚。连服4剂,头痛渐减,吐涎亦少,且小便也略有清长。此乃寒祛阳升,脾胃得以运化之机。前方既效,乃再守原方,继进5剂,诸症痊愈。(柳并耕.头痛治验[J].新中医,1977,(4):31.)

案2 王男,53岁,1983年11月4日初诊。多寐已10年,10年前由于受凉和生气引起心烦欲死,干呕吐涎沫,胸闷头痛,无力,倦怠,嗜睡,时好时坏。三四年来,完全丧失劳动能力。每届初冬即开始终日嗜睡,唤醒吃饭,饭后再睡,至来年夏季才稍好转。曾在当地服平胃散、补中益气汤和二陈汤加减百余剂未效。现仍心烦头痛恶心,全身无力,不能行走,上下汽车需人搀扶。二便正常。舌苔薄白,脉沉滑。辨证:肝胃虚寒,浊阴上逆。治则:暖肝、温胃、补虚。处方:吴茱萸18g,生姜18g,党参18g,大枣6个。服6剂。1984年1月14日复诊:回家后按原方服40剂,近一月来睡眠恢复正常,心烦恶心头痛消失,能参加一般体力劳动,脉沉滑。(刘景琪.经方验[M].呼和浩特:内蒙古人民出版社,1987:81.)

(三)热证

【原文】
　　熱利下重者,白頭翁湯主之。(371)
　　白頭翁湯方
　　白頭翁二兩　黃檗三兩　黃連三兩　秦皮三兩
　　上四味,以水七升,煮取二升,去滓,温服一升。不愈,更服一升。
　　下利,欲飲水者,以有熱故也。白頭翁湯主之。(373)

【释义】
以上两条论述厥阴热利的证治。"热利"两字指出病证与病性,其表现为下利脓血、红多白少、或纯下鲜血、发热口渴、尿赤、肛门灼热、苔黄、脉弦数等。"下重"后世称里急后重,为本证的辨证关键。表现为腹痛急迫,肛门坠重。厥阴热利病机为肝失疏泄,热毒迫肠,损伤肠络。因病在厥阴,证属实热,故称厥阴热利。治疗采用清肝泻热、解毒止利法,方用白头翁汤。

《伤寒论》中所论下利,泛指泄泻与痢疾。第371条之"热利"当属痢疾。痢疾,古称"滞下"(因邪滞后重),《内经》谓之"肠澼"(因病下脓血)。肝主疏泄,又主藏血,疏泄失职,气滞不畅,则必见下重;若加之藏血失职,热迫血行,则为血痢。所以下痢脓血与里急后重为厥阴热利证的两大特点。

第373条承接上条,以"口渴"补述厥阴热利的辨证。

【方解】

白头翁汤方中白头翁、秦皮均入肝经,入血分,二药相伍,既清热凉血,又解毒止痢;黄连、黄柏相伍,既清热燥湿,又坚阴止痢。四药同用,清热、凉血、解毒,治痢之功效尤著,为治疗厥阴热痢及湿热痢、热毒痢、脓血痢之主方。

白头翁汤与葛根黄芩黄连汤均可用治热利,但白头翁汤主治肝热痢疾,以下痢脓血、里急后重为特征;葛根黄芩黄连汤主治湿热泄泻,以泻水样便、发热汗出为特征。白头翁汤与桃花汤均可用治下利便脓血,但白头翁汤证属热,为肝经湿热,下迫大肠,脓血便红多白少,伴肛门灼热、口渴欲饮水、舌红苔黄,治宜清热燥湿、凉肝解毒;桃花汤证属寒,为脾肾阳虚,下焦不固,脓血便白多红少,伴滑脱不禁、口不渴、舌淡苔白,治宜温中驱寒,涩肠止利。

《伤寒论》六经病皆有下利,当辨证论治。太阳下利为表邪内迫,治用葛根汤解表止利;阳明下利为热结旁流,治用承气汤攻下热结;少阳下利为胆热迫肠,治用黄芩汤清热止利;太阴下利为脾虚寒湿,治用理中汤温中健脾;少阴下利为肾阳虚衰,治用白通汤温阳止利;厥阴下利为肝热下迫,治用白头翁汤凉肝解毒。

下利口渴有寒热虚实之分,虚寒下利,一般不渴,即或有渴,也饮水不多。如第282条"自利而渴者,属少阴"是阳虚不能蒸化津液,无津上承所致,故渴必不甚,且喜热饮,与此证有别。本证属厥阴热利,热邪灼津,必口渴,喜冷饮。

【医案选录】

案1 常某,女,31岁,7月8日门诊。自诉:腹痛,腹泻,发热,大便带脓血,四肢无力已3日。检查体温38.2℃。粪便镜检:脓细胞及白细胞(+)。诊断为肠炎,投给枸橼酸铋钾、苏打片,注射磺胺嘧啶1支,经2日治疗,毫不见效,且一日重一日。患者怀孕7个月,有小产之虑。现症:头痛头晕发热,较昨日更甚,恶心不食,腹痛,大便脓血,一日数次,里急后重,体温38.9℃,舌有白苔。因连用磺胺剂2日不效,乃改用中药治疗。处方:白头翁6g,黄连、黄柏、秦皮、甘草各3g,阿胶6g,水煎服。服药2剂,诸证已愈,唯感身体虚弱,投给人参归脾汤1剂,以善其后。(史文郁.复方白头翁汤煎剂治疗痢疾100例的疗效报道[J].上海中医药杂志,1958,(4):20.)

案2 刘某,男,2岁半,1985年6月3日初诊。患儿病初高热,继而左下肢微痿弱,不能任地。身热朝轻暮重,烦渴频饮,口角流涎,大便溏泄,小便短赤。舌质红,舌苔黄厚干,脉濡数带弦,指纹青紫滞细透达气关。乃属湿热伤筋,气血凝滞。法当清热化湿,生津养阴,舒筋通络。药用:白头翁8g,黄连2g,黄柏4.5g,秦皮6g,葛根6g,薏苡仁10g,沙参6g。5剂。加用电针,取穴:环跳、风市、阴陵泉、足三里、蠡沟、太溪。复诊,患肢渐能活动且自行举起,接服5剂。诸症俱退,唯患肢步履跛行。乃遵前方加牛膝5g,地龙3g。7剂后跛行好转,尚不能久走,而以滋补肝肾药图功。后随访,基本痊愈。(郭安生.白头翁汤新用[J].江西中医药,1989,(6):36.)

二、疑似证

(一) 干姜黄芩黄连人参汤证

【原文】

伤寒本自寒下,医复吐下之,寒格①更逆吐下,若食入口即吐,乾薑黃芩黃連人

参汤主之。(359)

乾薑黃芩黃連人參湯方

乾薑　黃芩　黃連　人參各三兩

上四味，以水六升，煮取二升，去滓，分温再服。

【词解】

① 寒格：指上热与下寒相格拒。

【释义】

本条论述素有寒热错杂，又遭误治，导致寒热相格、胃热脾寒的证治。伤寒本自虚寒下利，医误用吐下，导致表热内陷于上，阳气更伤于下，形成寒热格拒的胃热脾寒证。胃热气逆不降而食入口即吐，脾寒阳虚失运而下利益甚。治当寒温并用、健脾和胃，用干姜黄芩黄连人参汤。

"若食入口即吐"是辨证关键，强调胃热的临床特点。胃寒则朝食暮吐，胃热则食入即吐，不得以"寒下"认为此属纯寒证。

【方解】

干姜黄芩黄连人参汤方中黄芩、黄连清胃热，以除呕吐；干姜温脾寒，以治下利；人参补虚扶正，又防芩连苦寒伤中。本方煎法为只煎一次，以取轻清之气，使药力分走上下，消除寒热格拒。

本方黄连、干姜并用，但与半夏泻心汤之连姜并用不同：半夏泻心汤是取黄连之苦、干姜之辛，苦辛散结，攻于一处，故去滓再煎；而本方是取黄连之寒、干姜之热，寒热异气，分走上下，取气不取味，故只煎一次，不必去滓再煎。

本方与黄连汤均治脾胃升降失常、寒热上下格拒的上热下寒证。黄连汤以欲呕吐和腹中痛为主要表现，是未经误下自然演变的上热下寒证，故其治也缓，其药较多。而本证属误下形成，发病骤急，故其治也急，其药也简，突出急急救误的组方治疗思路。

【医案选录】

案1　林某，50岁，患胃病已久。近来时常呕吐，胸间痞闷，一见食物便产生恶心感，有时勉强进食少许，有时食下即呕，口微燥，大便溏泄，一日两三次，脉虚数。我与干姜黄芩黄连人参汤。处方：横纹潞15g，北干姜9g，黄芩6g，黄连4.5g，水煎，煎后待稍和时分4次服。本证属上热下寒，如单用苦寒，必致下泄更甚；单用辛热，必致口燥、呕吐增剧。因此只宜寒热、苦辛并用，调和其上下阴阳。又因素来胃虚，且脉虚弱，故以潞党参甘温为君，扶其中气。药液不冷不热分作4次服，是含"少少以和之"之意。因胸间痞闷热格，如果顿服，虑药被拒不入。

服1剂后，呕恶泄泻均愈。因病者中寒为本，上热为标；现标已愈，应扶其本。乃仿照《内经》"寒淫于内，治以甘热"之旨，嘱病者生姜、红枣各1斤(1斤=500g)，切碎和捣，于每日三餐蒸饭时，量取一酒盏置米上蒸熟，饭后服食。取生姜辛热散寒和胃气，大枣甘温健脾补中，置米上蒸熟，是取得谷气而养中土。服一疗程(即尽两斤姜枣)后，胃病几瘥大半，食欲大振。后病又照法服用一疗程，胃病因而获愈。(俞长荣.伤寒论汇要分析[M].福建科学技术出版社，1984：172.)

案2　吕某，女，39岁。平素脾阳虚弱，大便经常溏泄，后因情志抑郁，肝气郁结，出现头晕作呕。连续两日，不以为事，后病势加剧，饮食入口即吐，心中烦闷，食物减少。口苦不渴，舌苔滑润中现薄黄，脉象沉细无力。拟用干姜黄芩黄连人参汤加减治疗，处方：干姜10g，黄芩10g，黄连6g，吉林参6g，姜半夏10g，生赭石10g，陈皮10g，甘草6g。服药1剂后，呕吐大减，可以进食，心烦解而能安。服3剂后，呕吐不作，知饥能食。后以健脾和胃之药调理而愈。(邢锡波编著.纪民育，邢汝雯整理.伤寒论临床实验录[M].天津：天津科学技术出版社,1984：288.)

(二) 麻黄升麻汤证

【原文】

傷寒六七日，大下後，寸脈沈而遲，手足厥逆，下部脈①不至，喉咽不利，唾膿血，泄利不止者，爲難治，麻黄升麻湯主之。(357)

麻黄升麻湯方

麻黄二兩半(去節)　升麻一兩一分　當歸一兩一分　知母十八銖　黄芩十八銖　萎蕤十八銖(一作菖蒲)　芍藥六銖　天門冬六銖(去心)　桂枝六銖(去皮)　茯苓六銖　甘草六銖(炙)　石膏六銖(碎,綿裹)　白术六銖　乾薑六銖

上十四味，以水一斗，先煮麻黄一兩沸，去上沫，内諸藥，煮取三升，去滓。分温三服。相去如炊三斗米頃令盡，汗出愈。

【词解】

① 下部脉：指尺部脉。

【释义】

本条论述伤寒误治导致正虚阳郁、肺热肠寒的证治。伤寒六七日，为邪气内传之时。若表邪尚未尽解者，仍当解表，如表解而里有燥实内结者方可攻下，这是治疗的基本法则。本条即是表证未除而误用苦寒攻下，如此不仅病不得愈，反使表邪内陷，阳气郁遏，以致伤阴伤阳而发生一系列的变证。上焦阳热之邪内郁，则寸部脉沉而迟；阴伤而阳热郁闭于上则咽喉痹阻，灼伤络脉，故咽喉不利而吐脓血；阳气内郁不达四肢则手足厥冷；阳气受损、寒邪在下，则下利不止，尺部脉不至。此阴阳上下并受其病，寒热错杂而又虚实兼见，若单治寒则遗其热，单治热则助其寒，补虚而助其实，泻实则碍其虚，故称"难治"。本证上热下寒、正虚邪实之机并存，以阳郁热实居多，故用麻黄升麻汤发越郁阳、清上温下，滋阴和阳。

本证病机虽然复杂，但关键在于邪陷阳郁。治法之要，在于发越郁阳，麻黄升麻汤制方之意体现了此种治疗思路。

本证与干姜黄芩黄连人参汤证均属上热下寒，前者为肺热肠寒，后者为胃热脾寒，均非厥阴本病。厥阴提纲证之上热下寒，是肝火抑郁、肝气冲逆所致，病本在肝，故为厥阴病。厥阴病篇列出此二汤证，属厥阴病疑似证，有与厥阴病寒热错杂证相类而鉴别的意义。

【方解】

麻黄升麻汤方中麻黄、升麻、当归三药用量最重，为主药。麻黄、升麻，发越郁阳，当归，温润补血。其他药用量极小，可分作两组分析：一组清热滋阴，主治喉痹脓血，药用知母、石膏、黄芩、萎蕤、天冬、芍药；一组温阳补脾，主治泄利不止，药用白术、干姜、茯苓、桂枝、甘草。本方发越郁阳，清上温下，补阴运脾。药物虽多，但多而不乱。寒热并用，却主次分明。攻补兼施，然井然有序，与阳郁邪陷、上热下寒、虚实夹杂的病机正相适宜。

本方以发越内陷之邪为主，故以汗出为获效指征，使邪去阳气得伸而愈。至于将三服药在"相去如炊三斗米顷，令尽"(短时间内服完)，旨在使药力集中，作用持续而达到解除错杂之邪的目的。

【析疑】

关于麻黄升麻汤的组方用药有异议。麻黄升麻汤由麻黄、升麻、当归等14味药组成，为《伤寒

论》方药味最多的一首,有注家认为此方非仲景之方。如柯韵伯讲:"旧本有麻黄升麻汤,其方味数多而分量轻,重汗散而畏温补,乃后世粗工之技,必非仲景方也。此证此脉,急用参附以回阳,尚恐不救。以治阳实之品,治亡阳之证,是操戈下石矣,敢望其汗出而愈哉。绝汗出而死,是为可必。"日人丹波元坚也同意柯氏之说:"按此条方证不对,注家皆以为阴阳错杂之证,回护调停,为之诠释。而柯氏断然为非仲景真方,可谓千古卓见矣。"究其争论及异议产生的原因,可能与下列因素有关:首先,厥阴病篇内容繁杂,疑难众多,甚至连厥阴病提纲本身就有很大争议;其次,《伤寒论》以其辨证精确,用药精当而享誉后世,并为历代医家视为辨证论治之圭臬,而本方证证候复杂,药味众多;再次,若从方法学角度分析,如通过医案记载来探讨本条立意和用药,且不与群方之冠桂枝汤比,与青龙、白虎、真武、四逆、柴胡等方剂相比,可以说前者浩瀚如海,而本方证寥若晨星。对本方证进行分析,不必苛求六经归属,从以方测证、以方测病机角度着手剖析辨证与用药,应是可行之法。

【医案选录】

案1 高某,男,38岁。患者素有脾虚便溏(慢性肠炎),去年10月曾因潮热盗汗,经拍片诊断为肺结核。今感冒10日。初发热恶寒,头痛无汗,后渐有胸闷,咳嗽,痰多色黄。现:发热恶寒,头痛无汗,胸闷喘咳,痰稠黄,带血丝,口渴不欲多饮,咽痛烦躁,肠鸣腹痛,大便溏薄,舌苔薄白,舌尖稍红,脉寸浮滑,关尺迟缓,证属表里同病,宜表里同治,用麻黄升麻汤,外可解太阳寒邪,内可清阳明之热,下可温太阴之寒,又配有养肺阴之品,实为恰当,便处:麻黄、桂枝、白术、茯苓各8g,知母、黄芩、干姜、天冬、葳蕤、白芍、炙草各6g,升麻、当归各3g,生石膏20g,水煎服。1剂后,全身微微汗出,2剂后表证尽解,共服3剂后,诸证悉平,再以金水六君子汤善其后。(张玉明.麻黄升麻汤证见解及治验[J].陕西中医,1986,(10):462.)

案2 陆中行室,年20余。腊月中旬患咳嗽,过半月,病势少减。后又重,日复咳倍前,自汗体倦,咽喉干痛,至除夕,忽微恶寒发热,明日转为腹痛自利,手足厥冷,咽痛异常。又3日则咳唾脓血。张(指张路玉)诊其脉,轻取微数,寻之则仍不数,寸口似动而软,尺部略重则无,审其脉证,寒热难分,颇似仲景厥阴病中麻黄升麻证。盖始本冬温,所伤原不为重,故咳至半月渐减,乃免力支持岁事,过于劳役,伤其脾肺之气,故咳复甚前,至夜忽憎寒发热,来日遂自利厥逆者,当是病中体疏、复感寒邪之故。热邪既伤于内,寒邪复加于外,寒闭热郁,不得外散,势必内奔而为自利、唾脓血也。虽伤寒大下后,与伤热后自利不同,而寒热错杂则一也。遂与麻黄升麻汤,服一剂,肢体微汗,手足温暖,自利即止。明日诊之,脉亦向和,嗣后与异功、生脉合服数剂而安。(俞震.古今医案按[M].上海:上海科学技术出版社,1959:34.)

第三节 阴阳学说范畴厥阴病

一、辨厥热胜复证

【原文】

傷寒始發熱六日,厥反九日而利。凡厥利者,當不能食,今反能食者,恐爲除中①。食以索餅②,不發熱者,知胃氣尚在,必愈,恐暴熱來出而復去也。後三日脈之③,其熱續在者,期之旦日④夜半愈。所以然者,本發熱六日,厥反九日,復發熱三日,並前六日,亦爲九日,與厥相應,故期之旦日夜半愈。後三日脈之,而脈數,其熱不罷者,此爲熱氣有餘,必發癰膿也。(332)

【词解】
① 除中:古证名,中气消除之意,表现为胃阳将绝而反能食。
② 食以索饼:食,读"饲",给他人东西吃称"食"。索饼,以麦粉做成的条索状食品,如面条之类。
③ 脉之:脉,作动词用,诊察之义。
④ 旦日:明天。

【释义】
本条论述厥热胜复证厥热往来的过程中如何判断阳复、除中及阳复太过。厥热胜复,症见厥逆与发热交替出现,最能体现厥阴病"阴尽阳生"的病证特点,其本质是阴阳的动态盛衰和转换。凡厥时则阴寒盛,当不能食而下利;热时则阳气复,当能食而利止。现发热六日,厥反九日,为热少厥多,且伴下利,自然为阳虚寒盛。胃阳虚衰,当不能食,今反能食,属反常现象,故应考虑除中的可能。辨识之法可采用"食以索饼"。若进食索饼后,不发暴热,肢体渐温,是为胃气来复,阳气渐旺;若进食后,突发躁热,是为胃阳欲脱,将须臾而亡,发生"除中"。《素问·平人气象论》言:"人无胃气曰逆,逆者死",故除中实质是胃阳败绝的一种回光返照现象。若非除中,胃阳渐复,肢体温度持续稳定,三日后诊察其热续在,则可推测次日夜半阳生之时必自愈,这是因为厥热相等,阳复适度,所谓"阴平阳秘"即此。若三日后,脉数不去,发热不退,则属阳复太过,日久必耗阴动血,热盛肉腐,发为痈脓。

综上厥热胜复条文分析可见,厥阴与少阳相表里,少阳为半表半里,故有寒热往来;厥阴为阴阳之界,故有厥热胜复。这种厥热交替胜复的特殊征象,是厥阴阴尽阳生转化过程的外在反映,故三阴病唯厥阴病才有厥热胜复。

【原文】
傷寒先厥,後發熱而利者,必自止;見厥復利。(331)

傷寒脈遲六七日,而反與黃芩湯徹①其熱。脈遲爲寒,今與黃芩湯,復除其熱,腹中應冷,當不能食,今反能食,此名除中,必死。(333)

傷寒先厥後發熱,下利必自止。而反汗出,咽中痛者,其喉爲痹②。發熱無汗,而利必自止,若不止,必便膿血。便膿血者,其喉不痹。(334)

傷寒病,厥五日,熱亦五日。設六日當復厥,不厥者自愈。厥終不過五日,以熱五日,故知自愈。(336)

傷寒發熱四日,厥反三日,復熱四日,厥少熱多者,其病當愈。四日至七日熱不除者,必便膿血。(341)

傷寒厥四日,熱反三日,復厥五日,其病爲進。寒多熱少,陽氣退,故爲進也。(342)

【词解】
① 彻:通撤,除也。即治疗之意。

② 其喉为痹：咽喉肿痛，闭阻不利。

【释义】

以上六条原文分别说明了厥阴厥热胜复可出现的过程与现象，进一步阐述厥阴属阴阳之枢，具有阴尽生阳、阴阳转换的生理病理特点。

第331条论述伤寒先厥，是厥阴寒盛，必兼下利。后发热者，为寒却阳复，下利亦必渐止。若再生厥逆，是阴寒复胜，则下利亦必复作。

第333条论述应用黄芩汤不当导致除中。厥阴肝寒，故脉迟；厥阴病出现厥热胜复，当阳复发热之初，医家却误认为是少阳热证，故"反与黄芩汤彻其热"。阳气初复，骤用黄芩汤，不但重伤初复之阳，还易导致胃阳垂绝，造成"当不能食，今反能食"的除中证。本条紧承第332条而论，意在提示对厥阴阳复之热，须详查明辨，切勿轻易施以寒药。因为发生厥热胜复时既可能由寒转热，又可能由热转寒。若出现阳复太过，或发为痈脓下利脓血时，自当果断应用黄芩汤以彻其热。

第334条论述阳复病愈及阳复太过的两种变证。厥阴阴盛，厥利并见，后见发热，乃阳气来复，阴寒退却，厥利自止，病情向愈。若阳复太过，病情由寒变热，转为热证，可出现两种表现一是邪热上犯，迫津液外泄故汗出，热闭喉咽则喉痹。二是邪热下迫血分，热邪内闭故无汗，热伤血络则便脓血。需要说明的是阳复热盛，内闭下迫，而不上蒸，故一般便脓血者，不发生喉痹。

第336条论述根据厥热时间长短推测阴阳盛衰进退，判断疾病预后。先出现厥逆五日，为阴寒偏盛；后出现热亦五日，为阳气来复，按厥热胜复规律，设"六日当复厥"，为阴盛阳怯。今不发生厥逆，乃厥热各为五日，厥热时间相等，则阴阳相对平衡，故推断"自愈"。需要说明的是本条条文中厥与热的日数，仅为举例说明厥阴病阴阳进退的时间长短，并非固定日期，不可拘泥于"厥终不过五日"之说。

第341条论述阳复病愈与阳复太过的变证。发热四日，厥反三日，为热多于厥，复热四日，则热明显多于厥，示阳气来复，故推测其病当愈。若四至七日热不除，又是阳复太过，热壅血络，血败肉腐成脓而出现便脓血。

第342条根据厥多热少推断病情加重。厥阴寒证，先厥四日，热反三日，已经说明厥多于热，阳复不及。复又厥五日，则更属阳不胜阴，病情发展，故"其病为进"。伤寒三阴为病，以阳为重，故原文自注"寒多热少，阳气退，故为进也"。

二、辨厥证

（一）厥证的病理与特征

【原文】

凡厥者，陰陽氣不相順接，便爲厥。厥者，手足逆冷者是也。（337）

【释义】

本条论述厥证的基本病理与证候特征。厥，即厥逆，指手足逆冷的症状。厥，是厥阴病的常见症状，存在于寒证、热证之中。凡厥，不论属寒、属热，其发生机制均为"阴阳气不相顺接"。阴主内，阳主外，阴阳气不相顺接，应指表里内外之气不相接续。人体在正常情况下，阴阳相贯，如环无端。阴阳之气相辅相成，相互维系，气血和顺，而厥逆不生。一旦阴阳气血失去平衡，或阴阳之气不相贯通，则生厥逆。若阴寒独盛，阳气虚衰，阳气不能温养充达四肢而产生寒厥；若内热盛极，阳气被遏，热盛阳郁，阳气不达四末而发为热厥等。由此可见，寒厥、热厥性质虽然有异，然阴阳气不相顺接则一。厥证的临床特征为手足逆冷，亦是厥阴病的常见症状。厥阴为阴尽阳生，主一身阴阳气的交接转换，故厥逆一症亦为厥阴病的特征之一。

【析疑】

关于阴阳气医家的认识不尽相同。有从厥阴与阳明解释者，如沈目南曰："阴阳者，非厥阴一经阴阳也，阴乃厥阴肝也，阳乃阳明胃也……木郁胃阳不达四肢，则手足厥冷为厥，谓之阴阳气不相顺接。"有从太阴与阳明解释者，如黄坤载曰："足之三阳随阳明而下降，足之三阴随太阴而上升，中气转运，胃降脾升，则阴阳顺接。"有从四肢与五脏解释者，如陈平伯曰："阳受气于四肢，阴受气于五脏，阴阳之气相贯，如环无端。若寒厥则阳不与阴相接，热厥则阴不与阳相接也。"有以经络解释者，如成无己言："手之三阴三阳，相接于手十指，足之三阴三阳，相接于足十趾，阳气内陷，阳不与阴相接，故手足为之厥冷也。"方有执、尤在泾等均执此说。后世医家大多主张阴阳气当指表里之气。另外，虽然阳气主温煦，但阴阳为一身之本，阴阳之间生理上互相为用，病理上互相影响，阴盛则阳病，阳盛则阴病，阳损及阴，阴损及阳，阴阳之间不存在单纯一方有病而另一方无病的状况，只是侧重之别。人体温度有赖阳气温煦，体温正常也决不单纯是阳气作用的结果，而是阴阳协调的结果。应从基本的阴阳的概念去理解阴阳气，只有这样才有助于解释各种厥证的机制和厥的特征性表现。

（二）厥证的类型与证治

1. 热厥证

【原文】

伤寒一二日至四五日，厥者必發熱，前熱者後必厥，厥深者熱亦深，厥微者熱亦微。厥應下之，而反發汗者，必口傷爛赤。（335）

【释义】

本条论述热厥的形成、病机特点及治疗。厥的症状为手足寒冷，但导致厥的原因有很多。本条揭示了由热至厥的一般病理过程。伤寒一二日，热病初期，发热不厥。至四五日，发为厥逆，则多属热厥。热厥临床特征有三种：一是厥热并存，即原文"厥者必发热"。二是先发热渐至厥冷，即原文"前热者后必厥"。三是由热转厥需要四五日的发展过程，即厥是热的深化。热厥病机是热邪内闭，阳郁不达四肢。特点是热闭程度越深重，则肢体厥冷越甚；热闭程度越轻浅，则肢体厥冷越轻，即原文"厥深者热亦深，厥微者热亦微"。

因属热厥，虽手足冷凉，但身有发热，胸腹尤甚，为真热假寒，应以攻下邪热为正治。即使宣散透达郁热，亦不可用辛温发汗法，否则必助热伤阴，火邪炎上，而致"口伤烂赤"。

【原文】

伤寒脈滑而厥者，裏有熱，白虎湯主之。（350）

【释义】

本条论述热厥的证治。本证辨证的关键为脉滑。厥分寒热，寒厥阳虚，脉必沉微。本证脉滑，滑属阳脉，主热主实，说明此厥为热邪郁遏不达四肢所致，故云"里有热"。属真热假寒证，治当寒因寒用，以白虎汤清透热邪，邪热得清，郁阳得伸，则厥逆得愈。

本厥属阳明热证，当与第168条、第169条无大热、时时恶风、背微恶寒症状相参。四症机制均为阳热内郁，只是随着热邪郁结程度的轻重不同，依次表现为无大热→恶风→恶寒→厥逆，体现了"厥深者热亦深，厥微者热亦微"的特点。

【原文】

傷寒熱少微厥①,指頭寒,嘿嘿不欲食,煩躁。數日小便利,色白者,此熱除也。欲得食,其病為愈。若厥而嘔,胸脇煩滿者,其後必便血。(339)

【词解】

① 热少微厥：发热厥冷症状较轻。热少,指发热较轻；微厥,指厥冷较轻。

【释义】

本条论述厥阴热厥轻证及其两种转归。厥阴与少阳为表里,少阳主外,厥阴主内,阳气外而不内则发热,病属少阳；阳气内而不外则厥逆,病属厥阴。热少为阳气外出不多,微厥为阳气内闭较轻,病情动态变化介于少阳厥阴之间,尚不稳定。《伤寒论》论述热与厥之间的关系是厥深者热亦深,厥微者热亦微,故"指头寒"属厥阴热厥轻证。此时之病机经"数日"后可有两种转归：一是病邪由阴出阳,里热消除,疾病向愈,表现为微厥、指头寒消失,小便转清,食欲好转；二是病邪由阳入阴,里热内闭,病情深重,形成厥阴热厥重证,必指头寒加重而为手足厥,不欲食加重而为呕逆,烦躁加重而为胸胁烦满。厥阴肝脏主藏血,内热日久,伤及血络,有热迫血液妄行之趋势,故"其后必便血"。

本条以"厥",尤其是热厥为辨证眼目,极能说明厥阴主阴阳转换之枢的地位及阴尽阳生、阴中有阳、寒中包热的生理特点。同时说明厥与热是鉴别厥阴与少阳的重要标志,而其他症状,则为两经病所共有,均为肝胆疏泄失常所致。另外,"便血"亦为厥阴病特征,因肝为血脏,少阳病虽然发热,却很少动血。

2. 寒厥证

【原文】

大汗出,熱不去,內拘急①,四肢疼,又下利厥逆而惡寒者,四逆湯主之。(353)

大汗,若大下利而厥冷者,四逆湯主之。(354)

病者手足厥冷,言我不結胸,小腹滿,按之痛者,此冷結在膀胱關元②也。(340)

【词解】

① 内拘急：腹内挛急不舒。
② 膀胱关元：此处代言下焦。

【释义】

以上3条分别以少阴阴阳两虚、阴寒凝滞于下焦所致的寒厥,作为与厥阴寒厥证的疑似证。

第353条论述阴阳两虚厥逆的辨治。太阳病发汗太过,致表邪不尽,阳气外亡。热不去而恶寒,为表证仍在。厥逆下利,为阳虚寒盛。四肢疼痛,腹内拘急,为阳虚失温、阴虚失养。虽表里兼病,急当救里。虽阴阳两虚,因厥逆已见,阳亡在即,故急以四逆汤温阳救逆。

第354条论述大汗、大下利而阳衰厥逆的辨治。大汗亡阳,阳衰阴盛,厥利并见,故当急温,四逆汤主之。

第340条论述冷结膀胱关元厥逆的辨证。关元,任脉穴位,在脐下三寸,膀胱关元并提,代指下焦。下焦为阳气生发之源,因冷结下焦,阳虚失温,故致手足厥冷。临床特点是除手足厥冷外,必兼小腹满、按之痛,并可见小便清长,舌淡苔白等下焦阳虚表现。治疗之法,当灸关元、气海诸穴以温补下焦,亦可内服四逆汤或当归四逆加吴茱萸生姜汤一类方剂。"言我不结胸"是排除病在上焦,以揭示此厥是病在下焦。

3. 痰厥证

【原文】

病人手足厥冷，脈乍緊者，邪①結在胸中，心下滿而煩，饑不能食者，病在胸中，當須吐之，宜瓜蒂散。(355)

【词解】

① 邪：此指痰浊。

【释义】

本条论述痰结胸中致厥的辨治。痰邪郁阻胸膈，胸中阳气被遏，难以通达四肢，可导致手足厥冷。心下满而烦与饥不能食，皆痰食内积中焦、气机内外不通之故。痰结气滞，血行不畅，故脉乍紧。总之，邪结胸脘，病位偏高，故用瓜蒂散吐之。痰食涌出，阳气得通，厥冷自止。

本条与太阳病篇的第166条均为痰阻胸脘的瓜蒂散证，均为疑似证，但用意有所不同。第166条冠首为"病如桂枝证"，是从太阳病的疑似证的角度论述的；本条则以"病人手足厥冷"开头，是作为厥阴病厥证的疑似证而论述的。

4. 水厥证

【原文】

傷寒厥而心下悸，宜先治水，當服茯苓甘草湯，卻治其厥。不爾①，水漬入胃②，必作利也。(356)

【词解】

① 不尔：尔，如此，这样。不尔，不这样。
② 水渍入胃：言水饮浸渍，下入大肠。胃：广义，此指大肠。

【释义】

本条论述水饮致厥的辨治。厥与心下悸并见，辨证的关键应为心下悸。阳气不化，水气凌心，则心下悸水阻阳气、不达四肢而致厥。治当温化水饮，用茯苓甘草汤温胃散水。水饮散，则阳气通，阳气通，则厥逆回。若以变为常，以厥为寒，不治其水，却治其厥，则治与病反，非但厥逆不回，反致水饮下渗大肠，发生下利的变证。

本条与太阳病篇第73条，均属胃内停水证，亦均作为疑似证鉴别而存在。但第73条以"不渴"为标志，与五苓散证的三焦蓄水相鉴别；本条则以"厥"为标志，与厥阴病的厥证相鉴别。

上述热厥、寒厥、蛔厥、痰厥、水厥诸厥证，均属厥阴病厥证的疑似证。诸厥列述于厥阴病篇，是因手足厥逆症状最能体现阴尽阳生、阴阳交接的病理特点，此又是厥阴为病的特征之一。必须明确的是，厥证并非仅见于厥阴一病，应注意类证鉴别。

(三) 厥证治禁

【原文】

諸四逆厥者，不可下之，虛家亦然。(330)

傷寒五六日，不結胸，腹濡①，脈虛復厥者，不可下，此亡血②，下之死。(347)

【词解】

① 腹濡：腹部柔软。

② 亡血：指血虚。

【释义】

以上2条论述了阳虚寒厥及各种虚证的治疗禁忌。

第330条论述寒厥和虚证之厥不可用攻下之法。寒厥为阳气衰微，阴寒内盛，治当急救回阳，若误用攻下，易致亡阳之变。"虚家亦然"言凡正气内虚之厥证，不论气虚、血虚、阳虚、阴虚，均不可用下法。第335条"厥应下之"与本条"不可下之"是不同范畴的两个治则，前者是论邪热致厥的治疗原则，后者是针对虚寒致厥提出的治禁。病机不同，治则相异，充分体现了辨证论治的精神。

第347条论述厥证的鉴别诊断和血虚致厥的治疗禁忌。伤寒五六日出现厥证，应据症状和体征判定属于何种厥证，再确定治疗原则。不结胸，则不属痰厥；腹濡，则排除燥结之热厥和冷结之寒厥；结合脉虚，知为血虚不能温养四肢所致，治当养血通阳，宜选当归四逆汤。若误下必犯虚虚之戒，甚至造成死证。

第四节　辨呕哕下利证

一、辨呕证

（一）阳虚阴盛证

【原文】

呕而脉弱，小便復利，身有微热，见厥者难治，四逆汤主之。(377)

【释义】

本条论述阳虚内寒呕吐的辨证论治。呕吐病机为胃气上逆，六经病均可见之。本证呕与脉弱并见，则属阳虚内寒。若兼小便复利与手足厥逆，则属少阴阳衰，阴寒内盛。小便复利，是遗溺失禁。肾主二便，肾阳大衰，失于固摄，故有此症。身有微热，绝非阳气来复，应属阴盛格阳，虚阳外浮。呕因阴寒内盛，气逆不降所致，故治以四逆汤。

呕与发热、汗出、恶风并见，是太阳中风；与潮热、腹痛、便秘并见，是阳明腑实；与往来寒热、胸胁苦满并见，是少阳郁滞；与腹满、时腹自痛并见，是太阴虚寒。少阴为病，呕非主症，本条之所以将"呕"标在条首，意在与厥阴寒呕证相类而鉴别。

（二）邪传少阳证

【原文】

呕而發熱者，小柴胡汤主之。(379)

【释义】

本条论述厥阴转出少阳的证治。呕吐，为厥阴病与少阳病共有症状，"发热"却是少阳病常见症状，如第7条讲"发热恶寒发于阳"，所以发热是辨证眼目。厥阴病当呕而厥逆，若由厥逆转为发热，则揭示病邪由阴出阳，由里达表，即由厥阴转出少阳。小柴胡汤是治疗少阳病的主方，用之枢转少阳之邪，宣散少阳之热。

太阳病篇第149条提出"伤寒五六日,呕而发热者,柴胡汤证具"。此论又在厥阴病篇复出,意在从厥阴与少阳相表里的关系上,以厥阴病变证的形式,揭示六经辨证的整体观。本条以"呕"为主症,与厥阴病"干呕吐涎沫"的寒呕证对应,又具类证鉴别之意。阳病之呕,必兼发热,治以小柴胡汤;阴病之呕,必兼厥寒,治以吴茱萸汤。

二、辨哕证

(一) 误治胃寒证

【原文】

伤寒,大吐大下之,極虚,復極汗者,其人外氣怫鬱①,復與之水,以發其汗,因得噦。所以然者,胃中寒冷故也。(380)

【词解】

① 外气怫郁:表气郁闭。外气指表气,表气郁闭可见"其人面少赤,身有微热"等症状。

【释义】

本条论述误治导致胃中寒冷气逆作哕的辨证论治。伤寒本当发汗,医误用吐下,损伤里阳,导致里虚严重。因表气郁闭,药汗不效,又复与水法作汗,使胃阳更伤,胃中寒冷,升降失常,气逆作哕。

本证属胃寒气逆,虽亦可用吴茱萸汤温胃降逆止哕。应注意本哕不属厥阴本证,因本哕仅病胃腑,不涉及肝脏。

(二) 哕而腹满证

【原文】

伤寒,噦而腹滿,視其前後①,知何部不利,利之即愈。(381)

【词解】

① 前后:指前阴后阴,在此指大小便的情况。

【释义】

本条论述哕而腹满的辨证论治。哕证有虚实,第380条为虚寒哕证,本条哕兼腹满,则属实证。邪气壅滞,气机不利,滞则腹满,逆则生哕。其辨治方法为"视其前后,知何部不利"以利之。若哕而兼小便不利,则必是水饮之邪阻滞,气机不利而上逆,治当利其小便;若哕而大便不通,则必是宿食阻滞,气机不利而上逆,治当通其大便。邪祛则气调,气调则哕止。

上述呕哕诸证,无论寒热虚实,均与厥阴肝脏无涉,故仍属厥阴呕哕证疑似证。

三、辨下利证

(一) 实热下利证

【原文】

下利譫語者,有燥屎也。宜小承氣湯。(374)

下利後更煩,按之心下濡者,爲虚煩也,宜梔子豉湯。(375)

【释义】

第374条论述阳明病热结旁流的辨证论治。谵语多为热扰心神所致,下利与谵语并见,多属热利。因胃络上通于心,故阳明热实最多谵语。阳明热实,本当便硬,此下利必为燥屎内结,津液旁流所致,下利当为黑色臭秽黏液粪水。下利为假象,燥结是本质,治当通因通用,宜小承气汤通下里结以止利。

第375条承第374条论述阳明余热未尽留扰胸膈的证治。阳明病热结旁流,以小承气汤通下有形燥结后,尚有余热留扰胸膈。"心下濡"而症见心烦,此属"虚烦",宜用栀子豉汤,清宣郁热以除烦。

【医案选录】

龙某,男,11个月。患儿入夜则躁动不安、啼哭1周余。曾经他医用导赤散等治疗无效,因而来诊。患儿除上述症状外,伴有纳减,大便正常,小便赤而易躁,舌质红,苔薄黄,指纹紫红。此属热扰胸膈证,治宜清热除烦。处方:山栀子4g,淡豆豉8枚。2剂,诸症消失。(魏逢春.栀子豉汤的临床应用[J].新中医,1985,(3):46.)

(二) 虚寒下利证

【原文】

下利腹脹滿,身體疼痛者,先溫其裏,乃攻其表,溫裏宜四逆湯,攻表宜桂枝湯。(372)

下利清穀,裏寒外熱,汗出而厥者,通脈四逆湯主之。(370)

【释义】

第372条论述下利兼表的辨证论治。下利腹胀满,是脾肾阳虚,清气不升,浊阴中阻。身体疼痛,属表邪未尽。病为表里同病,里虚寒为急为重,治当先用四逆汤治里,后用桂枝汤治表。

第370条论下利的辨证论治。下利清谷与厥并见,属少阴寒化证。若再见发热、汗出,则为阴盛格阳、虚阳外浮、元气脱散之真寒假热证。病势极危,非大力破阴回阳,难救垂危,主以通脉四逆汤。

以上4条下利证,与厥阴热利证(第371条、第373条),在条文前后并列论之,当蕴含类比鉴别之意。

附:备考原文

發熱而厥,七日下利者,爲難治。(348)

傷寒脈促,手足厥逆,可灸之。(349)

傷寒四五日,腹中痛,若轉氣下趣少腹者,此欲自利也。(358)

下利清穀,不可攻表,汗出必脹滿。(364)

下利,脈沉而遲,其人面少赤,身有微熱,下利清穀者,必鬱冒汗出而解,病人必微厥,所以然者,其面戴陽,下虛故也。(366)

嘔家有癰膿者,不可治嘔,膿盡自愈。(376)

第七章 辨霍乱病脉证并治

导学

本章介绍了霍乱病的脉证治法，论中所说的霍乱与现代医学所谓的霍乱病是不同的，本论霍乱是以吐利交作作为主症，包括了多种急性肠胃疾病，如食物中毒、胃肠型感冒等。

学习目标：掌握霍乱病的证候特征、霍乱病的分类与证治；掌握五苓散、理中丸、四逆汤、四逆加人参汤、通脉四逆加猪胆汁汤、桂枝汤等汤证在霍乱病症的证治。

概 说

霍乱是卒然发作、以上吐下泻为主要临床表现的病证。霍，有急骤、卒然、迅速之意；乱，即撩乱、变化之意。因发病急骤，剧烈吐泻，顷刻间即有挥霍撩乱之状，故名霍乱。正如《景岳全书·卷二十杂证谟·霍乱》曰："霍乱一证，以其上吐下泻、反复不宁而挥霍撩乱，故曰霍乱。"论中的霍乱以吐利交作为主症，包括多种急性肠胃疾病，如食物中毒、肠胃型感冒等，与现代医学所称的霍乱病当有所区别。

霍乱的发病原因，多是饮食不洁或不节，冷热不调，或感受暑湿、寒湿等疫疠之气，伤及脾胃，使中焦升降失职，清浊相干，气机逆乱，而呈现吐泻交作。后世医家根据临床表现的不同，将此病分为湿霍乱与干霍乱两个类型：上吐下泻，吐利交作者为湿霍乱；脘腹绞痛，欲吐不吐，欲泻不泻，烦闷不安，短气汗出者为干霍乱。因湿霍乱又有因寒因暑之异，故有寒霍乱与热霍乱之分。本篇所论霍乱为湿霍乱中的寒霍乱证，包括中焦阳虚之寒湿内扰证、外有表邪证、亡阳证、亡阳竭阴证等。

因本病发生多与外邪有关，并常见头痛、发热、恶寒、身疼等，与太阳病相类似；同时呕吐、下利等，又与太阴病相类似，故仲景将本证列于伤寒六经病之后以资鉴别。

第一节 霍乱病的证候特征

【原文】
问曰：病有霍亂者何？答曰：嘔吐而利，此名霍亂。(382)

【释义】
本条自设问答，揭示霍乱的主症。霍乱病机为肠胃功能紊乱，升降失常，清浊相干，阴阳乖隔，浊阴之邪上逆则呕吐，清阳之气下陷故下利。

【析疑】
本证与太阴脾虚之吐利有相似之处，太阴病常在脾虚体质，复感外邪的情况下发病，故证势轻缓，以腹满而吐、食不下、自利益甚、时腹自痛为主；本证则外邪直中，发病突然，顷刻之间，吐泻交作，挥霍撩乱，二者不难区分。

【原文】
问曰：病發熱頭痛，身疼惡寒，吐利者，此屬何病？答曰：此名霍亂。霍亂自吐下，又利止，復更發熱也。(383)

【释义】
本条主要论述霍乱兼表证及其与太阳伤寒的鉴别。霍乱虽病在脾胃，但亦有因感受外邪而发者，故除见吐利交作外，亦可兼表证。邪客于表，经脉不利，故头痛身疼；正邪相争于表，则恶寒发热并见。霍乱虽兼表证，但其症状以吐利为主，从"霍乱自吐下"句，可知其病从内发，而不是表邪内传或内扰所致。因霍乱病从内而外，表里兼病，故吐利与寒热并见，甚或有起病即只见吐利而无发热，吐利已作而稍后方见发热者，是以文中云："又利止，复更发热也。"

太阳伤寒，当邪气内传，影响里气不和，脾胃升降失常时，亦可见呕吐下利；但霍乱初病即见吐利，且病势急暴，兼见表证，故与伤寒有别。

第二节 霍乱病分类与证治

一、五苓散与理中丸证

【原文】
霍亂，頭痛發熱，身疼痛，熱多欲飲水者，五苓散主之；寒多不用水者，理中丸主之。(386)

五苓散方(見太陽病篇)

理中丸方

人参　乾薑　甘草(炙)　白朮各三兩

上四味,搗篩,蜜和爲丸,如雞子黄許大。以沸湯數合,和一丸,研碎,溫服之,日三四,夜二服。腹中未熱,益至三四丸,然不及湯。湯法:以四物依兩數切,用水八升,煮取三升,去滓,溫服一升,日三服。若臍上築①者,腎氣動也,去朮,加桂四兩;吐多者,去朮,加生薑三兩;下多者,還用朮;悸者,加茯苓二兩;渴欲得水者,加朮,足前成四兩半;腹中痛者,加人參,足前成四兩半;寒者,加乾薑,足前成四兩半;腹滿者,去朮,加附子一枚。服湯後如食頃②,飲熱粥一升許,微自溫,勿發揭衣被。

【词解】

① 脐上筑:筑,捣击。形容脐上跳动不安,如有物捶捣。

② 食顷:吃一顿饭的时间。

【释义】

本条论述霍乱表里寒热不同证候的辨治。言霍乱,必有卒然吐利之症,若又见头痛、发热、身疼痛等,是属霍乱兼表证。表里之邪内外相干,胃肠功能逆乱,故发吐利。因吐利,清浊不分,三焦水道不利,津液运行失常,既不能上承于口,又不能下输膀胱,但浸渍胃肠,故常兼见口渴、小便不利。宜用五苓散疏散外邪,并化气行水。

若吐利甚而寒多不渴,说明病证属里属阴,表证必微。此中焦阳虚,寒湿内阻,清气不升,浊气上逆,其症当伴见腹中冷痛,喜温喜按,舌淡苔白,脉缓弱等。因其表里同病,但以里虚寒证为急,故以理中汤(丸)温中散寒,健脾燥湿。

【方解】

理中丸用人参、炙甘草健脾益气,干姜温中散寒,白术健脾燥湿。脾阳得运,寒湿可去,则中州升降调和而吐利自止。本方为太阴病虚寒下利的主方,因具有温运中阳,调理中焦的功效,故取名"理中",此方又名人参汤。

煎服法:理中丸为一方二法,既可制成丸剂,亦可煎汤服用。一般规律是病情缓而需久服者用丸剂,病情急而丸不济事者用汤剂。

服丸法:① 将4味药捣碎,过筛,以蜜和丸如鸡蛋黄大小。② 服时以热水与研碎之药丸1丸和匀,温服。③ 白天服3次,晚间服2次,每日夜共服5次。④ 服药后腹中有冷而转热感者,说明有效,可续服;若腹中未热,说明效不明显或无效,多为病重药轻之故,当增加丸药的服用量,由一丸加至三四丸。

服汤法:① 浓煎1次,分3次温服。② 服药后约一顿饭的时间,可喝些热粥,并温覆取暖,以助药力。

理中丸方后记载随证加减:脐上悸动者,是肾虚水气上冲之象,方中去白术之壅补,加桂枝以温肾降冲,通阳化气。吐多者,是胃寒饮停而气逆,故去白术之补土壅塞,加生姜以温胃化饮,下气止呕。下利严重者,是脾气下陷,脾阳失运,故还需用白术健脾燥湿以止利。心下悸者,是水邪凌心,可加茯苓淡渗利水,宁心安神。渴欲饮水者,乃脾不散精,水津不布,宜重用白术健脾益气,以运水化津。腹中痛者,是中气虚弱,故重用人参至四两半。里寒甚,表现为腹中冷痛者,重用干姜温中祛寒。腹满者,因寒凝气滞,故去白术之壅塞,加附子以辛温通阳,散寒除满。

【医案选录】

林某,男,60岁。六月中旬,恣食生冷之品,患吐泻病,四肢厥冷,头汗淋漓,面黑唇白,目眶下陷,上吐食物,下泻水液样便,不臭而腥,腹中雷鸣不痛,两足抽筋不息,脉象微细欲绝。断为寒性吐泻,亟宜大剂温中回阳,拟理中汤加味主之。处方:党参15 g,焦术9 g,干姜9 g,炙甘草3 g,炮附子9 g,肉桂3 g,半夏9 g,伏龙肝30 g。连服3剂,即获痊愈。(高德.伤寒论方医案选编[M].湖南:湖南科学技术出版社,1981:165.)

二、四逆汤证

【原文】

吐利汗出,發熱惡寒,四肢拘急,手足厥冷者,四逆湯主之。(388)

既吐且利,小便復利而大汗出,下利清穀,內寒外熱,脈微欲絕者,四逆湯主之。(389)

【释义】

此两条论霍乱病阴盛亡阳的证治。第388条是霍乱吐利交作,伤及脾肾阳气,阳虚不固,则汗出;阴盛格阳,虚阳外浮,则身热;阳虚不温四末,则手足厥冷;吐利致阴液耗损,筋脉失养,则四肢拘急。本证虽为亡阳脱液之证,但以亡阳为主,治当先温固散亡之阳气,宜四逆汤。

第389条"既吐且利",即霍乱吐利交作。津液耗伤,小便当少而不下利,但此不仅小便复利,而且大汗出,下利清谷,说明真阳虚极,已达不能固摄阴液的地步。阳虚不能制水,所以小便清长;阳虚不能固表,故大汗出;脾肾阳衰,水谷失于腐熟,故见下利清谷;心肾阳衰,无力鼓动血脉,则脉微欲绝;虚阳被盛阴之邪格拒外越,则形成"内寒外热",即真寒假热的阴盛格阳证,治用四逆汤。

本方证辨证的要点是吐利汗出,发热恶寒,四肢拘急,手足厥冷。或既吐且利,小便复利,大汗出,下利清谷,内寒外热,脉微欲绝,属吐利亡阳、火不温土之危证。

本方所治霍乱病重且急,挽救亡阳刻不容缓,用四逆汤回阳救逆,若不效,应立即再投通脉四逆汤破阴通阳。

三、四逆加人参汤证

【原文】

惡寒脈微而復利,利止,亡血①也,四逆加人參湯主之。(385)

四逆加人參湯方

甘草二兩(炙)　附子一枚(生,去皮,破八片)　乾薑一兩半　人參一兩

上四味,以水三升,煮取一升二合,去滓,分溫再服。

【词解】

① 亡血:此指亡失津液。《灵枢·邪客》曰:"荣气者,泌其津液,注之于脉,化以为血。"

【释义】

本条论霍乱亡阳脱液的证治。剧烈吐利,伤阳损阴,逐渐发展为由恶寒脉微而利不止,以致无物可下而利自止。此利止绝非阳气来复之候,故曰"利止亡血也"。亡血即亡失津液,故急用四逆加

人参汤,回阳救逆,益气生津。

【方解】

四逆加人参汤是四逆汤加人参组成。四逆汤回阳救逆,加人参益气生津,为阴阳两救之方。后世之参附汤,当视为此方之简化方。

【医案选录】

谷某,男,一岁半。两日前天气骤凉,夜间突然出现泄泻而求诊,即行肌注抗生素治疗,次日又补液等,疗效不佳,求用中药治疗。察患儿哭闹不安,面白唇干,双目轻度凹陷,粪便蛋花样并有少量黏液,腹部稍胀,问其便次,说前一日为10次余,饮水不多。体检:体温37.7℃,呼吸38次/分,脉搏24次/分,营养中等,心肺(—),肠鸣音活跃。遂拟益气生津,温中散寒之法。予四逆加人参汤:人参3g,干姜3g,甘草6g,附子3g。红糖为引,1剂。嘱其回家即煎,入5%碳酸氢钠(小苏打)10ml,分数次少少喂之,配合半流食。1剂服完后,排便次数已减至日4次,质变稠量变少。又照前方服2剂而愈。(吕志杰.仲景方药古今应用[M].北京:中医古籍出版社,2000:586.)

四、通脉四逆加猪胆汁汤证

【原文】

吐已下斷①,汗出而厥,四肢拘急不解,脈微欲絕者,通脈四逆加豬膽汁湯主之。(390)

通脈四逆加豬膽汁湯方

甘草二兩(炙) 乾薑三兩(強人可四兩) 附子大者一枚(生,去皮,破八片) 豬膽汁半合

上四味,以水三升,煮取一升二合,去滓,内豬膽汁。分溫再服,其脈即來。無豬膽,以羊膽代之。

【词解】

① 吐已下断:吐利因无物可吐可下而停止。

【释义】

本条论霍乱阳亡阴竭的证治。"吐已下断",即不再吐利,为无物可吐可利。汗出而厥,是阳亡欲脱,既不能固表以止汗,又不能通达四末以温养;阴阳气血虚竭,筋脉失于濡养,故四肢拘急不解;阴虚血脉不充,阳虚无推动之力,故脉微欲绝。此证不仅阳亡,更有液竭,故以通脉四逆回阳救逆,加猪胆汁补益阴液。

这种情况与少阴阳回利止截然不同。阳回自愈必见四肢转温,脉象缓和,今吐利虽止,但更见厥逆、脉微欲绝,说明吐利停止并非阳复,而是吐利太甚,以致水谷津液涸竭。

【方解】

本方由通脉四逆汤加猪胆汁组成。通脉四逆汤破阴回阳救逆,猪胆汁苦寒性润,一则借其寒性,引姜附之热药入阴,以免盛阴对辛热药物格拒不受,取"甚者从之"之意;二则借其润燥滋阴之功,以补充吐下后伤阴之虚竭;三则制约姜附辛热伤阴燥血之弊,此即所谓益阴和阳之法。

【医案选录】

冯某,女,63岁,1998年12月7日初诊。多年患阻塞性肺气肿、肺心病,因肺心病伴发心衰,在某区医院家庭病房诊治,药用呋塞米、氨茶碱、青霉素等,效果不显,仍然胸闷、气喘、浮

肿、心悸、心烦、发热汗出,终日端坐,靠吸氧度日,日夜不能寐。症见:全身浮肿,下肢尤甚,按之有深深凹陷,四肢冰凉,吸氧,端坐床上,张口抬肩,不能平卧,自觉胸闷气紧、胸中有灼热感,时时想喝冰水,神情疲惫,心烦发热,吃饭、喝水、动则大汗淋漓,痰声辘辘,大便稀溏,头晕,阵阵出现躁扰不宁,唇、指、舌质均紫暗,脉沉微似无。辨治:肾阳虚衰,阳不化气,导致水湿停滞,水寒之气凝盛,更进一步阻碍阳气运行,致气滞、血瘀、痰阻,阴更盛,阳更衰,导致阴盛格阳、虚阳欲脱之真寒假热证。治以急温肾阳,利水平喘纳气。以通脉四逆汤加味:红参20 g,制附片30 g(先煎),肉桂10 g,干姜20 g,炙甘草30 g,山茱萸30 g,丹参30 g,木防己30 g,葱白9根(后下)。

12月8日:诸症未减,反而更加严重,下利更甚,不欲饮食。余见之大惊,怀疑自己辨证有误,细细询问,方知昨日药熬好之后,患者乘热饮之,即服即吐,又极想吃冷食。其丈夫见其发热、喜冷,便让服VC银翘片及白石冲剂(内含生石膏)后未吐,自觉舒服。但是,时隔不久,患者则出现下利更厉害,腹痛、心慌更甚,食欲全无,舌上泛起厚白苔,诸症更见严重。如此方知昨日辨证处方并无差错,只是没有预料到服药格拒不纳这一问题。应该用通脉四逆加猪胆汁汤。但一时无处找到猪胆汁,于是,采用"反佐"之法,原药不变,加重干姜25 g,将药汁在户外冷却后,让患者少少入口,慢慢咽下。果然,患者未见呕吐,亦未有不适反应。

12月9日:患者药后,小便大量增多,下利渐止,浮肿减轻,汗减少,面色转青白,心烦缓和,但胸闷、气紧、喘促仍严重,白苔稍减,脉沉微弱,治以温补肾阳,活血行气,化痰平喘。方用:红参15 g,制附片20 g,干姜15 g,炙甘草20 g,炙麻黄10 g,杏仁15 g,丹参30 g,泽泻20 g,茯苓30 g。再进3剂,分3日服完。

12月13日:浮肿已退,诸症进一步缓解,考虑此人肺脾肾三脏长期亏虚,并非几日可收全功,于是在上方基础上,配合白术、半夏、鹿茸、蛤蚧、柏子仁、紫菀、款冬花、苏子之类药,随症加减,调补月余而愈。(翟慕东.四逆汤类方治疗疑难病证4例[J].实用中西医结合杂志,2002,(1):31.)

五、桂枝汤证

【原文】

吐利止,而身痛不休者,当消息①和解其外,宜桂枝汤小和之。(387)

【词解】

① 消息:斟酌的意思。

【释义】

本条论霍乱里和而表未解的证治。"吐利止"是里气已和,脾胃升降之机已复,病自向愈。身痛不休,是表邪未罢。本证吐下之后,阳气大伤,津液未复,又有表证未罢,亦须解表,故用桂枝汤微发汗,外调营卫,内和阴阳。所谓消息,即要斟酌病情之轻重,灵活变通用药小和,言少少与之,不令过度之意也。

临床上桂枝汤用途极多,此条治霍乱身痛亦可明证。桂枝汤临床上很多情况是作为运脾健脾之剂而加减使用的,并不专属解表剂。见证若因吐利而致阴液受伤,脉沉迟身痛者,可用桂枝新加汤;若中虚寒凝而胃脘痛者,可用黄芪建中汤;若卫阳受伤表气不固,汗多恶风者,可用桂枝加附子汤;若吐利后,津伤身痛,拘急项强者,可用桂枝加葛根汤等。

附：备考原文

　　傷寒，其脈微濇者，本是霍亂，今是傷寒，卻四五日，至陰經上，轉入陰必利，本嘔下利者，不可治也。欲似大便，而反矢氣，仍不利者，此屬陽明也，便必鞕，十三日愈。所以然者，經盡故也。下利後，當便鞕，鞕則能食者愈。今反不能食，到後經中，頗能食，復過一經能食，過之一日當愈。不愈者，不屬陽明也。（384）

　　吐利，發汗，脈平，小煩者，以新虛不勝穀氣故也。（391）

第八章　辨阴阳易差后劳复病脉证并治

导学　阴阳易、差后劳复之病，皆发生于大邪已退的阶段，同属于病后失于调理所致。本章介绍了差后劳复、阴阳易病的相关证治及调理方法，甚属重要，亦为后世这一方面的护理调养开拓了先河。

学习目标：了解阴阳易病的概况；掌握差后劳复病的有关证治。

概　　说

伤寒热病初愈，正气尚虚，气血未复，余邪未尽，当此之际，唯宜慎起居，调饮食，静养调理，预防疾病复发。若病后因房事导致男女之间互相染邪而发生的病证，称为阴阳易。由于饮食起居失常，过劳伤正，疾病复发者，称为差后劳复。其中因劳而发者，称为劳复；因饮食调理不当而发者，称为食复。

本篇不仅分析了差后劳复病的有关证治，而且提出了大病之后慎房事、逸体劳、适饮食，防止复发，以保痊愈的护理原则，为后世病后调理的理论与实践奠定了基础。

第一节　阴阳易病证治

【原文】

傷寒陰陽易之爲病，其人身體重，少氣，少腹裏急，或引陰中拘攣①，熱上衝胸，頭重不欲舉，眼中生花，膝脛拘急者，燒褌②散主之。（392）

燒褌散方

婦人中褌，近隱處，取燒作灰。

上一味，水服方寸匕，日三服，小便即利，陰頭微腫，此爲愈矣。婦人病取男子褌燒服。

【词解】

① 引阴中拘挛：牵引阴部拘急痉挛。

② 裈(kūn)：内裤。裈，有裆之裤。颜师古注《急就篇》卷三："合裆谓之裈，最亲身者也。"

【释义】

本条论述阴阳易的证治。伤寒热病初愈，余邪未尽，若犯房事之禁，可将邪毒传于对方而致病。此种因房事染易邪毒而致的病证，称为阴阳易。其中有病男传无病之女者，称为阳易；有病女传无病之男者，称为阴易。

行房最易伤动精气，"其人身体重，少气"为精气不足；"少腹里急，或引阴中拘挛""膝胫拘急"为阴精被伤，毒热内扰，筋脉失养。"热上冲胸，头重不欲举，眼中生花"，为阴虚化热，热气由下向上攻冲，治当导邪外出，方用烧裈散。

【方解】

男女裈裆，烧灰取其通散以导邪外出。服后小便利则愈，并有阴头微肿，乃毒邪从阴窍排出之故。

【析疑】

历代医家对阴阳易属于何种病证，烧裈散方是否有效多持有异议。对阴阳易病的认识，除前述的伤寒病后由房事致使男女交互染易的观点外，另有两种观点：一者认为是女劳复。是伤寒新瘥，因犯房劳而使病情复发；一者认为是伤寒的一种变证，如日本学者山田正珍在《伤寒论集成》中说："阴阳易者，便是伤寒变证，故冠以'伤寒'二字也……此平素好淫人，伤寒中更犯房事，夺精血，以致此变易也。"

对于阴阳易相当于现代医学何种疾病，亦有不同说法：有认为属于男女生殖器官炎症、某些性传播疾病者；有认为属性神经症者。

第二节　差后劳复病证治

一、枳实栀子豉汤证

【原文】

大病①差後，勞復②者，枳實栀子豉湯主之。(393)

枳實栀子豉湯方

枳實三枚(炙)　栀子十四箇(擘)　香豉一升(綿裹)

上三味，以清漿水③七升，空煮取四升，内枳實、栀子，煮取二升，下豉，更煮五六沸，去滓，温分再服，覆令微似汗。若有宿食者，内大黄如博棋子大④五六枚，服之愈。

【词解】

① 大病：指伤寒热病而言。《诸病源候论》谓："大病者，中风、伤寒、热劳、温疟之类是也。"

② 劳复：大病初愈，因劳累而病复发。

③ 清浆水：即酸浆水。清代吴仪洛《伤寒分经》："清浆水，一名酸浆水。炊粟米熟，投冷水中浸五六日，味酢生白花，色类浆，故名。若浸致败者害人。其性凉善走，能调中宣气，通关开胃，解烦渴，化滞物。"又有以淘米泔水为清浆水者，徐灵胎《伤寒类聚方》："浆水即淘米泔水，久储味酸为佳。"

④ 博棋子大：即如围棋子大小。《千金方·服食门》云："博棋子长二寸，方一寸。"

【释义】

本条论大病新差劳复的证治。未叙症状，从治用枳实栀子豉汤推论，本证病机当属余热复聚，热郁胸膈，气机痞塞，当有心中懊憹、胸膈痞满、食少纳呆、舌苔薄黄略腻等症，治宜清热除烦，宽中行气，方用枳实栀子豉汤。

【方解】

枳实栀子豉汤由三味药组成，方中枳实宽中行气，栀子清热除烦，豆豉宣透邪气。用清浆水煎药，取其性凉善走，调中开胃以助消化。若兼有宿食停滞，脘腹疼痛，大便不通者，可加大黄以荡涤肠胃，下其滞结。

【医案选录】

毛某，女，21岁，1998年11月25日诊。于两日前患流感，体温38.5℃，服用乙酰螺旋霉素、阿司匹林后汗出，体温降至36.5℃。第3日晚餐时觉心中烦热，口中喜冷饮，故过食寒凉之物。第4日晨起感觉头晕目眩，站立不稳，心烦胸闷，活动则加剧。稍进食后心胸烦闷加重，躁扰不安，恶心呕吐，吐后稍觉轻快，而后又烦闷不安，遂请余诊治。病如前述，大便3日未行，舌暗红，苔黄，脉滑。辨证为邪热郁心胸，且恣食寒凉、肉食，损伤胃气。治宜清宣郁热，和胃消食。枳实栀子豉汤加味：栀子9 g，淡豆豉6 g，枳壳9 g，川厚朴9 g，大黄6 g，生姜15 g。日1剂，水煎分4～5次少量频服。如再吐，不必惊慌，得吐者可愈。服药1次后顿觉胃中舒畅。约10分钟后，胃又起胀闷感，且胸闷心烦又复如前，觉胃中上涌而吐，但不甚。尔后，食粥以养胃气，食后又吐之少许。覆被后，头稍有汗出，一觉醒来，精神清爽，食粥后未再吐，心胸烦闷等症皆消失。(吕志杰.仲景方药古今应用[M].北京：中医古籍出版社，2000：512.)

二、小柴胡汤证

【原文】

傷寒差以後，更發熱，小柴胡湯主之。脈浮者，以汗解之；脈沉實者，以下解之。(394)

【释义】

本条论伤寒差后更发热的辨治方法。伤寒差后更见发热，应分析其原因，或因大邪已去而余邪未尽，或因病后体虚，不慎调理而复感外邪，其治当凭脉症。若无表里证，仅是病后体虚余热不尽的，治以小柴胡汤疏利气机，扶正祛邪；若脉浮者，是表邪未尽，宜发汗解表；若脉沉实，里有积滞，当泻下和里。

三、牡蛎泽泻散证

【原文】

大病差後，從腰以下有水氣者，牡蠣澤瀉散主之。(395)

牡蠣澤瀉散方

牡蠣(熬)　澤瀉　蜀漆(暖水洗,去腥)　葶藶子(熬)　商陸根(熬)　海藻(洗,去鹹)　栝蔞根各等分

上七味,異搗,下篩爲散,更於臼中治之。白飲和服方寸匕,日三服。小便利,止後服。

【释义】

本条论差后腰以下有水气的证治。水气,指水饮邪气,其表现当以小便不利,或肿满为特点。

本证从"大病差后,腰以下有水气者,牡蛎泽泻散主之"看,当属实证,为湿热壅滞、膀胱不利、水蓄于下的水肿。腰以下水气壅积,可见膝胫足跗皆肿,或伴大腹肿满,然必有小便不利,脉沉实等。治宜逐水清热,软坚散结,方用牡蛎泽泻散。

【方解】

牡蛎泽泻散由七味药组成,方中泽泻、商陆根泻水利小便以治水肿;蜀漆、葶苈子,开凝逐饮;牡蛎、海藻,软坚消痞;瓜蒌根,化痰散结。全方合奏逐水清热,软坚散结之功。方用散剂而不用汤剂,乃急药缓用,速达病所而不助水气。以"白饮和服",意在保胃气、存津液而不伤正气。本方逐水之力较猛,恐过服有伤正气之弊,故方后云"小便利,止后服",乃中病即止之意也。

【医案选录】

某男,脉如涩,凡阳气动则遗,右胁汩汩有声,坠入少腹,可知肿胀非阳道不利,是阴道实,水谷之湿热不化也。议用牡蛎泽泻散。牡蛎四钱,泽泻钱半,花粉钱半,川桂枝五分,茯苓三钱,紫厚朴一钱。午服。(叶天士撰.苏礼整理.临证指南医案[M].北京:人民卫生出版社,2006:148.)

四、理中丸证

【原文】

大病差後,喜唾①,久不了了,胸上有寒,當以丸藥溫之,宜理中丸。(396)

【词解】

① 喜唾:即时时泛吐涎沫。

【释义】

本条论大病差后中焦虚寒泛吐涎沫的证治。大病差后,喜吐清冷唾沫或痰涎,此系脾寒运化失职,水湿内停,聚而生痰;肺寒水气不降,聚则为饮。痰饮泛滥,久不得愈,故喜唾久不了了。治法当以温补中阳,用理中丸为宜。肺脾得温,阳气健运,津液得化,多唾之证自愈。

【医案选录】

陈某,女,26岁,1996年7月16日初诊。患多涎症3月余。患者于1995年12月因精神病复发住某精神病医院。经氯丙嗪、氯氮平等药物治疗,于1996年5月出院。出院后自觉口水多,不时唾涎沫,每逢睡眠自行流出,浸湿大片枕头,枕头每日一换,甚觉苦恼。查其所服药物:出院后仍每日服用氯氮平500 mg,山莨菪碱15 mg。患者体胖,舌淡红,苔中白腻,脉滑。证属脾胃虚寒,脾失健运,胃失和降,津聚为涎。治宜温中驱寒,补气健脾,方用理中丸加味:党参15 g,白术10 g,干姜10 g,吴茱萸6 g,苍术10 g,炙甘草6 g。服药6剂后唾液减半,多年的少汗症也明显改善。继服15剂,多涎症消失。后以香砂养胃丸调理月余,至今未复发。(应辰芳.理中汤加味治疗药物性多涎症1例[J].中医杂志,1997,(11):657.)

五、竹叶石膏汤证

【原文】

傷寒解後，虛羸①少氣，氣逆欲吐，竹葉石膏湯主之。(397)

竹葉石膏湯方

竹葉二把　石膏一斤　半夏半升(洗)　麥門冬一升(去心)　人參二兩　甘草二兩(炙)　粳米半升

上七味，以水一斗，煮取六升，去滓，內粳米，煮米熟，湯成去米。溫服一升，日三服。

【词解】

① 虚羸：虚弱消瘦。

【释义】

本条论热病后期气液两伤、余热未清的证治。伤寒热病解后，气阴两伤，正气虚馁，故虚羸少气；由于余邪内扰，胃失和降，故气逆欲吐。治宜清热和胃，益气生津，方用竹叶石膏汤。

【方解】

竹叶石膏汤为白虎加人参汤去知母，加竹叶、麦冬、半夏而成。因病后余热不盛，故不用知母而用竹叶；人参配麦冬、甘草，既补气，又益阴；加粳米益气养胃；半夏降逆和胃。麦冬、半夏相伍，滋而不腻，燥不伤阴，其配合尤具妙意。

【医案选录】

张某，男，71岁。1994年5月4日初诊。因高血压心脏病，服进口扩张血管药过量，至午后低热不退，体温徘徊在37.5～38℃，口中干渴，频频饮水不解，短气乏力，气逆欲吐，汗出。不思饮食，头之前额与两侧疼痛。舌红绛少苔，脉来细数。辨证属于阳明气阴两虚，虚热上扰之证。治当补气阴，清虚热，方用竹叶石膏汤。竹叶12 g，生石膏40 g，麦冬30 g，党参15 g，炙甘草10 g，半夏12 g，粳米20 g。服5剂则热退，体温正常，渴止而不呕，胃开而欲食。唯心烦少寐未去，上方加黄连8 g，阿胶10 g以滋阴降火。又服7剂，诸症得安。(吕志杰.仲景方药古今应用[M].北京：中医古籍出版社，2000：581.)

六、差后微烦证

【原文】

病人脈已解，而日暮微煩，以病新差，人強與穀，脾胃氣尚弱，不能消穀，故令微煩，損穀則愈。(398)

【释义】

本条论病差当注意饮食调养。大病新差，至日暮乃傍晚时分，体内脾胃之虚阳，得不到天阳之气的资助，消化能力因之减弱，食积而生热，上扰神明，故表现心中微烦。本证非宿食停滞，故不需药物治疗，只要节制饮食，即可自愈。从饮食调养来辅助脾胃，扶助正气，并不单靠药物，体现了治病要注意人体的自我修复能力的思想。《伤寒论》全文398条，最后一条的内容并不是药治而是非药而治，可见，"自古知兵非好战"，值得医生深思。

附录一　关于《伤寒论》中药物剂量的几点说明

《伤寒论》属汉代医著,关于其中的药物剂量,历代医家及学者进行过不少研究和论述,中国历朝历代的度量衡本来不一,所以说法颇多。现就基本认可的药物剂量的有关问题作一说明,仅供参考。

1. 关于重量　吴大澂根据新莽货币较得新莽时1两为13.674 64 g;刘复从新莽嘉量较得的为14.166 6 g;吴承洛将这两个数据平均,得出新莽1两为13.920 6 g,1斤为222.73 g。柯雪帆等根据大量出土的秦汉铜铁权及现存于中国历史博物馆的东汉"光和大司农铜权",实测结果,东汉1两为15.625 g,1斤为250 g。

2. 关于容量　10合为1升。吴承洛认为东汉1升的容量为198.1 ml,刘复从新莽嘉量测得1升为200.634 9 ml。(均见《中国度量衡史》)现藏上海博物馆的商鞅铜方升,实测其容量为200 ml。可以基本肯定,东汉1升为200 ml,1合为20 ml。

3. 关于长度　刘复根据新莽嘉量较出新莽尺的长度为23.088 cm;吴承洛根据新莽尺折为清营造尺,再算出新莽尺的长度为23.04 cm。

4. 关于"两""铢""分"　《汉书·律历志》"二十四铢为两,十六两为斤。"据此,汉代以6铢为1分,4分为1两。

5. 关于"方寸匕""钱匕"　赵有臣根据出土文物"铜律撮"铭文及《本草经集注》与《隋书·律历志》的记载,考得1方寸匕的容量约为5 ml。尚未见对钱匕的可靠考证。

6. 关于个数或体积　柯雪帆根据上海中医药大学中药标本室所藏《伤寒论》中用药,实测得出的结果是:附子中等者1枚10~15 g,附子大者1枚20~30 g,杏仁50枚15 g,桃仁50枚15 g,瓜蒌实(今称瓜蒌)中等者1枚60~80 g,栀子14个7 g,乌梅300枚680 g,石膏鸡子大56 g,芒硝半升62 g,半夏半升42 g,五味子半升38 g,香豉半升48 g,麻仁半升53 g,吴茱萸1升70 g,葶苈子半升62 g,麦门冬(今称麦冬)半升45 g,赤小豆1升156 g,虻虫30个10 g,水蛭(大小相差很大)30个约为40 g。

中药的临床用量因为影响的因素比较多,所以是一个十分复杂的问题,一般而言《伤寒论》的药量对比现代临床中药的习惯用量,显然过大。但《伤寒论》的方药一般只煎一次,分多次服,又与现代临床煎服法(多为煎两次,分两次服)不同。因此,我们既不能机械套用《伤寒论》原方原量,又要吃透经方药量的精髓,做到临床辨证用药,适当用量。

附录二　主要参考书目

内经.人民卫生出版社,1963 排印本
巢元方.诸病源候论.人民卫生出版社,1985 校释本
孙思邈.千金要方.人民卫生出版社,1982 排印本
孙思邈.千金翼方.人民卫生出版社,1955 排印本
王焘.外台秘要.人民卫生出版社,1955 排印本
朱肱.类证活人书.商务印书馆,1955 排印本
成无己.注解伤寒论.人民卫生出版社,1963 排印本
方有执.伤寒论条辨.人民卫生出版社,1975 排印本
张令韶.伤寒论直解.福州醉心阁,1885 重刻本
程郊倩.伤寒论后条辨.式好堂藏版博古堂,1704 重刻本
周禹载.伤寒论三注.松心堂,1780 刻本
张隐庵.伤寒论集注.上海广益书局,1923 石刻本
汪苓友.伤寒论辨证广注.上海卫生出版社,1957 排印本
钱潢.伤寒溯源集.上海卫生出版社,1957 排印本
柯韵伯.伤寒来苏集.上海科学技术出版社,1959 排印本
秦之桢.伤寒大白.人民卫生出版社,1982 排印本
吴谦等.医宗金鉴·订正伤寒论注.人民卫生出版社,1963 排印本
徐灵胎.伤寒论类方.人民卫生出版社,1956 影印本
尤在泾.伤寒贯珠集.上海科学技术出版社,1959 排印本
陈修园.伤寒论浅注.中国书店,1985 影印本
章虚谷.伤寒论本旨.线装本
王肯堂.伤寒准绳.上海科学技术出版社,1959
庞安时.伤寒总病论.商务印书馆,1989
魏念庭.伤寒论本义.线装本
黄竹斋.伤寒论集注.人民卫生出版社,1957 排印本
曹颖甫.伤寒发微.上海卫生出版社,1956 排印本
曹颖甫.经方实验录.上海科学技术出版社,1979
李克绍.伤寒解惑论.山东科学技术出版社,1978
刘渡舟.伤寒论诠解.天津科技出版社,1983
陈亦人.伤寒论译释.上海科学技术出版社,1992
李培生.伤寒论讲义.上海科学技术出版社,1985

柯雪帆.伤寒论选读.上海科学技术出版社,1996
熊曼琪.伤寒学.中国中医药出版社,2003
吕志杰.仲景方药古今应用.中医古籍出版社,2000
姜建国.伤寒思辩.山东大学出版社,1995
姜建国.伤寒析疑.科学技术文献出版社,1999
姜建国.伤寒论讲义.山东大学出版社,2002
孙溥泉.伤寒论医案集.陕西科学技术出版社,1986
高德.伤寒论医案选编.湖南科学技术出版社,1980
何廉臣.重印全国名医验案类编.上海科学技术出版社,1959

附录三 条文索引

条文号码	页码	条文号码	页码	条文号码	页码
(1)	7	(31)	30	(61)	49
(2)	7	(32)	31	(62)	29
(3)	8	(33)	31	(63)	41
(4)	9	(34)	43	(64)	44
(5)	9	(35)	17	(65)	50
(6)	8	(36)	18	(66)	47
(7)	11	(37)	18	(67)	52
(8)	10	(38)	32	(68)	56
(9)	10	(39)	32	(69)	50
(10)	10	(40)	34	(70)	37
(11)	37	(41)	34	(71)	58
(12)	11	(42)	13	(72)	58
(13)	13	(43)	27	(73)	60
(14)	25	(44)	15	(74)	59
(15)	13	(45)	15	(75)	81
(16)	16,36	(46)	19	(76)	39
(17)	16	(47)	19	(77)	39
(18)	26	(48)	80	(78)	39
(19)	16	(49)	21	(79)	40
(20)	27	(50)	21	(80)	41
(21)	28	(51)	18	(81)	41
(22)	29	(52)	18	(82)	53
(23)	22	(53)	14	(83)	20
(24)	13	(54)	15	(84)	20
(25)	23	(55)	19	(85)	20
(26)	42	(56)	15	(86)	20
(27)	24	(57)	13	(87)	20
(28)	54	(58)	38	(88)	20
(29)	55	(59)	38	(89)	20
(30)	80	(60)	80	(90)	37

条文号码	页码	条文号码	页码	条文号码	页码
(91)	37	(130)	64	(169)	106
(92)	37	(131)	64,67	(170)	106
(93)	81	(132)	69	(171)	82
(94)	81	(133)	69	(172)	121
(95)	13	(134)	65	(173)	77
(96)	115	(135)	66	(174)	82
(97)	117	(136)	66	(175)	82
(98)	121	(137)	66	(176)	90
(99)	117	(138)	67	(177)	57
(100)	118	(139)	81	(178)	57
(101)	118	(140)	81	(179)	85
(102)	48	(141)	68	(180)	84
(103)	126	(142)	82	(181)	86
(104)	125	(143)	119	(182)	87
(105)	81	(144)	119	(183)	87
(106)	60	(145)	119	(184)	87
(107)	123	(146)	124	(185)	86
(108)	81	(147)	122	(186)	87
(109)	81	(148)	119	(187)	86
(110)	81	(149)	72	(188)	86
(111)	81	(150)	82	(189)	101
(112)	45	(151)	69	(190)	101
(113)	81	(152)	78	(191)	101
(114)	81	(153)	82	(192)	111
(115)	81	(154)	70	(193)	87
(116)	81	(155)	71	(194)	102
(117)	46	(156)	75	(195)	103
(118)	45	(157)	73	(196)	102
(119)	81	(158)	74	(197)	102
(120)	81	(159)	75	(198)	111
(121)	81	(160)	82	(199)	98
(122)	81	(161)	76	(200)	98
(123)	81	(162)	42	(201)	111
(124)	61	(163)	48	(202)	103
(125)	62	(164)	70	(203)	98
(126)	63	(165)	127	(204)	98
(127)	81	(166)	79	(205)	98
(128)	64	(167)	82	(206)	98
(129)	64	(168)	105	(207)	91

条文号码	页码	条文号码	页码	条文号码	页码
(208)	97	(247)	108	(286)	136
(209)	96	(248)	91	(287)	137
(210)	88	(249)	91	(288)	137
(211)	88	(250)	92	(289)	137
(212)	88	(251)	97	(290)	137
(213)	92	(252)	94,108	(291)	137
(214)	93	(253)	94,108	(292)	137
(215)	96	(254)	94,108	(293)	150
(216)	104	(255)	95	(294)	150
(217)	96	(256)	95	(295)	138
(218)	111	(257)	104	(296)	138
(219)	91	(258)	104	(297)	138
(220)	93	(259)	133	(298)	138
(221)	89	(260)	99	(299)	138
(222)	106	(261)	100	(300)	138
(223)	107	(262)	100	(301)	148
(224)	107	(263)	113	(302)	148
(225)	102	(264)	113	(303)	146
(226)	111	(265)	114	(304)	145
(227)	103	(266)	117	(305)	145
(228)	89	(267)	127	(306)	146
(229)	111	(268)	127	(307)	155
(230)	110	(269)	114	(308)	155
(231)	111	(270)	114	(309)	153
(232)	111	(271)	114	(310)	151
(233)	109	(272)	115	(311)	151
(234)	105	(273)	129	(312)	152
(235)	105	(274)	130	(313)	153
(236)	99	(275)	130	(314)	142
(237)	104	(276)	133	(315)	142
(238)	96	(277)	130	(316)	143
(239)	96	(278)	129	(317)	141
(240)	111	(279)	131	(318)	154
(241)	95	(280)	131	(319)	147
(242)	95	(281)	136	(320)	149
(243)	102	(282)	139	(321)	149
(244)	111	(283)	155	(322)	149
(245)	111	(284)	150	(323)	140
(246)	111	(285)	136	(324)	140

条文号码	页码	条文号码	页码	条文号码	页码
(325)	155	(350)	171	(375)	175
(326)	157	(351)	162	(376)	176
(327)	158	(352)	162	(377)	174
(328)	158	(353)	172	(378)	163
(329)	158	(354)	172	(379)	174
(330)	173	(355)	173	(380)	175
(331)	169	(356)	173	(381)	175
(332)	169	(357)	167	(382)	178
(333)	169	(358)	176	(383)	178
(334)	169	(359)	166	(384)	183
(335)	171	(360)	158	(385)	180
(336)	169	(361)	158	(386)	178
(337)	170	(362)	159	(387)	182
(338)	160	(363)	158	(388)	180
(339)	172	(364)	176	(389)	180
(340)	172	(365)	158	(390)	181
(341)	169	(366)	176	(391)	183
(342)	169	(367)	158	(392)	184
(343)	159	(368)	159	(393)	185
(344)	159	(369)	159	(394)	186
(345)	159	(370)	176	(395)	186
(346)	159	(371)	164	(396)	187
(347)	173	(372)	176	(397)	188
(348)	176	(373)	164	(398)	188
(349)	176	(374)	175		

附录四 方剂索引

二画

十枣汤 ………………………………… 78

三画

三物白散 ……………………………… 69
干姜附子汤 …………………………… 49
干姜黄芩黄连人参汤 ………………… 166
土瓜根 ………………………………… 109
大青龙汤 ……………………………… 32
大承气汤 ……………………………… 93
大柴胡汤 ……………………………… 126
大陷胸丸 ……………………………… 67
大陷胸汤 ……………………………… 65
大黄黄连泻心汤 ……………………… 70
小青龙汤 ……………………………… 34
小建中汤 ……………………………… 48
小承气汤 ……………………………… 92
小柴胡汤 ……………………………… 115
小陷胸汤 ……………………………… 67

四画

五苓散 ………………………………… 58
乌梅丸 ………………………………… 160
文蛤散 ………………………………… 68

五画

去桂加白术汤 ………………………… 82
甘草干姜汤 …………………………… 55
甘草汤 ………………………………… 152
甘草附子汤 …………………………… 82

甘草泻心汤 …………………………… 74
四逆加人参汤 ………………………… 180
四逆汤 ………………………………… 140
四逆散 ………………………………… 154
生姜泻心汤 …………………………… 73
白头翁汤 ……………………………… 164
白虎加人参汤 ………………………… 42,105
白虎汤 ………………………………… 90
白通加豬胆汁汤 ……………………… 142
白通汤 ………………………………… 142
瓜蒂散 ………………………………… 79
半夏泻心汤 …………………………… 72
半夏散及汤 …………………………… 153

六画

芍药甘草汤 …………………………… 55
芍药甘草附子汤 ……………………… 56
当归四逆加吴茱萸生姜汤 …………… 162
当归四逆汤 …………………………… 162
竹叶石膏汤 …………………………… 188

七画

赤石脂禹徐粮汤 ……………………… 75
吴茱萸汤 ……………………………… 102
牡蛎泽泻散 …………………………… 187
附子汤 ………………………………… 145
附子泻心汤 …………………………… 71

八画

抵当丸 ………………………………… 63
抵当汤 ………………………………… 61

苦酒汤	152	桔梗汤	152
炙甘草汤	57	桃花汤	146
		桃核承气汤	60

九 画

茵陈蒿汤	99	柴胡加龙骨牡蛎汤	123
茯苓甘草汤	60	柴胡加芒消汤	125
茯苓四逆汤	50	柴胡桂枝干姜汤	122
茯苓桂枝甘草大枣汤	51	柴胡桂枝汤	124
茯苓桂枝白术甘草汤	52	烧裈散	184
枳实栀子豉汤	185	调胃承气汤	91
栀子干姜汤	41	通脉四逆加猪胆汁汤	181
栀子甘草豉汤	39	通脉四逆汤	141
栀子生姜豉汤	39		
栀子厚朴汤	40	**十一画**	
栀子豉汤	39	理中丸	179
栀子蘗皮汤	100	黄芩加半夏生姜汤	122
厚朴生姜半夏甘草人参汤	47	黄芩汤	121

十 画

		黄连汤	77
真武汤	53,143	黄连阿胶汤	146
桂枝二麻黄一汤	23	猪胆汁方	109
桂枝二越婢一汤	24	麻子仁丸	108
桂枝人参汤	48	麻黄升麻汤	167
桂枝去芍药加附子汤	29	麻黄汤	17
桂枝去芍药加蜀漆牡蛎龙骨救逆汤	45	麻黄杏仁甘草石膏汤	42
桂枝去芍药汤	28	麻黄连轺赤小豆汤	100
桂枝去桂加茯苓白术汤	54	麻黄附子甘草汤	148
桂枝甘草龙骨牡蛎汤	45	麻黄细辛附子汤	148
桂枝甘草汤	44	旋覆代赭汤	76
桂枝加大黄汤	131		
桂枝加芍药生姜各一两人参三两新加汤	29	**十二画**	
桂枝加芍药汤	131	葛根加半夏汤	31
桂枝加附子汤	27	葛根汤	30
桂枝加厚朴杏子汤	26	葛根黄芩黄连汤	43
桂枝加桂汤	46		
桂枝加葛根汤	26	**十四画**	
桂枝汤	11	蜜煎方	109
桂枝附子汤	82	**十五画**	
桂枝麻黄各半汤	22	豬苓汤	107
		豬肤汤	151